이민 가지 않고도
우리 자녀 인재로 키울 수 있다

세계적인 교육전문가 최성애·조벽 교수의 부모혁명

이민가지 않고도
우리 자녀 인재로
키울 수 있다

최성애(교육·심리치료 전문가) | **조벽**(미시간 공대 최우수교수·동국대 석좌교수)

해냄

| 개정판 서문 |

저희가 이 책을 처음 쓴 것은 2000년이었습니다. 당시 갑자기 불기 시작한 조기 유학 열풍을 보면서 '이건 정말 아닌데……' 하는 생각이 절실했습니다.

외국으로 조기 유학 간 자녀 뒷바라지를 하기 위해 이산가족 되기를 스스로 선택한 외짝 엄마와 한국에 남은 기러기 아빠들, 또는 낯선 외국인 가정에 맡겨진 어린 자녀들……. 붕괴된 교실을 피하기 위하여 가정을 붕괴한다? 저희는 잘 이해되지 않았습니다.

저희 자신이 유학생 생활을 해본 입장에서, 또 지난 20여 년간 교육자이자 아동·청소년·가족 심리치료 전문가로 활동한 사람으로서, 아이 둘을 낳아 키우며 학교에 보내는 학부모로서 볼 때 대부분의 조기 유학은 너무 무모한 '도박'처럼 느껴졌습니다. 미국 교육에 대한 환상과 실상의 차이가 매우 크다는 것을 속속들이 아는 사람으로서 입 다물고 가만히 강 건너 불구경을 할 수 없어서 이 책을 썼던 것입니다.

이 책의 핵심 메시지는 단 한 가지입니다. 시대 변화에 따라 자녀 교육을 위한 학부모의 전략도 바꿔야 한다는 것입니다. 자녀의 교육을 위해 좋은 교육 환경을 찾아다니는 학부모는 현대판 맹모라고 할 수 있겠지요. 하지만 좋은 환경을 찾아 집 밖으로 나서는 것은 구닥다리 전략입니다. 교육의 테두리가 학교라는 장소와 아동기, 청소년기라는 시기에 한정되어 있을 때 돋보이는 전략입니다.

그러나 요즘 시대를 일컬어 학습 사회, 또는 평생교육 시대라고 하지 않습니까? 사회 전체가 학습의 장이며 고3때까지만 죽어라 공부하는 시대가 아니고 죽을 때까지 새로운 것을 계속 배워야 하는 시대란 뜻입니다. 이런 상황에서 우리는 어디로 이사해야 되나요? 도대체 몇 번이나 이사를 해야 할까요?

새 시대에는 새로운 전략이 필요합니다. 새 시대가 요구하는 인재는 자부심과 자아정체성이 뚜렷하면서도 세계 무대에서 당당히 활약할 수 있는 21세기형 '글로컬(global+local)' 인재이며, 이들의 교육은 바로 가정에서부터 시작되기에 '부모부터 혁명' 해야 합니다. 즉, 새 시대에는 좋은 교육을 찾아 집을 옮기는 것이 아니라 좋은 환경을 집 안으로 끌어들여야 합니다. 이 책은 자녀를 인재로 키우는 환경을 집 안으로 끌어들이는 방법을 소개하고 있습니다.

이 책에는 저희가 직접 만난 학부모님들의 이야기뿐 아니라 국내외 여러 교육 전문가들의 연구와 이론이 소개되어 있습니다. 또 저희를 키워주신 부모님과 스승님들의 경험에서 우러나온 지혜도 녹아 있습니다. 여기에 담은 내용들은 주로 10대 자녀를 둔 학부모님들께 도움이 될 만한 것이지만, 연령에 상관 없이 어떤 자녀에게도 적용될 수 있습니다.

그런데 모든 일에는 제 때가 있는 모양입니다. 이 책은 2000년에는 『이민 가지 않고도 우리 자녀 인재로 키울 수 있다』라는 제목으로, 2002년에는 『우리 아이 인재로 키우는 최성애·조벽 교수의 H·O·P·E 자녀교육법』이라는 제목으로 출판되었으나, 학부모님들이 저희의 제언을 온전히 받아들이기에는 시기상조였던 듯합니다. 그런데 최근에 조기 유학의 후유증과 실패 사례가 다시 불거짐에 따라, 해냄 출판사가 이제야말로 조기 유학과 이민의 폐해, 대안을 제대로 알릴 수 있겠다고 제안해 왔습니다. 그래서 원래의 제목을 다시 살려 개정판을 출간하기로 뜻을 모았습니다. 같은 책을 제목만 바꾸어 낸다는 것이 마음에 걸리기는 하지만, 이 책의 내용이 바로 지금의 현실을 반영하고 있어 그대로 출간하기로 하였습니다.

새 독자분들께 미흡하나마 저희의 경험과 전문가로서의 지식이 도움이 된다면 더 바랄 나위 없이 기쁘겠습니다.

2004년 11월 미시간에서
최성애 · 조벽

| 서문 |

　지금까지 저희는 수많은 학생, 학부모, 교사, 교수, 기자, 사회 지도자들을 만나봤지만 그 많은 분들 중에서 한국의 교육제도를 긍정적으로 평가하는 분은 한 분도 없었습니다. 매스컴에서도 한국의 교육제도는 이것이 잘못되었다, 이런 점이 부족하다, 아직 멀었다고 걸핏하면 도마 위에 올려놓고 난도질하기 일쑤입니다. 오죽하면 자녀들을 위해 이 '희망 없는 땅'을 떠나 다른 나라로 이민을 가겠다는 부모님들까지 생겼을까요. 더 이상 어떤 노력을 해봐도 해결책은 없다는 절망감이 곳곳에서 느껴집니다.
　그러나 잠깐만요. 스스로를 '제도의 희생자'라고 단정해 버리기에는 아직 따져보고 검토해야 할 것들이 있습니다. 일관성 없는 교육제도를 탓하기에도 지쳐버린 지금, 뭔가 생각의 실마리를 다른 것에서부터 풀어나가 보면 어떨까요? 정말 '바꾸고 싶다'는 전제에 공감하신다면, 이제는 남이 바뀌기를 갈망하기보다 스스로 변화의 주체자가 되어보는 게 어떨까요? 세상에서 가장 어려운 일이 남을 변화시키는 것이라는 말이 있습니다. 반대로 가장 확실하고, 쉽고, 신나는 일은 스스로를 변화시키고 발전시키는 것이라고 합니다.
　그동안 입시제도가 좀더 공정하기를, 교육부 장관이 속이 확 풀릴 교육 정책을 내놓기를, 학교 선생님들이 좀더 열심히 가르쳐주기를, 사교육비가 좀 덜 들기를, 다른 엄마들이 좀 덜 극성스럽기를, 그리고 무엇보다 우리 자녀가 부모의 뜻대로 공부를 척척 잘 해주기를 얼마나 간절히 바라셨나요? 그러나 결과적으로는 또 얼마나 큰 절망과 분노를 느끼셨나요?

하지만 만일 부모님이 스스로 먼저 변화해 보겠다는 각오만 하신다면 이 책은 새로운 가능성과 실천 방법을 찾으시는 데 근거 있는 희망과 구체적인 도움을 드릴 수 있을 것입니다. 하물며 이제껏 마음을 짓누르고 가정 경제를 압박하던 자녀 교육의 문제점들을 뜻밖에 쉽게, 큰돈 들이지 않고, 골치 아픈 이론이나 난해한 기교 없이 해결할 수 있다면 무엇을 주저하시겠습니까?

간단한 예를 하나 들어보겠습니다. 선진국의 일류 학교 교사들은 학생 개개인의 가능성과 잠재력에 희망을 갖도록 기본 훈련을 받습니다. 그래서 가령 마이클이라는 학생이 수학적 문제 해결력이 부족해도 언어 표현력이나 기억력이 뛰어나면 칭찬해 주고 그쪽으로 발전할 기회를 줍니다. 무척 부러운 일입니다. 그러나 이 일을 꼭 교사가 해줘야만 할까요? 연구 결과에 따르면 선생님이나 다른 웃어른이 칭찬할 때보다 부모님이 칭찬해 줄 때 교육적 효과가 훨씬 더 높다고 합니다. 자녀의 선생님은 해마다 바뀌지만 부모와 자녀는 평생을 함께합니다. 또 좋은 선생님을 만나는 것은 나의 의지와 상관 없는 운이겠지만 좋은 부모가 되는 것은 노력하기 나름입니다. 이런 노력을 해보기도 전에 아파트를 줄여서 자녀를 외국으로 조기 유학 보내는 것은, 돈으로 '운'을 사려는 확률 게임을 하는 것입니다. 외국에서도 교사의 수준은 천차만별이니까요.

사람은 모두 비범합니다. 아무도 쓸데없는 사람은 없습니다. 뇌

신경 세포의 수는 무려 30조 개나 되기 때문에 어떤 신경 발달 기능이 언제 어떻게 발달할지는 아무도 모릅니다. 이 뇌세포들이 사람마다 다른 속도, 다른 특성으로 조합되기 때문에 사람은 모두가 경이로운 존재라는 것입니다. 지금은 우리 자녀가 과연 비범한가를 묻기보다 '어떻게' 비범성을 발견해 줄 것인가를 물어야 할 때입니다.

한국은 지금 무척 빠른 속도로 최첨단 정보지식 시대를 향해 달려가고 있습니다. 인터넷과 컴퓨터 사용률, 핸드폰 소유율 등은 이미 세계 최고 수준입니다. 모두가 잘살겠다는 욕망이 가득한 나라, 잘살기 위해서는 배워야 한다는 절박감이 선진국을 압도하는 나라, 영어의 필요를 재빨리 감지하여 아기부터 할아버지까지 영어 배우기에 막대한 투자를 하는 나라, 대한민국. 그것도 부족해서 가족이 뿔뿔이 이산가족이 되는 걸 감수하면서도 영어권 나라로 어린 자녀를 유학 보내는가 하면, 자녀 교육을 위해 이민까지 가는 한국인들은 외국인들의 눈에 아주 경이롭게 보입니다. 지금의 한국을 만드는 원동력이 된, 자녀를 위해서라면 모든 것을 희생해 온 학부모님의 열정과 관심은 세계 주요 언론의 주목을 받아 왔고, 미국 여러 대학의 사회학 교재에 성공 사례로 실릴 정도로 유명합니다. 다만 초단기, 고효율로 산업화를 이끌기에 알맞았던 한국식 교육열을 이제는 정보화와 글로벌 경제에 맞도록 초점과 전략을 좀 바꾸어야 할 때가 된 것을 간과해서는 안 됩니다.

매해 달라지는 대입 전형에 어떻게 적응할까 급급한 분은 과거 지향적 부모님입니다. 우리 자녀를 정보지식 사회에서 활약할 인재로 키우려면 무엇을 어떻게 도와줘야 할까를 고민하는 분은 미래 지향적 부모님입니다. 학원, 시험, 내신 성적 등에 억눌린 자녀에게 점수를 더 올리라고 재촉하는 것은 자녀를 한국식 우물 안 개구리로 키우는 일입니다. 우리 아이가 잘 하는 게 뭘까, 무엇을 할 때 가장 에너지가 왕성한가를 발견해 주고 격려하는 것은 자녀를 세계 무대에서 활약할 21세기 인재로 키워주는 방식입니다.

이 책은 2000년 가을에 『이민 가지 않고도 우리 자녀 인재로 키울 수 있다』라는 제목으로 한단북스에서 출간된 바 있습니다. 그때 마침 조기 유학과 이민이 사회적 이슈가 되어 시끌벅적하던 터라 책이 출간되자마자 여러 방송과 신문에 소개되고, 많은 학부모님들의 관심을 끌었습니다. 그런데 출판사의 사정으로 이 책을 구할 수 없게 되어 몹시 안타까워하던 중에 해냄 출판사가 저희와 같은 아쉬움을 가져주어서, 다시 이 책을 세상에 내놓게 되었습니다.

21세기 인재를 키우기 위한 책의 핵심 내용에는 변함이 없지만, 달라진 부분도 많습니다. 지난번 책 내용이 백과사전식으로 나열된 것이었다면, 새로 편집된 책은 학부모님들께서 당장 실천해서 효과를 보실 수 있는 전략 순으로 전개되었습니다. 또 하루하루 혁신적으로 달라지는 자녀 발달 이론과 학습 이론을 반영해, 1년 반 사이에 새로 발표된 최신 연구 결과들을 실었습니다. 따라서 이 책은 제목과 표지, 목차만 바뀐 것이 아니라 새로운 책이라고 말할 수 있습니다.

이 자리를 빌어 독자들이 다시 이 책을 읽을 수 있게 해준 해냄 출판사와 편집자 박은미 씨, 그리고 그동안 음으로 양으로 사랑과 가르침을 주신 모든 분들께 감사드립니다.

2002년 늦은 가을에
최성애 · 조벽

|차례|

1장 자녀 교육, 희망은 있다

1 학교 붕괴의 시대, 어떻게 대처할 것인가 17

아이를 성공시키려면 외국물을 먹여라? 18
실패로 가는 지름길, 구시대 교육 전략 21
달라진 환경, 새로운 희망 찾기 26

2장 21세기 인재 키우기, 이제부터 시작이다

1 새시대 학부모 10계명 35

공부 타령은 이제 그만! 36
변화를 받아들이자 40
자신감 있는 부모가 되자 43
자녀를 인격체로 존중하자 47
자녀 교육에도 일관성이 있어야 한다 52
명령형 대신 의문형으로 대화하자 58
모르는 건 모른다고 말하자 62
물고기를 잡아주는 대신 낚시하는 방법을 알려주자 66
사소한 단점 대신 희망을 보자 70
자녀들만의 네트워크를 만들어주자 75

2 정보지식 사회 인재들의 7가지 특성 80

개성이 재산이다 82
자신감이 있어야 산다 88
3D 기피는 당연, 3A 추구는 필수 95
일을 놀이처럼, 놀이를 일처럼 100
간편함을 선호한다 105
이분법은 NO! 110
다양한 사람들을 사귄다 117

3 아이의 유형을 아는 부모가 인재를 만든다 121

학습 능력, 학습 자세로 자녀 유형 파악하기 122
H·O·P·E 분류법 130
아이들의 네 가지 유형에 따른 교육 노하우 136
H·O·P·E 유형의 특성 파악하기 150
열린 학교 시대의 대안, H·O·P·E 교육법 160

3장 **연령별 실전 자녀 교육법**

1 초등학생 자녀, 이것이 기본이다 173

2 중학생 자녀, 안전하게 사춘기 지나기 192

3 고등학생 자녀, 이렇게 교육하면 성공한다 221

닫는 글 우리 아이들의 희망 만들기, 부모님의 몫입니다 275

부록 21세기 유망 직업 99가지 283
H·O·P·E 유형별 유망 직업 286
부모가 반드시 자녀에게 줘야 할 소중한 선물 289
자녀에게 문제가 생겼다는 신호 290
자녀에게 성공을 가르쳐주는 방법 291
자녀를 책과 친한 아이로 키우는 방법 292
자녀에게 부모의 사랑을 전하는 방법 293
아빠가 자녀에게 엄마를 특별한 존재로 느끼게 하는 방법 294
엄마가 자녀에게 아빠를 존경하게 하는 방법 295

1장

자녀 교육, 희망은 있다

1
학교 붕괴의 시대, 어떻게 대처할 것인가

부모님들을 불안하게 만드는 의문들이 많습니다.
- 대학 선발 기준이 달라진다는데 그래도 명문대에 보내려면 어떤 준비를 해야 할까?
- 촌지를 줘야 할까, 말아야 할까?
- 개성을 살려 한 가지만 잘 하도록 해야 할까, 팔방미인으로 키워야 할까?
- 게임에 빠져 노는 아이를 막아야 할까, 아니면 게임도 특기라니 그냥 놔두어야 할까?
- 영어 말고 제2외국어까지 가르쳐야 할까?
- 운동도 과외를 시켜야 할까?

이런저런 고민을 하다 보면 생각은 결국 절망으로 치닫게 되고 많은 부모님들이 한 번쯤은 자녀들의 조기 유학을 고민하게 됩니다.

아이를 성공시키려면 외국물을 먹여라?

한국 교육은 희망이 없다고들 합니다. 무너지고 있다는 한국 학교를 두고 '교육대란'이라는 말을 사용하기도 합니다. 시대에 너무 뒤떨어진 교육을 받으며 무모한 입시 경쟁에 치이는 아이들이 불쌍해서 조기 유학마저 고민하게 됩니다. 한국 교육이 절망적이라고 실제로 보따리 싸들고 외국으로 이민가는 사람이 한둘이 아닙니다. 이제는 도피성 유학이라는 말이 어색하게 들립니다. 난리가 났으면 당연히 피난가야 하듯이, 학생들의 '피신'성 유학은 오히려 선망의 대상이 되고 있는 듯합니다.

저희에게도 조기 유학에 대한 문의가 자주 들어옵니다. 중고생을 둔 학부모님들은 물론이고 초등학생 자녀를 둔 학부모님까지 자문을 구합니다. 생활이 그다지 넉넉지 못한 가정에서도 어떻게 어렵게 꾸려서라도 유학을 보낼 형편은 된다고 합니다. 그런데 막상 외지에 어린 자녀를 보내려니 웬지 불안하신 모양입니다.

물론 조기 유학을 보내는 게 좋을지, 그냥 한국에서 교육을 받도록 하는 게 나을지를 물으시면 정답이 있을 수 없지요. 아이가 유학가서 어떤 환경에 처하게 될지, 적응을 잘 할 수 있을지, 한국 교육과 외국 교육 중 어느 것이 더 아이에게 적합할지는 결코 예측할 수 없으니까요.

그러나 저희는 항상 이렇게 묻습니다.
"왜 조기 유학을 고려하십니까?"
"한국에서는 교육을 제대로 받을 수가 없어서······."
"기죽는 우리 애가 하도 안쓰러워서······."
이렇듯 대개 두리뭉실하거나 본질을 우회하는 대답들을 하시죠. 그러나 가끔 직선적인 답을 내놓으시는 분들도 있습니다.

"좋은 대학에 들어가기는 틀렸다 싶어서……."

그렇지만 이 모두 질문의 요지를 제대로 파악하지 못한 대답입니다.

"아, 예. 그건 그렇고요, 무엇을 피하시는 것이 아니라 무슨 결과를 원하십니까?"

"교육다운 교육을 받기 위해서……."

"영어도 배우고, 세계화 경험도 쌓고, 자신감도 얻고……."

"우리 애 잘되라고……."

그저 막연한 기대만 있을 뿐입니다. 어떻게든 잘될 것이라는 맹목적인 믿음으로 자녀의 미래를 결정지으려 하고 계십니다. 저희는 계속 질문합니다.

"나중에 자녀가 잘되었는지 아닌지를 판단할 기준이 뭐지요?"

"……???"

"이 질문은 상당히 중요합니다. 부모님께서 5년 후, 10년 후, 또는 20년 후에 자녀를 조기 유학 보낸 것이 잘한 일인지 못한 일인지 어떻게 판단하실 건가요?"

대부분의 부모님께서는 더 이상 아무 말씀도 못하십니다. 바로 코앞에 벌어진 일에 급급해서 훗날을 생각해 볼 겨를이 없었기 때문입니다. '무슨 이 따위 시시한 질문을 다 하는지' 속으로 언짢아하는 부모님도 계실 겁니다. 저희는 또 질문합니다.

"자녀 입장에서 볼 때 성공이라고 치지요. 하지만 그게 부모님께도 좋겠습니까?"

"어이, 이게 무슨 소리요. 아이만 잘되면 됐지 애들 덕 보려고 키우는 게 아니지 않소. 그리고 아이에게 좋으면 그게 부모한테도 좋은 것이지!"

과연 그럴까요? 자녀의 성패가 부모님과 무관하다고 생각하십니까? 또는 자녀의 성공이 반드시 부모님께도 좋으리라고 생각하십니까?

드디어 저희는 마지막 질문을 던집니다.

"자녀의 학습 능력과 학습 태도는 어떻습니까?"

"머리는 꽤 괜찮은 편인데 공부는 진득이 앉아 하지 못하는 것 같습니다. 그래도 반에서 1, 2등은 아니지만 항상 그 다음은 갑니다."

자녀의 성적이 중요하지 구태여 능력과 태도를 따로 구분해 분석해 볼 필요가 있느냐는 식입니다.

하지만 저희 경험과 사례에 의하면, 조기 유학에 성공하려면 학습 능력만큼 중요한 요소가 바로 학습 자세입니다. 조기 유학을 고려하신다면 자녀의 학습 유형을 반드시, 그리고 우선적으로 고려하셔야 합니다.

사실 이 모든 질문은 조기 유학에만 해당되는 것이 아닙니다. 이 질문의 요지는 자녀 교육 자체의 본질적인 문제점을 따지고 있습니다. 조기 유학을 예로 들었지만 위에 나열된 질문들은 한국에서 자녀를 키우시든 외국에 보내시든 근본적으로 확실하게 짚고 넘어가야 할 문제입니다.

- 자녀 교육은 누구의 성공을 위해서인가?
- 자녀의 성공 기준은 무엇인가?
- 우리 자녀의 특성은 무엇인가?

위 세 가지 질문에 자녀 교육의 모든 것이 달려 있습니다. 이 세 질문에 대한 답에 따라 자녀 교육을 위한 학부모 전략이 정해집니다.

실패로 가는 지름길, 구시대 교육 전략

- 자녀 교육은 누구의 성공을 위해서인가?
- 자녀의 성공 기준은 무엇인가?

우선 이 두 가지 질문을 고려해 보십시오. (이 책의 핵심 사항 중의 하나인 세 번째 질문은 나중에 집중적으로 다루겠습니다.) 한때 위 두 가지 질문에 '정답'이 있던 시절이 있었습니다. 부모님께서 학생이었던 시절에는 '정답'이 너무나 당연해서 질문할 필요조차 없었습니다.

자녀 교육은 가족을 위한 것이다. 자녀가 잘되면 가족도 물론 잘되었으니까.

성공 기준은 대학 입시다. 대학만 붙으면 사회적 성공이 저절로 보장되었으니까.

지금 학부모님들이 학생일 시절에는 그랬습니다. 1960년대 초 한 가구당 평균 자녀 수는 6명이었습니다. 1970년에는 4.5명으로 줄었습니다. 이때는 논 팔고 소 팔아서 장남을 교육시키는 집도 흔했습니다. 남동생 하나 대학에 보내기 위해 누나가 학업을 중단하고 공장에 취직해서 학비를 대주는 시나리오는 삼류 극장에서나 볼 수 있는 멜로드라마가 아니었습니다. 그때는 한 집에 대학생 한 명만 있어도 나머지 식구들이 훗날의 생계 문제를 걱정하지 않았습니다. 이 시대의 자녀 교육은 자녀만을 위한 것이 아니었으니까요. 자녀 교육은 온 집안을 일으킬 수 있는 확실한 생존 전략이었습니다. 1950년대 우리나라에 대졸 이상의 학력을 지닌 인구는 채 5%도 되지 않았습니다. 그래서 1980년대까지만 해도 8%를 넘지 못했습니다. 그래서 그 당시에는 대학에 다니는 것만으로도 하나의 특권 신분으로 대접받았습니다. 특히 명문 대학 출신은 졸업 후에 취직이 보장되었으며 따라서 결혼 조건도 덩달아 갖춘 셈이었습니다. 또 사회인이 된 후에도 명문대 출신은 학연의 도움을 받아 승승장구해서 출세할 수 있었습니다. 그러므로 수단과 방법을 가리지 않고 공부 잘 해서 좋은 대학만 가면 이후의 인생은 저절로 잘 풀린다고 믿었습니다.

요컨대 '순간의 선택이 일생을 좌우'하던 때라 오로지 명문대학 입학에 부모님의 온 힘을 쏟는 전략이 맞았습니다. 대입은 확실하게 신분 상승으로 이어졌고 단기 성공은 장기 성공을 보장해 주었습니다. 부모님들은 이런 성공 사례들을 수없이 보았거나 직접 경험했기 때문에 '정답'을 신봉하는 것은 어떻게 보면 당연한 일이었습니다.

구시대 학부모 전략

공부 → 대입 → 대졸 학력 → 신분 상승 → 가족 성공

단기 성공 = 장기 성공

자녀 성공 = 부모 성공

하지만 지금은 어떨까요? 자녀의 교육이 집안을 일으키는 유일한 생존 전략이라고 생각하십니까? 설마 자녀가 대학에만 들어가면 저절로 사회적 신분이 높아진다고 생각하시는 건 아니겠지요? 아직도 교육의 목적이 무엇인가, 성공이 무엇인가라는 질문에 정답이 있다고 믿으십니까?

자녀의 성공이 곧 부모의 성공일까요?

단기 성공이 반드시 장기 성공으로 이어질까요?

자녀 교육이 성공적인가 아닌가는 보는 관점에 따라 달라질 수 있습니다. 오늘의 관점과 10년 후의 관점이 다를 수가 있습니다. 또 교육을 받은 당사자인 자녀의 관점과 부모님의 관점이 다를 수 있습니다. 자녀와 부모님은 완전한 남남이 아닌 만큼 또한 일심동체도 아니니까요.

계속해서 조기 유학의 예를 들어 저희 생각을 말씀드리겠습니다. 자녀를 조기 유학 보내신 부모님께서 앞으로 어떻게 판단하실 것인가 예측해 보겠습니다.

10년 후에는 부모님 중 50%가 후회할 것입니다.

20년 후에는 부모님 중 90%가 후회할 것입니다.

이유는 간단합니다. 10년 후에는 자녀가 배우자를 찾고 결혼을 계획할 시기입니다. 아직도 유학 중이거나 조기 유학을 다녀온 자녀의 결혼 문제를 둘러싸고 예기치 못했던 문제가 나타날 것입니다. 조기 유학을 한 자녀의 약 반(50%) 정도가 부모님이 이상적이라고 생각하시는 배우자와는 퍽 다른 이상형을 마음에 두고 있을 것입니다. 여학생의 경우 외국물이 들어 며느릿감으로는 부적격이라는 편견을 받을 수도 있지요. 혹시 부모님께 외국인 며느리나 사위를 맞이하실 각오도 서 있나요? 설마? 또 문화적 정체성 혼란 등으로 결혼 생활이 순조롭지 않을 수도 있습니다.

20년 후에는 부모님께서 은퇴 생활을 고려할 시기입니다. 그때 부모님께서 자녀를 보는 눈은 지금과는 굉장히 다를 겁니다. 자녀의 존재를 인식하는 관점이 달라질 거라는 뜻이지요. 그 즈음은 자녀와의 관계가 며느리, 사위, 사돈, 손주 들로 확장되고 다차원적으로 발전하게 되는 시기입니다. 아마 젊을 적엔 느끼지 못했던 인간 관계의 소중함과 어려움을 느끼실 수도 있을 것입니다. 그러나 주변의 영향을 가장 예민하게 받는 사춘기 시절을 외국에서 보낸 자녀에게 부모님과 같은 '한국적' 정서가 남아 있기를 기대할 수 있을까요? 어쩌면 부모님이 나이가 드시면 외로워질 각오를 단단히 하셔야 할지도 모릅니다.

　이처럼 자녀의 조기 유학은 (성공이든 실패든) 자녀에게만 영향을 미치지 않고 부모님께도 색다른 영향을 미칩니다. 그러나 이런 것을 예측하기에는 너무나 먼 얘기 같지요. 저희 예상을 믿으셔도 좋고 안 믿으셔도 좋습니다. 조기 유학은 자녀를 위한 것이지 부모 자신을 위한 것이 아니라고 자신있게 말씀하실 수만 있으면 문제될 것이 없습니다. 후회하는 부모 90%에 속하지 않고 만족하는 학부모 10%에 해당되리라는 기대감을 지니시면 됩니다. 어차피 한국에서 키운다 해도 일류대학에 입학할 가능성은 5% 이하라고 주장하신다면 이 책의 나머지는 읽을 필요조차 없을 것입니다.

　중요한 것은 자녀의 성패와 부모님의 성패는 다를 수 있다는 사실입니다. 이 점은 조기 유학의 경우에만 해당되는 말이 아닙니다. 자녀 교육에 전반적으로 적용됩니다. 조기 유학은 아직 대부분의 부모님으로부터 한 걸음 떨어져 있기 때문에 문제가 선명하게 보일 따름입니다.

　앞서 말씀드렸듯이 학부모님들이 학생이었던 시절에는 한 집에 대학생 한 명만 있어도 나머지 식구들이 생계 걱정을 덜 수 있었습니다. 그러나 지금은 한 집에 자녀가 한두 명뿐인데다가 고교 졸업생의 60%가 전문대학 이상으로 진학합니다. 그러니 대학을 나오고도 좋은 직장 얻기가 쉽지 않습니다. 그래서 자녀가 대학을 졸업한 후에도 부모님이 계속 뒤치다꺼리를 해줘야 하는 경우가 많습니다. 더욱이 딸이든 아들이든 자녀가 결혼을 할 때는 부모님들의 허리가 휘고 빚까지 질 판입니다. 그러나 이렇게 서른이 가깝도록 부모님의 뒷바라지를 받은 자녀들이 부모님의 노후를 보장해 주기가 어렵습니다. 왜냐고요? 배은망덕해서라고요? 반드시 그렇지만은 않습니다.

1960년 한국인 평균 수명은 52.4세였는데 2000년에는 74.9세가 되었습니다. 불과 40년 만에 평균 수명이 22.5년이나 는 것입니다. 최근 미국 《월드뉴스》에 따르면 1945년부터 1964년 사이에 태어난 사람(현재 나이 38~57세) 가운데 2백만~3백만 명 정도가 100살 이상 장수할 것이고, 2000년에 태어난 자녀들은 50%가 100살 넘게 살 거라고 합니다. 우리 자녀들이 중년기가 넘도록 부모님들은 건강하게 사실 수 있습니다.

다시 말해 부모님도 오래 살고 자녀도 오래 살기 때문에 같이 늙어가게 됩니다. 자녀가 중년이 되어도 자기네 자식 키우랴, 집 사랴, 새로운 것 배우랴, 자기 생존을 위해 끊임없이 바쁘기 때문에 부모님의 노후 보장을 기대하기 어렵다는 것입니다.

통계청에 따르면 2000년 현재 한국에서 100명의 노동 인력이 65세 이상의 노인 10명을 부양하고 있는데, 2020년에는 노령 인구가 더 많아져서 100명의 노동 인력이 19명의 노인을 부양하게 될 것이라고 합니다. 또한 1999년 중앙 리서치 조사에서도 한국인의 74.9%가 "늙으면 부부끼리 독립해서 살거나, 실버타운에서 살겠다(12.7%)"고 말하고, "결혼한 자녀와 같이 살겠다"고 말한 사람은 10.7%에 불과한 것으로 나타났습니다.

요컨대 새시대는 자녀의 학력을 부모의 노후 보장 수단으로 삼을 수 없기 때문에 '자녀 성공=부모 성공'이라는 생존 전략이 결코 유효하지 않습니다. 자녀로부터 일류대학—일류직장—일류 결혼의 3박자에 노후 부양까지 기대하는 구시대 학부모(자녀 교육) 전략을 바꾸실 때가 온 것입니다.

평균 수명은 점점 길어지는데 자녀는 한둘밖에 없으니 아이들을 모두 키워놓고도 몇십 년간 자기만의 시간을 가질 수 있습니다. 부모님들 자신의 능력과 개성을 키우고 즐길 시간이 충분하다는 것입니다. 부모님이 이렇게 긍정적으로 자신의 삶을 가질 때 자녀에게 쏟을 관심의 방향과 목표, 재정 상태를 재검토할 수 있을 것이며, 발상의 대전환도 이룰 수 있을 것입니다.

달라진 환경, 새로운 희망 찾기

이런저런 이유로 자녀를 조기 유학 보내지 않고 그냥 한국에서 교육하는 학부모님께서는 뭔가 피해의식을 느끼게 됩니다. '훗날 제대로 된 직장이라도 하나 얻을 수 있는 대학에 보낼 수나 있을지' 암담하고 걱정스러우시겠지요. 충분히 이해가 됩니다.

신문이나 텔레비전 뉴스를 보면 우리 자녀들이 학교를 거부하고, 시험을 우습게 보며, 선생님을 함부로 대하는 이상한 유행병에 휩쓸리고 있다고 합니다. 왕따와 학교 폭력도 심각한 수준에 도달했다고 합니다. 자녀를 둔 부모님은 불안하기 짝이 없습니다. 충분히 공감이 됩니다.

매스컴에서 학교 붕괴에 대해 실상을 파헤칠 때마다 부모님 마음은 괴로운 갈등 상황에 빠집니다. '이럴 수가!' 하는 놀라움도 잠깐. 도대체 왜 이런 일이 벌어졌을까를 생각하면 화가 치밀고, 이런 지경에서 우리 아이들을 어떻게 잘 키울 수 있을지 자녀의 성공을 위한 대책이 보이지 않습니다. 아무리 생각해도 뾰족한 답이 없으니 답답하기만 하지요.

과연 누굴 탓해야 할까요? 누가 나서서 교육에 책임을 져야 할까요?

어떤 이들은 우리 교육 현실이 이 지경이 된 건 돼먹지 않게 세계화다 열린 교육이다 하면서 교육의 질을 떨어뜨린 탓이라고 합니다. 또 교사들은 스승의 사기를 떨어뜨려 학교 붕괴를 가속화한 주범이 이해찬 전 교육부 장관이라고들 분개합니다. 그러나 어떤 부모님들은 촌지 문제와 체벌 문제를 드러내놓고 공격한 이해찬 장관이 그다지 밉지만은 않다고 합니다.

교사들은 또 요즘 애들이 예전과 달리 너무 되바라져서 도대체 가르칠 수가 없다고 학생들에게 화살을 돌리기도 합니다. 때리거나 벌을 줘도 도무지 선생님을 무서워하지 않는데 어떻게 가르치느냐는 말에 부모님들은 왜 꼭 때리고 벌을 줘야만 교사의 권위가 서느냐 하는 반발심을 갖게 됩니다.

사회에서는 부모님에게 비난의 화살을 돌리기도 합니다. 내 자식만 잘되라고 치맛바람 일으키고, 자녀들을 지극히 이기적인 아이로 키워놔서 손쓸 수가 없다는 말을 하기도 합니다. 언제는 치맛바람 교육열 덕에 한국 경제가 급속도로 발전했다고들 하더니 문제만 터지면 한국의 모든 어머니들을 싸잡아 매도하는 언론이 지겹기만 합니다. 잘못된 교육 제도를 만들어놓은 게 누군데 왜 '교육 소비자'인 학부모들을 비난하느냐는 거지요.

상업주의, 한탕주의, 쾌락주의도 도마 위에 오릅니다. 학생들이 재미없는 공부에 열중하기에는 상업적 쾌락의 유혹이 너무 강하다는 말입니다. 전자 게임 한 시간은 10분보다 짧게 느껴지고, 지겨운 역사 과목 한 시간은 열 시간처럼 느껴지는 '상대성의 원리'를 이미 아이들은 몸으로 터득해 버렸다는 말입니다.

과연 누구를 탓해야 할까요? 이 질문에는 답이 없습니다. 서로가 얽히고 설키고 꼬이고 꼬여 누구 하나를 속죄양으로 지적할 수가 없기 때문입니다. 굳이 탓을 하자면 산업시대에 맞는 교육 체제가 정보시대로 변환하는 과도기에 겪게 되는 혼란이라고 할 수밖에 없겠습니다. 한국에서 벌어진 학교 붕괴와 아주 비슷한 양상이 이미 미국은 1950년대, 유럽은 대략 1960~1970년대, 일본은 1980년대 중반부터 시작되었습니다.

미국이나 유럽이나 일본에는 김영삼 대통령이 있지도 않았고, 이해찬 장관 같은 급진적인 개혁 장관이 있지도 않았고, 또 한국 같은 치맛바람도 없었습니다. 그런데도 한국과 같은 학교 붕괴 현상을 겪었으니 한국의 교육 붕괴도 누구 한 사람을 탓할 것이 아니라 인류사의 큰 흐름 속에서 반드시 거쳐야 할 일련의 현상으로 보아야 하는 것입니다.

한마디로 학교 붕괴는 산업시대에 맞는 일꾼을 키워냈던 획일적, 일방적, 수직적 교육의 틀이 다양성, 평등성, 유기체성의 정보사회와 너무 거리가 벌어져 금이 가고 모양이 일그러져 일어나는 현상입니다.

지금 당장은 여러 혼란이 있겠지만 교육이라는 것, 배움이라는 것 자체의 뜻과 목표가 달라지게 되고, 학생, 교사, 교장, 교육부 장관의 역할과 책임이 달라지기 위해 거쳐야 하는 '통과의례'일지도 모릅니다. 몇 해 전에 총장 직선제다 임명제다, 학부제다 해서 대학이 변하는 과정에서 진통을 겪었듯이 이제는 초·중·고교에서 학교장 선출제다, 교사 연봉제다 하면서 변화의 바람이 불고 있습니다.

아직 이런 변화가 좋다 나쁘다 할 단계는 아니지만 중요한 것은 농경 사회가 산업 사회로 변했듯 산업 사회가 정보 사회로 변하는 것은 피할 수 없는 세계의 흐름이라는 것입니다. 따라서 구조조정, 조기 퇴직, 명예 퇴직 등 아버지들이 일터에서 쓰라린 변화를 겪은 것처럼 학교에서도 이전에는 꿈도 못 꾸던 일들이 앞으로 계속 벌어질 것입니다.

요컨대 학교 변화는 누구도 막을 수 없는 과도기 현상이라는 것입니다. 그러므로 부모님들은 학교 변화를 인정하되 그것이 우리 자녀에게 어떤 영향을 미칠지, 그리고 어떻게 하면 우리 자녀들이 과도기의 피해를 덜 보면서 성장할 수 있을지를 고민해야 합니다. 그래야만 변화하는 환경 속에서 부모님들이 실천할 수 있는 여러 가지 가능성을 찾을 수 있을 것입니다.

갑작스러운 조기 유학 붐으로 온 나라가 들썩거리던 2001년 봄, 저희가 방송에 나가서 한 말이 있습니다.

"한국에서 학교가 붕괴되었다고는 하나 아직까지 '학교 종이 땡땡땡' 합니다. 반면 미국에서는 '학교 총이 땅땅땅' 하고 있습니다."

물론 미국 초·중·고교에서 거의 정기적으로 일어나는 총기 사건을 비유한 말입니다. 익살스러운 비교지만 미국의 교육(특히 대도시의 공교육) 문제가 얼마나 심각한지를 잘 나타내주고 있습니다. 한국 학교가 붕괴되고 있다면 미국 공교육은 이미 잿더미입니다.

그래서 한국의 교육 환경이 좋지 않다고 어린 자녀를 무작정 외국으로 유학 보내는 것은 엄청난 도박이라고 말씀드리는 것입니다. 유학 보낼 곳을 신중히 선택하고, 자녀를 자기 자식처럼 돌봐

줄 사람이 옆에 있고, 자녀가 평소에 자기 관리를 잘 해왔다면 성공할 확률이 높을 것입니다. 물론 돈만 부쳐주고 혼자 놔둬도 자녀가 유학 생활에 순조롭게 적응하는 억수로 운이 좋은 경우도 가끔 있을 것입니다. 어차피 도박이니까요. 하지만 10년 후에 볼 때 실패의 확률이 훨씬 높을 것입니다.

그렇습니다. 지금 좋은 것하고 훗날 좋은 것은 확실히 다릅니다. '인생지사 새옹지마'라는 말이 있듯이 당장은 좋더라도 훗날 후회스러울지도 모릅니다. 그러나 많은 부모님들께서는 지금 당장 급한 마음이 앞서 자녀의 인생에 대해 장기 전략을 세울 여유가 없습니다. 하지만 사회는 하루가 다르게 변하고 있습니다. 새 시대에 걸맞는 훌륭한 인재를 키워내기 위해서는 변화한 상황에 적합한 장기적인 자녀 교육을 시작해야 합니다.

예를 들어봅시다. 과거에는 사람들이 선호하는 직업이 의사, 법관, 교수, 대기업의 노른자위 자리 등으로 그 수가 한정되어 있었습니다. 그러나 지금은 자고 일어나면 생겼다 사라졌다 하는 게 직업이고 직장입니다.

전문직이라 해도 여러 변수에 따라 일의 내용과 대우와 안정성이 달라집니다. 또한 직종별로 임금 수준이 두세 배씩 차이나던 구시대는 지났습니다. 예를 들어 1981년만 해도 전문직의 평균 임금은 생산직의 평균 임금의 2.3배였습니다. 그러나 1998년에는 이 격차가 1.48배로 크게 줄었습니다. 이제는 의사가 반드시 컴퓨터 벤처 사업가보다 돈을 더 잘 번다는 보장이 없습니다. 안철수 박사는 의학에서 컴퓨터 바이러스를 고쳐주는 벤처 사업으로 직종을 바꿨습니다. 그러나 그의 수입이 줄기는커녕 매해 수백억의 흑자를 냅니다. 외국에서도 그의 기술을 탐내면서 거액에 팔라고 유혹하기까지 한답니다.

한 직장, 한 우물이라는 말도 빛이 바랜 지 오랩니다. 1980년대까지만 해도 미국 성인 남자는 일생 동안 7번 직장을 바꿨다고 합니다. 그런데 1998년 통계로는 4년마다 직장을 바꾼다더니 2000년에는 2년 반으로 줄었습니다. 한국도 연봉제가 확산되면서 평생직장이라는 개념이 사라지고, 좀더 나은 조건을 찾아 직장을 이리저리 옮겨다니는 것이 당연한 일이 되었습니다. 또 앞으로는 직장 안의 경쟁 분위기가 싫어서 독립해서 사업을 하는 사람이 늘 것입니다. 따라서 직장 이직율이 더더욱 높아질 테지요.

자, 이렇게 세상은 변했습니다.

구시대에는 대학에 가는 것이 생존 전략의 전부였지만, 이제는 명문 대학에 가는 것은 수많은 생존 전략 중 하나일 뿐입니다.

18세에 따놓은 대학 간판이 나머지 70세까지 인생 등급을 매겨주던 '학력(學歷)의 시대'는 갔습니다. 직장과 업무 내용이 수시로 변하고, 변해가는 테크놀로지와 정보 지식을 배우지 않으면 도태됩니다. 그래서 계속 공부를 해야 하고 자기 발전과 적응에 부단히 애를 써야 합니다. 또 전세계인이 경쟁 상대이기 때문에 한국 일류대 출신이 외국 명문대 출신에게 일자리를 빼앗기는 일도 생깁니다. 누구든 계속 자기 영역을 개발하고 능력을 키워나가지 않으면 일거리가 없어지니까 평생 자기 스스로 학력(學力)을 쌓아야 합니다. 이것이 새시대의 생존 전략입니다.

물론 학력도 인간 관계 등 나머지 전략들과 함께 균형을 이루어야 지속적인 성공을 이루고 성취감을 맛볼 수 있을 것입니다. 부모님이 이끌어주어서 단기 성공을 이루던 구시대의 전략을 바꿔야 합니다. 자녀에게 성취 동기를 심어주어서 자녀 스스로가 자기 발전을 책임지고 이루어나가는 장기 전략으로 바꿀 때가 된 것입니다.

가장 중요한 사실은 지금 이 변화의 회오리바람 속에서 크는 우리 자녀의 바람막이와 등대불이 되어주셔야 할 분은 바로 부모님이라는 것입니다.

구시대 성공 전략

- 이전에 공부는 시험 잘 보기 위한 것이었습니다.
- 이전에 공부는 지겨워도 몇 년만 참으면 된다고 견뎌야 했습니다.
- 이전에 학력은 18살 때 치른 입시 하나로 결정되었습니다.
- 이전에는 억지로라도 공부를 시켜 일단 일류대학에 가면 성공했습니다.
- 이전에 성공은 남과 경쟁하기 위해서 했습니다.
- 이전에 단기 성공은 장기 성공으로 이어졌습니다.

새시대 성공 전략

- 이제 공부는 쓸모 있는 것을 얻기 위한 것입니다.
- 이제는 평생 공부라서 즐거워야 하고 필요를 느껴야 잘 합니다.
- 이제 학력은 일생 쌓아가야 합니다.
- 앞으로 대학은 들어가는 것이 대수롭지 않습니다.
- 앞으로 성공은 자기와 경쟁하기 위해서 합니다.
- 앞으로 성공은 하나의 이벤트일 뿐입니다.

2장

21세기 인재 키우기,
이제부터 시작이다

1
새시대 학부모 10계명

앞장에서는 달라진 교육 환경에 대해 알아보았습니다. 변화한 환경에서는 교육 방법도 달라져야 하며, '위기는 곧 기회'라는 말이 있듯이 지금 이 과도기를 슬기롭게 극복하면 우리 자녀를 최고로 키울 수 있다는 것에 공감하셨을 겁니다. 그렇다면 과연 무엇을 어떻게 바꿔야 할까요?

이번 장에서는 오늘부터 학부모님께서 반드시 지키셔야 할 10가지 기본 원칙을 말씀드리겠습니다. 자녀를 바꾸기 전에 먼저 부모님부터 달라지셔서 희망의 부모님이 되시면 여러분의 자녀가 어떤 아이라 할지라도 새시대에 적합한 인재가 될 수 있을 겁니다. 우선 부모님께서 급하게 하셔야 할 일은 부모님과 자녀 사이의 관계를 '적대' 관계에서 '우호' 관계로 개선하는 것입니다. 새시대에 바람직한 관계를 형성하기 위해서 부모님과 자녀가 한마음이 되어야 합니다.

공부 타령은 이제 그만!

밤이 되었습니다. 정신없이 하루가 다 지나갔습니다. 어린 자녀는 잠을 자고 중학생 자녀는 아직까지도 공부를 하고 있습니다. 그래서 집이 조용합니다. 이제 부모님께서 끝나가는 하루를 되돌아볼 시간이 왔습니다. 오늘 하루 동안 자녀에게 하신 말을 하나하나 떠올려보십시오. 혹시 부모님께서 자녀에게 이런 말을 하시지는 않았는지요?

"공부도 못하는 주제에 노는 일이라면 사족을 못 쓴다니까."
"공부도 못하는 주제에 게임이라면 미친다니까."
"공부도 못하는 주제에 먹기는 잘도 먹는다."
"공부도 못하는 주제에 엉뚱한 생각이나 하고."
"공부도 못하는 주제에 만화 잘 그린다고 누가 밥 먹여주냐?"
"공부도 못하는 주제에 코미디언 흉내나 내고, 한심하다."
"공부도 못하는 주제에 유행가는 잘도 따라 부른다니까."
"공부도 못하는 주제에 나서기는……."
"공부도 못하는 주제에 멋부리기에만 정신이 팔려 가지곤……."

자녀의 행동을 매번 공부와 연관짓는 말들입니다. 이러한 말들은 공부 하나로 자녀를 평가하고 있습니다. 자녀가 공부하는 기계가 아닌 줄 뻔히 알면서도, 공부가 세상의 모든 것이 아니라는 것을 잘 알면서도, 일단 공부를 해야 안심이 되기 때문입니다.

친구들과 함께 어울려 노는 것이 자연스러울 뿐더러 바람직하다는 것을 알면서도 공부하지 않고 놀면 부모님들은 신경이 쓰입니다. 자녀들이 발랄하게 노래부르고 동심의 세계에 푹 빠져 천진난만하게 깔깔대고 웃는 모습이 아름답게 느껴지면서도 가슴 한

컨을 짓누르는 불안감을 지울 수가 없습니다.

자녀가 부모님으로부터 가장 듣기 싫어하는 말이 "공부해!"라는 말이라고 합니다. 그러나 부모님은 계속해서 공부 타령뿐입니다. 왜 그럴까요?

부모님들은 공부가 최고인 시대를 사셨기 때문입니다. 부모님들이 학교를 다니던 때를 기억해 보세요. 공부 잘 하는 학생들은 선생님의 관심을 받고 반장도 하고 상도 많이 탔습니다. 아무리 이기적이고 잘난척하고 공부밖에 다른 재주가 없어도 흉이 되지 않았습니다. 반대로 얼굴이 아주 예쁜 학생이 공부를 못하면 이런 말을 들었습니다.

"얼굴이 아깝다."

체격이 건장하고 운동을 잘 하는 학생은 이런 말을 들었습니다.

"운동이 밥 먹여주냐?"

성격 좋고 인기 있는 학생이 공부를 못하면 이런 소리를 들었습니다.

"다 소용없어. 대학도 못 갈 주제에 다른 짓 잘 해봤자 무슨 빛 볼 줄 알아?"

그래서 자기도 모르게 자녀에게 같은 말을 되풀이하는지도 모릅니다. 공부만 잘 하면 만가지 흉이 덮어진다는 고정관념을 버려야 우리 자녀가 올바른 사람으로 클 수 있고 행복해질 수 있습니다. 여러분의 자녀가 공부를 잘 한다면 다른 능력도 살펴서 균형을 이루게 해주고, 공부를 못한다면 다른 장기와 특성을 키워주세요. 21세기의 성공인이란 어떤 일이든 자기가 꼭 하고 싶고, 남과 더불어 즐겁게 살 수 있으며, 자신을 발전시킬 수 있고, 사회에 즐거움과 이로움을 주는 사람입니다.

공부를 못하거나 안 하는 자녀를 미워하지 마십시오. 그러면 오히려 힘만 더 들고 훗날 후회만 하게 될 뿐입니다.

대학 입시를 앞둔 딸을 키우는 주부는 이렇게 한탄합니다.

"시험 잘 봤느냐고 하면 신경쓰지 말라고 하죠. 대학 가도 내가 가고, 못 가도 내가 못 간다고 악을 쓰죠. 자는 거 안쓰러워서 좀 더 자게 놔두면 안 깨웠다고 펄펄 뛰죠. 공부 다 했니 물으면 공부에 끝이 어디 있냐고 되레 화를 내죠(최성애, 『혼수 전쟁』, 395쪽에서 인용)."

부모와 자녀의 관계가 공부라는 매개물을 거치기 때문에 생기는 악순환입니다. 계속 이렇게 악순환을 하면서 서로 '지겨운 존재'임을 하루에도 몇 번씩 확인하며 살아야 할까요? 언제부터, 누구부터, 이 악순환의 고리를 끊어야 할까요?

정답은 바로 지금 부모님에게 있습니다. 교육부에 있는 것도 아니고 학교에 있지도 않습니다. 장관이 자주 바뀐다고 될 일이 아니고 안 바뀐다고 안 될 일도 아닙니다. 부모님께서 오늘 당장 할 수 있습니다. 돈드는 것도 아닙니다. 부모님 마음먹기에 달려 있습니다.

마음을 바꾸면 말이 달라지고, 말이 달라지면 행동이 변하고, 행동이 변하면 인생이 바뀝니다. 우리 모두에게는 순리대로 살 능력이 있습니다. 순리대로 살 때 마음이 편하고 얼굴이 펴지며 말이 고와집니다. 우리 인격은 너무나 소중하다는 것이 순리입니다. 자녀를 공부하는 기계로 보지 마시고 여러분의 소중한 아들, 딸로 대해주세요. 공부 타령만 듣지 않아도 우리 아이들은 말씨가 부드러워지고 얼굴빛이 밝아지고 행동이 사랑스러워질 것입니다.

 **연필코너**

공부도 못하는 주제에?

오늘 하루 자녀에게 어떤 말씀을 건네셨나요?
공부, 공부, 공부…… 오늘도 공부 타령뿐이셨다구요?
당장 오늘부터는 이렇게 바꿔서 말씀해 보세요.

- "(공부는 못해도) 만화는 썩 잘 그리는구나."
- "(공부는 못해도) 게임은 천재급이다."
- "(공부는 못해도) 유머 감각은 캡이다."
- "(공부는 안 해도) 친구들과 썩 잘 어울리는구나."
- "(공부는 안 해도) 기발한 생각을 잘 하는구나."
- "(공부 대신) 음악적 재능이 뛰어나구나. 기억력도 좋고."
- "공부와 지도력은 무관하단다."

여러분 자녀에게 해당되는 다른 긍정적인 말을 적어보십시오.

_____

_____

_____

_____

변화를 받아들이자

요즘 미국 텔레비전에 나오는 CF 한 장면을 소개해 드리겠습니다. 어느 아버지가 수영을 배우는 아들을 격려해 주고 있습니다. 아들이 물 속에 뛰어들자마자 아버지는 후닥닥 뛰어나가 자동차를 몰고 공원으로 달립니다. 도착하자마자 축구 시합을 하는 딸을 응원합니다. 딸과 눈을 마주치고 딸이 공에 눈을 돌리는 순간 아버지는 다시 자동차를 몰고 아들이 있는 수영장으로 달립니다. 수영장에 다시 도착하니 그제서야 물에서 나오는 아들과 눈을 마주치게 됩니다. 아들은 아버지께서 자기가 수영하는 동안 내내 곁에 있어준 줄 알고 만족스러운 표정을 짓습니다. 만족해 하는 아들의 얼굴을 확인하자마자 다시 딸이 있는 축구장으로 질주하는 아버지…….

물론 자동차 선전입니다. 하지만 미국 중산층 부모가 자녀에게 쏟는 열정을 매우 잘 보여주고 있습니다. 사실 미니밴이 유행하게 된 이유는 과외 활동하는 자녀들을 태우고 다니는 부모님들로부터 얻은 폭발적인 인기 때문이지요. 한국의 교육열이 대단하지만 미국도 만만치 않습니다. 한국에서야 학원 버스가 집 앞까지 와서 자녀를 '모셔 가지만', 미국에서는 학부모가 일일이 데리고 다녀야 합니다. 과외 활동이 한국같이 그저 돈으로 해결되는 문제가 아닙니다. 학부모의 웬만한 정성 없이는 못 합니다. 미국의 우등생은 공부, 운동, 음악, 봉사 활동을 골고루 잘 해야 하기 때문에 미국의 안정된 중산층 부모들은 자녀의 방과 후에 여간 바쁜 게 아닙니다.

이와 정반대 이미지도 잘 알려져 있습니다. 총·칼 탐지기를 통과해야 학교에 들어갈 수 있고 무장한 순경이 복도를 감시할 정도로 학교 폭력, 범죄, 마약, 성 문제 등이 심각합니다. 이런 학교의 고등학생들은 수학 실력이 한국의 초등학생보다 못한 경우도 허다합니다. 미국 정부로부터 1인당 한 해 평균 8백만 원씩 교육비를 지원받는데도 불구하고 학습 능력은 상당히 떨어집니다. 이런 학교는 학부모가 자녀 교육에 신경쓰지 않는 대도시 빈민가의 공립학교들입니다.

미국의 좋은 학교와 형편없는 학교의 차이는 정부의 지원에 달려 있는 게 아니라 완전히 학부모에 달려 있습니다. 좋은 학교일수록 학부모가 교장 선정부터 교사 월급 정하기 등 교육 과정에 적극적으로 개입하고 있습니다. 학교에서 다 알아서 해주겠지가 아니라 학부모 스스로 나서서 챙깁니다. 좋은 미국 초·중·고교는 열성적인 학부모의 관심과 행동력으로 이루어졌습니다. 그러니 미국인의 입장에서 보자면 한국에서 자녀를 조기 유학 보내는 것은 미국 학부모의 정성을 돈으로 사는 것과 마찬가지입니다.

그러나 이제 한국에서도 학부모님께서 자녀 교육을 직접 챙기셔야 할 때가 왔습니다. 직접 챙긴다는 뜻은 정부나 단체에게 기대를 하지 않는다는 말도 됩니다. 교육 개혁이란 말이 나돈지 벌써 몇 년이 지났는데도 불구하고 나아진 게 별로 없지 않습니까. 교육부에서는 대학 입시 선발 기준도 바꾼다고 하고, 수능을 없앤다는 말도 있고, 학급당 학생수를 줄이고 정보시대에 맞는 최첨단 교육 시설을 늘이겠다는 약속도 합니다. 그런데 막상 자녀를 둔 부모님들이 매일 피부로 느끼는 것은 '아직 멀었다'는 것입니다. 한탄스럽기만 합니다. 우리 아이들은 하루가 다르게 자라고 있는데 언제까지 교육 개혁을 기다릴 건가요?

저희의 답은 이렇습니다. 제도가 바뀔 때까지 기다리지 마십시오. 사회 제도란 원래 사람들보다 늦게 변하기 마련입니다. 기득권을 쥔 사람들은 무슨 수를 써서라도 끝까지 기득권을 움켜쥐려고 합니다. 원래 기득권자들은 세상이 다 변할 때까지 썩은 밧줄 한 오라기라도 붙잡고 버틴다는 말이 있습니다. 자본가 계급이 얼마나 성장했는지를 외면하고 귀족들이 특권을 계속 독점하려고 하다가 프랑스 혁명이 일어났고, 러시아 황족도 산업 민주 혁명의 대세를 외면하다가 공산 혁명을 당했습니다. 그 와중에도 기득권자들은 마지막까지 '질서를 무너뜨리면 모두가 망한다'는 헛소리를 했습니다.

지금 교육 개혁을 하자고 외쳐도 꿈쩍 안 하는 층들은 구교육 제도에 어느 정도 혜택을 받은 사람들이고 앞으로도 그 혜택을 기대할 사람들입니다. 일류대학 졸업생들도 마찬가지이고, 상위권 학생들도 선발 기준의 다양화를 별로 환영하지 않습니다. 지금대로만 하면 평생 기득권이 보장될 텐데 왜 불확실한 변화를 원합니까? 이것이 관성입니다. 이런 관성이 제도라는 콘크리트 벽보다 더 무겁고 단단한 체제로 50여 년 존재해 왔는데 하루 아침에 눈 녹듯 사라질 리가 있겠습니까?

그런데도 학교 문 밖은 하루가 다르게 변하고 있습니다. 이 변화를 어린 학생들은 나이든 사람보다 재빨리 감지합니다. 나이가 들수록 관성과 타성에는 익숙하지만 변화에는 둔한 법입니다.

남이 바뀌기를 기다리지 말고 부모님부터 변화하십시오. 이 땅에 있는 우리 모두의 소중한 자녀들이 몸과 마음 모두 건강하게 자라면서, 이웃과 더불어 매일 행복을 느끼며, 각자의 잠재력을 키워나갈 수 있는 방법이 많습니다. '모두가 특별한 인재'로 커야 우리 가정이 행복하고 한국이 발전합니다. 『학교 종이 땡땡땡』이라는 책을 쓰신 김은희 교사처럼 변화를 간절히 원하지만 구조적인 문제로 안타까워하시는 많은 선생님들도 부모님과 한마음일 것입니다. 바뀌는 것은 시간 문제입니다.

부모님들이 자녀 교육에 대한 관점을 달리해야 할 때가 왔습니다. 옛 사고방식의 틀을 깨고 새로운 사고방식으로 전환하고 보면 자녀를 키우면서 혼란스럽던 많은 의문들이 저절로 풀릴 것이고, 각자의 상황에 맞는 대응책도 쉽게 터득될 것입니다. 자신있게 자녀와 함께 변화, 발전하려면 부모님이 가지고 있는 엄청난 교육열과 자녀의 잠재력을 믿고 그 힘으로 자녀의 특성을 살려주어야 합니다.

시대가 바뀐 것을 환영합시다!
자신부터 바꿉시다!

자신감 있는 부모가 되자

사람은 누구나 열등감을 갖고 있지만 그 극복 방법만이 각각 다를 뿐이라는 말이 있습니다. 한국인이 갖고 있는 열등감의 공통분모를 찾는다면 아마도 학력 열등감이 가장 크지 않을까 합니다. 이런 한국의 현실을 잘 말해 주는 이야기가 있습니다.

중학교도 못 다닌 사람은 아예 사람 대접도 못 받는다고 서러워합니다.

중학교를 나온 사람은 고등학교도 못 다닌 주제라고 열등감을 갖습니다.

실업계 고등학교를 나온 사람은 인문계 고등학교를 못 나왔다고 자격지심을 갖습니다.

　인문계 고등학교를 나온 사람은 전문대학이라도 못 다니면 출세에 지장이 있다고 안타까워합니다.

　전문대학을 나온 사람은 4년제 대학이 아니라 부끄럽다고 합니다.

　4년제 대학을 나온 사람은 지방대학이라 쳐주지 않는다고 울분을 삭힙니다.

　서울에 있는 4년제 대학생들은 서울대가 아니라 주눅든다고 합니다.

　서울대 학생들은 몇 점 차이로 서울대 법대를 못 갔다고 아쉬워합니다.

　그렇다면 서울대 법대를 나온 사람들은 열등감이 없을까요?

　아니랍니다. 서울대 법대 출신마저도 열등감에 빠져 있다고 합니다.

 분석코너

가난 때문에 맺힌 못 배운 한

통계청 자료에 따르면 1999년 현재 나이가 30세 이상인 한국인 가운데 76.3%, 40세 이상의 84.1%가 자신이 원하는 만큼 교육을 받지 못했다고 생각한다고 합니다. 그 첫째 원인으로 '경제적 형편이 어려워서'가 59.6%이고, '시험 실패'는 30대가 13.7%, 40대가 7.1%, 50대가 2.1%뿐입니다. 다시 말해 현재 대다수의 학부모님들은 '돈 때문에' 교육 기회를 충분히 얻지 못한 '한'이 맺혀 있다는 결론입니다.

서울대 법대생은 키가 작거나, 얼굴이 못났거나, 집안 배경이 훤하지 못하거나, 지방 출신이거나, 영어를 못하거나, 뭐 어쨌거나 저쨌거나 해서 또 열등감을 지니고 산다고 합니다.

과연 이런 사회 풍토에서 '나는 나를 좋아하고, 나는 나대로 가치 있고, 소중한 사람이고, 나답게 살고 싶다!'고 자신있게 믿는 한국인이 몇이나 될까요?

구시대에는 한국 안에서의 경쟁이었기 때문에 한정된 경쟁 범위가 있었습니다. 이를테면 1990년 고등학교 졸업생은 총 761,922명인데 이중에 33.2%인 252,958명이 전문대학 이상으로 진학했고, 4년제 대학에는 167,941명으로, 또 소위 일류 명문대 정원은 전체 대학 입학생의 4% 정도인 6,718명으로 압축되었습니다.

이렇게 입시 경쟁만 보더라도 '영광의 자리'의 수가 한정되어 있었기 때문에 학급에서는 몇 명을 제쳐야 원하는 명문 대학에 원서를 쓸 수가 있고, 몇 명을 물리쳐야 지원한 대학에 합격하는가가 정해져 있었습니다. 성공하는 한 명이 탄생하려면 99명이 낙오자가 되어 평생 열등감을 느끼고 살아야 한다는 게 현실이었습니다.

그러나 이제, 당장 우리 모두 학력에 대한 열등감을 버립시다! 남의 잣대에 비추어 자신이 못났다고 생각하는 모든 자격지심을 벗어버려야 합니다. 초등학교를 나온 사람이나 서울 법대를 나온 사람이 죄다 갖는 열등감이라면 이건 빨리 벗어날수록 현명한 일 일 것입니다.

학력 열등감 말고도 다른 열등감도 하나씩 극복합시다. 열등감은 버린다고 없어지는 게 아닙니다. 자신의 좋은 점을 발견해야 열등감에서 벗어날 수 있는 것입니다.

부모의 열등감에서 비롯한 판단 기준을 자녀에게 적용해서는 안 됩니다. 자기의 좋은 점을 알고, 자기를 소중하게 여기는 사람이 남의 좋은 점도 볼 수 있고, 남도 소중히 여기는 법입니다. 마찬가지로 자녀의 장점을 보려면 부모 자신이 스스로에 대해 긍정적인 마음을 가질 수 있어야 합니다.

 연필코너

나는 소중한 사람

지금 이 순간 책읽기를 멈추고 잠시 여유를 가져보세요. 눈을 감은 뒤에 자기 자신에 대해 생각해 보십시오.

- ☐ 나는 부모님께 정당한 평가를 받고 자랐나?
- ☐ 우리 부모님은 나를 정말 좋아하셨을까?
- ☐ 나에게는 어떤 잠재력과 가능성이 있었을까?
- ☐ 우리 부모님은 나에게 기대는 있으셨지만 부담을 안 주시려고 애쓰셨나?

자, 어떤가요? 부모님이 어릴 때 상처를 받고 자랐을지도 모릅니다. 그러나 자기 방어력이 부족한 어릴 때는 어쩔 수 없다 하더라도 어른이 된 지금은 자기 삶을 선택할 자유와 책임이 있습니다. 지금 이 순간부터 매일 스스로에게 이렇게 말해 보세요.

"나는 소중한 사람이다."
"나는 소중한 사람이다."
"나는 소중한 사람이다."
"나는 소중한 사람이다."

자녀를 인격체로 존중하자

　부모님들은 자녀에게 존경받을 때 가장 큰 삶의 보람을 느낀다고 합니다. 그렇다면 어떻게 하면 자녀에게 존경을 받을까요? 답은 간단합니다. 자녀를 인격체로 대해주시면 됩니다. 다음은 청소년들이 부모님께 가장 듣기 싫어하는 말입니다.

- 자신을 남과 비교하는 말
- 자존심 상하는 말
- 욕
- 부담스러운 말
- 공부하라는 소리

　여기에 간간이 퍼부어지는 잔소리와 꾸지람까지 듣다 보면 자녀는 부모님이 자기를 인격체로 대해주지 않는다고 믿게 됩니다. 따라서 자신에 대해서도 부정적으로 인식하게 됩니다. 아이들의 행동은 자기 마음의 반영입니다. 스스로 말썽꾸러기, 못난이, 얼간이, 바보, 멍청이, 못된 놈, 쓸모 없는 자식이라고 생각하면 정말로 그런 행동을 저지르게 되며, '그것 봐. 나는 못난이라니까……' 하며 부정적인 자기 확신이 깊어집니다. 이런 악순환이 계속되다 보면 어느새 자녀와 부모는 서로 존경심을 잃게 됩니다.

　다음에 적힌 말들은 우리나라 청소년들이 꾸지람 받을 때 한 번 이상 들어본 말이라고 합니다. 자녀들은 이런 말을 들을 때 심한 상처를 받았다고 합니다. 이런 말에는 비난, 불신, 의심, 경멸, 비웃음, 협박, 위협, 혐오, 경시, 절망, 저주가 노골적으로 표현되었거나 간접적으로 스며들어 있습니다. 스무 가지 가운데 몇 가지나 '습관적'으로 하시는지 자가 점검을 해보시기 바랍니다.

 **연필코너**

자녀에게 상처를 주는 말들

혹시 매일 자녀에게 상처를 주는 말들을 내뱉고 있지는 않으신지요?
아래 항목 중 여러분이 자녀에게 자주 하는 말이 몇 개나 있는지 표시(✓)를 해보십시오.

- ☐ 정신을 어디다 빼놓고 다니니?
- ☐ 너 때문에 창피해 죽겠다.
- ☐ 누굴 닮아 이 모양이냐?
- ☐ 맨날 말만 앞세우고 이룬 게 뭐냐?
- ☐ 또 거짓말이지?
- ☐ 꼴에 뭘 해보겠다고!
- ☐ 순순히 자백해.
- ☐ 좋게 말할 때 털어놔.
- ☐ 순경 아저씨, 얘 좀 잡아가세요.
- ☐ 한번 맞아볼래?
- ☐ 발목을 부러뜨려 놓을 테다.
- ☐ 우리 집안에 너 같은 종자가 어떻게 생겼지?
- ☐ 네 밑으로 돈이 얼마나 드는지 알아?
- ☐ 돈이 아깝다.
- ☐ 너 같은 건 필요 없어.
- ☐ 당장 나가버려!
- ☐ 네까짓 게 뭘 안다고?
- ☐ 이 돌대가리야!
- ☐ 싹이 노랗다 못해 썩었다.
- ☐ 나가 뒈져라.

해당 항목수	진 단
16~20개	자녀가 심각한 행동 장애를 보일 가능성이 아주 높습니다.
11~15개	자녀가 노골적으로 부모님의 말씀을 무시하는 행동을 보일 확률이 높습니다.
6~10개	야단칠 때만 듣는 척하다가 안 보면 금방 또 말을 안 듣습니다.
1~5개	놀라거나 울거나 화내거나 반발하거나 듣기 싫다고 합니다.
0개	자녀가 온순하고 긍정적이며 사람을 좋아하고 명랑합니다.

그렇다면 부모님에 대한 자녀들의 평가는 어떨까요?

청소년들에게 자신의 부모님을 평가해 보라고 했더니, 47%의 청소년들이 수, 우, 미, 양, 가 중 '우'라고 대답했으며, '수'라는 청소년은 33.8%, 15.5%는 '미'라고 대답했습니다. 따라서 96.3%의 학부모님들은 자녀에게 합격점을 받으신 것입니다. 그러나 '내가 만일 부모가 된다면 지금의 부모님보다 더 나은 부모가 될 것이다'라고 말하는 청소년들이 60.7%나 된다는 사실은 아직도 개선할 여지가 많다는 뜻입니다.

— 한국청소년개발원, 「한중일 청소년 의식 비교 연구」(1998)에서 인용

자녀도 인격체라는 말. 너무나 쉽고 당연한데 실천은 엉뚱하게 하시는 부모님들이 많습니다. 자녀 잘되라는 뜻을 왜 이렇게 막말로 표현하시나요? 아이들이 심한 말을 하지 않으면 꿈쩍도 안 한

다고요? 아이쿠, 아닙니다. 자녀들은 이런 말을 들을 때 제일 화가 나고 부모가 밉고 원망스러우며 심지어는 집을 나가고 싶거나 죽고 싶은 충동마저도 느낀다고 합니다.

혹시 큰 소리를 질러야 말을 듣는다면 자녀를 인격체로 대하시지 않은 결과입니다. 자녀를 인격체로 대하지 않을 때 자녀 또한 부모님을 인격체로 대하지 않게 됩니다.

연필코너의 말 중에서 단 한 가지라도 습관적으로 하신다면 자녀의 인격에 손상을 가하는 것입니다. 하루에 한 가지씩이라도 줄여서 가능한 빠른 시일 안에 위와 같은 말을 단 한 마디라도 자녀에게 하시지 말기를 바랍니다.

자녀들은 따뜻한 격려가 필요합니다. 아무것도 모르는 것같이 해맑아 보이는 어린아이들도 세상 사는 것이 무섭고 가슴 깊이 아픔을 느낄 때가 있습니다. 다행스럽게도 어린아이들은 생명의 힘이 넘쳐 흐르기 때문에 하늘이 무너질 듯 울다가도 금방 헤헤 웃기도 합니다. 하지만 순간적으로나마 가슴이 찢어지도록 슬퍼할 때 누군가가 감싸주기를 바랄 것입니다. 그래야 마음에 돌멩이가 없어지고 능력이 싹틀 토양이 준비됩니다.

사실 많은 사람들의 마음은 상처투성이입니다. 부모님들 자신을 생각해 보십시오. 언제 마지막으로 '네가 자랑스럽다'라는 말을 들어보셨나요? '나는 소중한 사람'이라고 느껴보신 지는 또 얼마나 지났나요?

가슴이 아파옵니다. 우리 모두 다들 괜찮은 사람인데 따뜻한 말 한 마디 제대로 듣지 못하면서 살고 있습니다. 그래서 우리는 하루하루 시들어갑니다. 누군가 '네 마음껏 해보라'는 믿음과 자심감을 불어넣어 주기만 하면 기운이 펄펄 날 텐데…….

아이들은 어른보다 빨리 변합니다. 배우자에게 효과 없는 말도 자녀에게는 효과가 금방 나타납니다. 그래서 자녀가 부모님의 희망인 것입니다.

부모님들의 긍정적인 태도가 자녀의 자아상에 중요한 역할을 합니다. 자녀에게 마음에 없는 말을 하지 마십시오. 죽기 직전에 하는 말은 진심에서 나오는 말입니다. 살 날이 하루밖에 남지 않았다는 사실을 알 때 누가 가장 먼저 떠오를까요? 무슨 말을 해야 후회와 여한이 없을까요? '사랑한다'는 말을 임종 때까지 미루지 마시기 바랍니다. 바로 지금이 사랑의 말을 할 때입니다.

 **분석코너**

긍정의 힘

긍정의 힘은 생명의 법칙과 일치합니다. 우리의 세포는 날마다 새로 생기는 세포와 노쇠한 세포가 서로 공존합니다. 그런데 건강하게 성장할 때는 새 세포가 병들고 노쇠한 세포보다 더 숫자가 많으며 노쇠 세포를 빠르게 교체합니다. 그 반대일 때는 암이나 질병, 또는 죽음이 찾아오지요. 인간에게는 누구나 성장하려는 의지가 있고 능력이 있습니다. 그러므로 자꾸 결점을 지적하기보다 그것을 극복하려는 의지에 힘을 실어주어야 합니다.

하버드 의대 소아과 출신 멜 레빈 박사도 집중력이 떨어지거나 글자를 깨우치지 못하는 아이들도 나름대로의 장점을 발견해 주고 인정해 줄 때 눈동자에 전등이 환히 켜지는 것 같은 변화가 일어난다고 말합니다. 한 가지 장점을 키울 때 다른 많은 문제점들이 저절로 보완되는 것을 수없이 보아왔다고 합니다.

자녀 교육에도 일관성이 있어야 한다

저희가 만나본 학생 중 한국에서 명문대를 졸업하고 미국 프린스턴 대학 박사 과정에 있는 유학생이 말하길, 사지선다형이라면 자신있다고 합니다. 눈치 보기, 막판 굴리기는 도사급이고, 출제자보다 한 수 위에 서서 아닐 것 같은 답을 지우고 나면 하나가 남는데 그걸 '찍으면' 영락없이 정답이라는 것입니다. 한국에서 초등학교 때부터 대학 입시 때까지 학습지며 자습서 등 풀어본 문제가 얼추 백만 개가 넘는데 사지선다에 도가 트지 않을 수가 없다는 것입니다. 그런데 미국 학생들은 사지선다형 문제에 쩔쩔맨다고 합니다. 네 개가 모두 서로 관련이 있다고 주장하거나 문제를 어떻게 해석하느냐에 따라 이것도 저것도 답이 된다고 따지기도 한답니다.

이렇게 사지선다형 문제를 어려워하는 미국 학생들이 반대로 주관식 시험과 논술형 문제는 기가 막히게 줄줄 잘 쓴다고 합니다. 반대로 한국에서 온 학생들은 결론만 한 줄 써놓고는 쩔쩔맨다고 합니다. 더구나 강의 중에 토론 시간이 되면 진땀을 빼는데 반드시 영어가 달려서만이 아니라 자기 생각을 나름대로 전개하는 연습이 전혀 없었기 때문이라는 것을 미국에 와서 깨달았다고 합니다.

사지선다형 시험에는 정답이라는 것이 존재하고 어떤 수를 써서라도 정답을 찾아내면 점수를 받았습니다. 결과만 중요하지 생각하는 과정은 관계 없습니다. 하지만 논술형 시험에는 정답이 없습니다. 답을 스스로 만들어가는 과정이 중요합니다.

그런데 학부모님들도 사지선다식 학부모님이 있는가 하면 논술식 학부모님이 있습니다.

사지선다식 부모님

사지선다식 학부모님들의 정보력은 대단합니다. 어느 학군이 좋은지, 어느 과외 선생이 쪽집게인지, 어느 대학의 어느 학과 경쟁률이 얼마나 되는지를 귀신같이 알아냅니다. 동네 누구는 무슨 학원을 다니고 다른 누구는 여름방학 동안 무엇을 한다더라 등 온갖 정보를 눈치 코치 다 써가면서 훤히 꿰뚫어보고 있습니다. 또 사지선다식 학부모님들은 상황 판단이 빠릅니다.

하지만 사지선다식 학부모님들은 항상 초조합니다. 소신 없이 눈치를 보기 때문입니다.

사춘기 자녀와 대화하실 때 쌍방 대화가 안 되고 일방적으로 말씀을 하시다 보면 본뜻과는 다르게 자꾸 훈계 쪽으로 기울어지는 경우가 있습니다. 결론을 미리 내려놓고 말씀을 하는데 자녀와 대화가 될 리 없습니다. 부모님이 자녀보다 더 잘 알고 있다는 확신이 꽉 차 있으면 훈계밖에 나올 게 없고, 자녀는 귀와 마음을 닫을 수밖에 없습니다.

논술식 부모님

요즘 자녀는 논술식으로 키워야 합니다. 그러러면 먼저 부모님들께서 유연한 자세를 가지셔야 합니다.

자녀들과 대화를 하실 때 중대한 문제라면 자녀와 말씀을 나누시기 전에 우선 부모님 자신의 생각을 정돈해 보시는 것이 좋습니다. (이때 생각과 감정이 일치하는가, 다시 말해 머릿속에 알고 있는 것을 마음으로도 편하게 받아들이는가, 자기 점검을 하셔야 합니다.)

그러고 나서 그런 생각을 하시게 된 근거나 적절한 지식과 정보를 정리해 봅니다. 끝으로 자녀와 어떤 순서로 간단 명료하게 말을 나눌지 연습해 봅니다.

이런 논술식 대화 방법은 말씀을 하시는 부모님이나 듣는 자녀 모두 어느 정도 성숙해야 가능합니다. 자녀가 초등학교 정도일 때는 서너 가지 제안 중에서 자녀가 선택하도록 하는 편이 더 나을지도 모릅니다. 다행히 자녀가 어릴 때에는 인생에 중대사를 결정할 만한 일이 자주 생기지 않아서 서너 가지 선택 중에 하나를 고르게 해도 무리가 없습니다.

그러나 중학생 이상일 경우에는 점점 더 중대한 주제를 갖고 대화해야 하기 때문에 논술식 대화법을 조금씩 연습하시면 부모님과 자녀가 함께 성장하는 기회를 얻을 수 있습니다. 특히 고등학교쯤 되어서 진로 문제, 이성 문제, 자기 관리 문제 등 '정답'이 하나가 아닌 여러 가능성이 열린 문제를 해결해야 할 때는 부모님의 사고방식이 흑백이나 사지선다가 아닌 논술식으로 성숙해질 필요가 있습니다.

논술식 부모님이 되시면 자녀가 자랄수록 서로가 든든한 동지나 대화 상대가 될 수 있습니다. 반대로 주입식 정답만 고집하시면 자녀는 부모님과 점점 멀어지게 됩니다. 또 자녀들도 생각하는 힘이 약하고 '이것 아니면 저것'이라는 극단적인 행동을 취할 수도 있습니다. 부모님과 집에서 논술형 대화 방식을 터득해 나가는 자녀는 유연성과 퍼지가 중요한 21세기에 적합한 생존 능력을 키워 나갈 수가 있습니다.

오늘부터 쉽고 친근한 주제(뉴스에 나오는 사회 문제나 화제의 영화 등을 주제로 삼으셔도 됩니다.)를 하나 정하셔서 자녀와 (정답이 없는) 열린 대화를 시도해 보세요. 때로 자녀의 생각이 부모님보다 명쾌하고 설득력 있음에 감탄하시고 분발하실 수도 있습니다. 마치 중학생 아들과 체스나 바둑을 두시는 듯한 즐거움과 함께 사고력, 표현력, 감정 조절 능력 등을 키워 나가실 수 있고 무엇보다 자녀가 든든한 동지로 느껴지는 흐뭇함을 맛보실 수 있을 것입니다.

논술식 부모님의 특징

1. 여유롭습니다.

"산수 문제를 열 개 틀렸구나"는 결과 위주로 말하는 것입니다.

"겨우 65점을 받았냐? 이것도 점수라고 받아왔어? 누굴 닮아 저렇게 공부를 못할까?"는 비난입니다.

"산수 문제를 열 개 틀렸구나. 틀린 것도 다시 풀어보면서 배우면 다음엔 좀더 잘하겠다"는 가르침입니다.

자녀에게 틀린 것을 부드럽게 지적해 주면 고치려고 노력하는 마음이 생기지만 비난조로 말하면 나쁜 감정이 앞섭니다. 슬프고 불쾌하고 억울하고 부모님이 미워집니다. 이런 부정적인 감정이 앞서면 자녀들은 자꾸만 변명하고 회피하고 숨기고 속이게 됩니다.

성급히 야단치지 말아야 자녀가 긍정적으로 성장할 물꼬를 틔워주게 되는 것이며, 자녀가 클 때 부모도 더불어 함께 성장하는 기쁨을 느낄 수 있습니다.

새시대에는 죽을 때까지 새로운 것을 배워야 할 만큼 새지식, 새기술이 끊임없이 쏟아져 나오기 때문에 자녀가 스스로 배우는 기쁨을 느껴야 계속 발전합니다. 잘못을 통해 배우고 더 향상하고 싶은 마음이 생기게 하려면 어떻게 해야 할까요?

2. 실수는 결과가 아니고 과정이라고 생각합니다.

아이들은 끝없이 실수합니다. 넘어지고 자빠지고 깨뜨리고 다치고 틀리고⋯⋯. 이것이 크는 과정입니다. 실수를 두려워하면 새로운 것을 배우기가 어렵습니다. 물에 빠질까 두려워하면 수영을 배우지 못하듯, 넘어질까 겁내면 자전거를 탈 수 없듯, 놀림당할까 두려워하면 외국어를 배우지 못하듯 말입니다.

3. 비난 대신 격려를 해줍니다.

격려는 분발심을 생기게 합니다. 비난은 반발심이 생기게 합니다. 어떤 부모님이라도 반발하는 자녀로 키우고 싶은 마음은 없을 것입니다. 반대로 부족한 점을 자꾸 고쳐보려는 분발심은 자기 발전과 성장에 아주 중요합니다. 무엇을 선택할지는 지금 오늘부터 부모님의 여유로운 태도에 달렸습니다.

4. 여유를 갖게 되면 자연히 자녀를 비난하지 않게 됩니다.

다양성이 힘이라고 본다면 자녀를 사회의 기준에 맞추려고 하기보다 자녀의 기준으로 볼 수 있는 마음의 여유가 생깁니다. 조금 뒤처지는 아이라도 대기만성이 아닐까 하고 기다려줄 수 있는 느긋함도 생깁니다. 자녀가 조금 방황하더라도 지금의 방황이 외골수로 공부만 하는 사람보다 인생 경험을 폭넓게 해줄 거라는 믿음이 생깁니다. 잘 노는 아이가 예뻐 보이고, 잠 잘 자는 자녀도 건강해서 좋다고 생각될 것입니다. 머리를 물들여도, 힙합 팬츠(일명 똥싸개 바지)를 입어도, 매사를 규칙에 맞추고 사는 학생보다 자기가 해보고 싶은 일을 하는 배짱이 기특해 보일 수 있습니다.

여기서 잠깐! 그렇다면 왜 그렇게 머릿속으로는 여유를 가지는 게 좋다는 것을 알면서도 자꾸 마음이 조급해지는 것일까요? 그것은 부모님들이 산업사회형 '밀어붙이기' 식으로 떠밀려 살아왔기 때문이 아닐까요?

 분석코너

자녀를 기쁘게 하는 말

한국 초중고 학생 100여 명에게 물어보았더니 우리 아이들은 부모님들에게 다음과 같은 말을 들었을 때 가장 기뻤다고 합니다.

- "괜찮다. 엄마(아빠)도 어릴 때 그런 실수를 했단다."
- "네가 자랑스럽다."
- "네 마음껏 해보아라."
- "엄마 아빠는 너를 믿는다."
- "네가 엄마(아빠)에게는 세상에서 가장 사랑스러운 존재란다."
- "넌 이 세상 누구보다 소중하단다."
- "넌 잘 못하는 것도 있지만 잘 하는 게 더 많잖니."
- "네가 어떤 실수를 해도 엄마(아빠)는 널 사랑한다."

위와 같은 말을 듣는 자녀들의 마음속에는 이런 생각이 자라날 것입니다.

- '부모님께 정당한 평가를 받고 있구나.'
- '나를 좋아하시는구나.'
- '나도 열심히 하면 가능성이 있는가 보다.'
- '나에게 기대를 거시지만 부담을 안 주시려고 애쓰신다.'
- '나는 남에게 사랑받을 만한 가치가 있구나.'
- '나는 소중한 사람이다.'
- '나에겐 이런저런 장점이 많구나.'
- '내가 무슨 일을 하든 엄마(아빠)는 내 편이다.'

명령형 대신 의문형으로 대화하자

48P의 연필코너를 다시 보십시오. 해당 항목수가 아무것도 없는 매우 우수한 점수가 나왔는지 다시 확인해 주시기 바랍니다. 이런 '좋은' 점수가 나오는 경우는 두 가지입니다. 자녀와 완벽하게 좋은 관계를 유지하는 경우와 자녀와 완벽하게 단절되어 있는 경우입니다. 어떤 경우에 해당되십니까?

물론 자녀에게 '수'라는 평가를 받는 부모님들은 전자입니다. 그러나 어른들이 '문제아'라고 지목한 청소년의 공통점은 집에서 부모님과 대화를 거의 나누지 않는 학생이라고 합니다.

세상이 너무 바쁘게 돌아가다 보니 부모님의 뜻과는 달리 자녀와 말다운 말 한 마디 나누지 못하고 하루 이틀 일주일이 후딱 지나가버리는 수가 많습니다.

통계청의 1998년 자료에 따르면 56.4%의 한국 청소년은 자신의 고민을 친구와 상담하고, 16.8%는 스스로 해결하고, 12%만이 부모와 대화로 해결하려 한다고 합니다. 우리 아이들이 부모님에게 듣는 말이라곤 잔소리와 꾸지람, 비난뿐이니 아이들은 고민거리가 생겨도 그 문제를 부모님에게는 털어놓지 않는 것입니다.

또 몇 해 전에 한국정신문화원에서 취학 전 어린이들을 상대로 '아버지란 어떤 사람'인지를 물어보았더니 다음과 같이 대답하더랍니다.

- 회사 가는 사람
- 돈 버는 사람
- 신문 보는 사람

- 일하는 사람
- 밥 먹는 사람
- 술만 마시는 사람

정말 끔찍하지 않으세요? 아마 지금 다시 조사를 하면 아버지뿐 아니라 어머니도 비슷한 평가를 받으실 겁니다. 여성의 취업률이 높아져서, 직장일에 바빠 아이들과 많은 시간을 함께하지 못하는 어머니들이 점점 늘고 있기 때문이지요.

세상살이에 바쁘다 보면 자녀에게 건네는 말씀은 어느새 일방적인 지시가 되어버립니다.

 **분석코너**

상담실에 비친 유형별 문제아 가정

학생 생활 상담원들이 꼽는 '문제아'들의 가정은 다음 몇 가지 유형으로 나뉩니다.

- 빈집형 : 자녀가 학교에서 돌아오는 시간에 집에 아무도 없다.
- 있으나마나형 : 집에 부모님이 있어도 내다보지도 않고 "왔니? 씻고 밥먹어라"라는 말이 고작이다.
- 무시형 : 오는지 가는지 관심도 없고 말을 해도 응대가 없어 타인처럼 대한다.
- 과잉보호형 : 하나부터 열까지 챙겨주고 캐묻는다.
- 돈 위주형 : 돈이면 부모 역할을 다 할 수 있다고 생각한다.
- 시베리아형 : 집안이 싸늘하고 권위적이며 대화가 없고 분위기가 냉담하다.

―「우리 자녀 어떡하죠」,《동아일보》, 2000년 3월 5일자에서 발췌.

"일어나라."

"밥 먹어라."

"학원 갈 시간이다."

"싸우지 마라."

"방 좀 치워라."

"집에 빨리 들어와라."

"공부해라."

미국의 경우 아버지가 자녀와 뜻있는 대화를 나누는 시간은 하루 평균 2분이 채 되지 않는다는 연구 결과가 있습니다.

'N(네트워크) 세대'는 쌍방적 대화를 원합니다. 일방적인 지시나 충고나 경고(즉 잔소리)는 별로 효과가 없습니다.

바람직한 대화

"함께 생각해 보자."

"엄마(아빠) 의견은 이런데 네 생각은 어떠니?"

"엄마(아빠)도 그건 잘 모른단다. 네가 한번 알아봐서 우리에게도 알려주겠니?"

"네가 먼저 제안해 보아라."

"그렇게 생각해 볼 수도 있겠구나."

"좀더 알아보고 나서 정하자."

"이런 점은 엄마(아빠)가 더 잘 알겠지만 그런 점은 네가 더 잘 알겠지."

"며칠 생각해 본 다음에 의견을 말해 주겠니?"

하지만 이런 대화가 나오기 위해서는 바로 전에 말씀드렸듯이 자녀들을 인격체로 존중하는 마음 자세가 반드시 있어야 합니다. 억지로, 마음에는 없는 말을 입으로만 하면 자녀들은 금방 눈치챕니다.

오늘부터, 지금부터, 자녀가 인격체라는 것을 명심하세요. 인격을 손상하는 말씨부터 바꾸어 존중하는 말로 바꾸세요. 만일 부정적인 대화 습관이 굳어져서 자녀를 존중하는 말이 잘 나오지 않는다면 여러 번 혼자 연습한 다음에 자녀에게 표현해 보세요.

 연필코너

자녀에게 희망을 주는 말

아래에 적힌 글을 매일 밤 주무시기 전에 작게라도 소리내어 읽어보십시오. 아예 (　) 안에 자녀의 이름을 적어넣으셔서 연습하시면 더욱 좋습니다.

- (　　　)야, 너는 소중하다.
- 사람이니까 실수할 때도 있단다.
- (　　　)야, 너를 믿는다.
- 자꾸 노력하고 연습하면 더 잘 할 거야.
- (　　　)야, 네가 자랑스럽다.
- 앞으로 더 잘될 것을 믿는다.
- (　　　)야, 너도 알고 싶지?
- 생각해 보면 답을 찾을 수 있을 거야.
- (　　　)야, 너도 해보고 싶지?
- 너는 세상의 무엇과도 비교할 수 없는 소중한 존재다.
- (　　　)야, 엄마(아빠)는 너를 사랑한단다.

모르는 건 모른다고 말하자

학부모님께서 연애하셨을 당시 기억을 더듬어보십시오.
"난 당신을 완전히 다 압니다. 머리끝에서 발끝까지 샅샅이 다 압니다."

낯선 사람한테 이런 짝사랑 편지를 받아보신 적이 있습니까? 받아보시지 않으셨다면 무척 다행이십니다. 아마 이런 편지를 받는다면 그야말로 머리끝이 쭈뼛 서며 무서워질 것입니다. 날 어떻게 다 안다고? 피하고 도망가고 싶어질 것입니다. 반대로 이런 글을 받는다면 어떤 기분이 들까요?

"난 당신을 모릅니다. 그러나 좋아하는 것 같습니다. 당신에 대해 더 알고 싶습니다."

기분 나쁘지 않고 뭔가 사랑이나 우정이 싹틀 것 같은 여지가 있지 않습니까? 자녀에 대한 사랑도 이와 같습니다. 내가 낳아 키웠으니 속속들이 다 안다고 우기면 자녀들은 끔찍한 기분이 듭니다.

"난 너를 잘 모른다. 그러나 사랑한단다. 네가 하루하루 발전하는 것이 경이롭다."

아, 이런 말을 듣는 자녀들은 가을볕에 호박 영글듯이 흐뭇하고 뿌듯한 성장의 기쁨을 키워갈 것입니다.

'모른다'는 함께 커나갈 수 있는 희망의 터전입니다. '모른다'는 앎으로 가는 시작입니다. '모른다'는 편견을 버리고 새로운 눈으로 상대를 보겠다는 약속입니다. 새로운 발견은 중요합니다. 특히 콩나물같이 매일 쑥쑥 자라는 자녀를 과거 모습에 비추어 대하면 자녀와 갈등을 일으키게 되겠지요. 하지만 자녀를 항상 새로운 마음으로 대해주시면 자녀에게도 성장의 기쁨을 맛보게 하실 수 있습니다.

부모 처지에서 자녀에게 '모른다'고 말하는 것이 창피하지 않느냐고요? 천만에 말씀입니다. 오히려 자녀들은 머리가 산뜻해질 겁니다.

"대학에 갈까요, 말까요?"

"글쎄……."

"어느 대학에 갈까요?"

"엄마도 모르겠구나."

"무슨 과를 전공하죠?"

"아빠도 모르겠는 걸."

"그럼?"

"네가 정해야지."

'모른다'는 무언가를 자녀 대신 결정하지 않겠다는 뜻입니다. 자녀를 앞질러서 부모가 미리미리 결정하지 않는다는 뜻입니다.

"네까짓 게 뭘 안다고?"

물론 부모님들이 이런 말을 흔히 하지는 않습니다. 그러나 아이에게 피아노를 배우고 싶은지, 태권도를 배우고 싶은지, 학원에 가고 싶은지 물어보지도 않고 부모님이 미리 결정해서, "학원에 등록해 놓았으니 내일부터 다녀라"라고 말하면 아이들은 시작하기도 전에 거부감을 느낍니다. 끌려가는 개처럼 느껴져서 어떻게든 도망치고 속이고 빠져나갈 궁리를 하게 됩니다. 할 수 없이 다닌다 해도 배움의 즐거움보다 무감각, 무감동해지게 마련입니다. 이것을 심리학자 셀리즈만은 '학습된 무기력감(learned helplessness)'이라고 부릅니다.

아무리 부모님 눈에는 중요한 것처럼 보여도 자녀가 원하지 않을 수가 있습니다. 아직 그 중요성을 깨닫지 못해서 그럴 수도 있고, 아니면 아예 적성이 없어서 그럴 수도 있습니다. 하워드 가드너 교수의 다지능 이론을 보면 음악 지능, 운동 지능, 논리나 언어 지능 등은 서로 무관하게 발전할 수 있다고 합니다. 쉽게 말해 산수를 잘 해도 음치일 수 있다는 말입니다. 그러니 이것저것 다 잘해야 한다고 강요하기보다 자녀가 잘 하는 것을 발견해서 소질을 키워주는 것이 더 성공 확률을 높이는 길입니다.

모르기 때문에 물어야 합니다. 자녀가 잘 하는 것을 어떻게 아느냐고요? 물어보세요.

"너 뭐 하고 싶으니?"

"넌 무엇을 할 때 가장 기쁘니?"

대개 하고 싶은 것은 잘 할 수 있는 가능성이 높은 것입니다. 하고 싶은 욕구가 생기면 부모님이 하지 말래도 합니다. 욕구가 생기면 재미가 붙습니다. 아이들이 만화와 게임에 빠져드는 걸 좀 보세요. 말려도 하고, 야단쳐도 하고, 밥 먹는 것도 잊고 합니다.

다지능의 시대. 다양한 능력을 키워주고 인정해 주는 시대가 오고 있습니다. 우리 자녀가 어떤 일을 잘 할지 알고 싶으면 어떤 일을 하고 싶은지 묻는 것이 필요합니다. 어떤 일을 할 때 가장 몰두하고 눈에 반짝반짝 빛이 나고 생기가 감도는지 관찰하셔야 합니다.

자녀에게 임파워먼트(empowerment)를 느끼도록 해줍시다. 당사자에게 결정권을 주는 것. 당사자가 필요한 정보를 찾는다는 것. 당사자에게 생각할 겨를과 여유를 허락한다는 것. 당사자가 정해서 해야 된다는 책임감을 갖게 하는 것. 우리 아이들은 이런 과정을 통해 배우고 깨닫고 선택하게 됩니다. 이것이 정보시대 교육의 출발점입니다.

 분석코너

21세기 화두, "모른다!"

"모른다."
이 말은 스님의 말씀도 아니고 목사님의 말씀도 아닙니다. 마이크로 소프트사 총재 빌 게이츠의 말입니다. 새천년의 키워드는 디지털과 인터넷. 워낙 빠르게 새로운 기술이 나오고 워낙 많은 정보가 한꺼번에 여러 곳에서 쏟아지기 때문에 아무도 5~10년 앞을 예측하지 못한다는 뜻입니다. 때로는 2~3년 앞을 예측하는 것도 무의미합니다.

빌 게이츠뿐 아니라 원자물리학의 원로 대가인 에드워드 텔러 박사가 몇 해 전에 과학자를 지망하는 미국 고3 최고 우등생들에게 당부한 말씀도 마찬가지였습니다. 아무리 훌륭한 과학자가 되더라도 평생 '나는 모른다'는 말을 잊지 말라고. '모른다'는 자각과 새로운 지식을 찾으려는 끊임없는 노력은 지금의 앎을 한층 더 발전시키는 원동력이 된다는 것입니다.

미국 대체의학의 선구자인 하버드 의대 출신 앤드류 와일 박사도 똑같은 말을 합니다. 이제 의사들은 '확실성' 대신에 '불확실성'을 겸허하게 받아들여야 할 때라고 말입니다.

이런 시대에는 기존의 사고방식과 고정관념으로는 눈앞에 벌어지는 변화를 도저히 따라가거나 이해할 수가 없습니다. 과감히 고정관념을 버리고 백지 상태부터 새로 시작해야 합니다. 지금, 눈앞에서 (here & now) 벌어지고 있는 일들을 예전의 기준에만 맞추려 하면 비웃음을 사거나 무시당합니다.

차라리 '모른다'라고 하면 공감대를 얻을 것입니다. 누구나 다 모르는 게 당연하니까요.

굳어진 머리로 20세기에 겪었던 것만 옳다고 주장하지 마세요. 자녀에게 묻고 자녀와 함께 찾아보시면 자기가 선택한 일에 긍지와 기쁨을 느끼는 건강하고 성공적인 자녀로 키우실 수 있을 것입니다.

물고기를 잡아주는 대신 낚시하는 방법을 알려주자

학부모님께서는 지금 어떤 기분을 느끼고 계십니까? 혹시 지금 왠지 불안하지는 않으신가요? 지금까지 읽으신 책의 주요 메시지를 한번 정리해 보겠습니다.

- 자녀에게 공부 타령하지 말란다.
- 그 대신 자녀와 대화를 나누라고 한다.
- 대화를 나눌 때 모르는 것은 모른다고 하란다.
- 모르기 때문에 자녀에게 물으란다.

이 메시지는 학부모님들께 불안감을 안겨주게 되어 있습니다. 이 메시지가 가고 있는 방향이 영 마음에 들지 않을 수 있기 때문입니다.

자녀에게 물은 다음에는…… "네 맘대로 하라"가 아닐까?

이제 자녀를 옭아매고 있던 고삐를 놓아야 하는 부모님은 매우 심한 불안감을 느끼게 됩니다. 하지만 걱정하지 마십시오. 아무리 시대가 변했다 해도 '제 맘대로' 하는 세상은 아닙니다. 무슨 일을 할 때 자녀가 스스로 결정하고 책임질 수 있도록 하면, 자녀들이 제멋대로 일을 그르치다가 결국 타락의 길로 빠지리라 생각하신다면 그건 우리 아이들의 자율성과 책임감을 무시하는 처사입니다.

우리 아이들에겐 자신의 결정을 책임질 능력이 있습니다. 물론 '네 맘대로'와 '네가 알아서'는 차원부터 다릅니다.

제멋대로 하는 것은 무책임한 자유를 뜻합니다. 자녀는 아직 미성년자입니다. 그래서 자기 일에 대한 결과를 책임질 준비가 아직 완벽하지 않습니다. 그래서 자녀에게 "네 마음대로 하라"고 말하는 것은 부모의 책임을 회피하는 것입니다.

"네가 알아서 하라"는 자율을 뜻합니다. '알아서' 하는 것은 주체적으로 행동에 대한 결과를 알아본 뒤에 선택하는 것입니다.

자율은 자유가 아닙니다. '자유'는 그야말로 프리(free)입니다. 남이 뭐라든 말든, 자기가 어떻게 되든 말든 상관 안 하는 케이 세라세라, 또는 케어 프리(care-free)입니다. '자율'은 자기가 스스로 조절하고 통제하는 자기 관리입니다. 자유로운 행동은 노력 없이도 그냥 저절로 행할 수 있지만 자율적인 행동은 바이올린 선율을 고르게 하듯 꾸준한 연습과 훈련 뒤에 얻어지는 능력입니다.

타율의 정반대 개념은 자유입니다. 따라서 타율에 젖어 있는 아이에게 일을 스스로 알아서 하게 하면 자유로 가게 될 확률이 매우 높습니다. 일을 스스로 하는 권한을 얻는 동시에 그 결과에 따른 책임을 지겠다는 성숙함을 겸해야만 비로소 자율적인 행동이 나오는 것입니다. 타율의 시대였던 구시대는 가고 이제 자율의 시대가 왔다는 것을 인정하셔야 합니다.

획일화 시대 전략	새시대 다양화 전략
체제순응형 + 타율 = 높은 효율	환경독립형 + 자율 = 높은 효율

그러나 불행하게도 우리 한국에는 자율의 개념이 희박합니다. 학부님들께서 학교 다니던 시절에는 학교에 가면 "○○금지"와 "○○하지 마라"라는 소리를 귀가 닳도록 듣지 않았습니까? 이처럼 부모님 세대의 학교 교육이란 개성과 자발성을 억누르는 것이 주요 목표였습니다. 그 이유는 학교 선생님이 나빠서가 아니라 산업사회라는 틀에 인력을 맞추려다 보니 획일적이고 체제순응적인 인간을 만들어야 했기 때문이었습니다.

산업시대는 획일적인 상품을 만들기 위해 획일적인 사고방식을 강요했습니다. 그러기 위해 권력은 한곳에 집중되고 권력자는 사사건건 규제를 해야 획일적인 결과를 얻을 수가 있었습니다. 온 나라가 산업화에 매진하던 1970년대에는 미니 스커트나 장발까지도 규제의 대상이었습니다. 그리고 롱다리건 숏다리건 자로 무릎 위 치마 길이를 재서 20cm 이상이면 즉결에 넘겼습니다.

일제시대부터 거의 최근까지 학교에서는 '훈육'이라는 말로 'OO금지'를 규칙으로 삼았습니다. 다음에 있는 연필코너를 보시기 바랍니다.

연필코너

부모님들이 자라는 동안 어떤 말을 가장 많이 듣고 자랐는지 기억을 되살려봅시다. 지금 연필로 표시(☑)를 해보십시오.

- ☐ 극장 가지 마라.
- ☐ 웃고 떠들지 마라.
- ☐ 몰려다니지 마라.
- ☐ 커닝하지 마라.
- ☐ 장난치지 마라.
- ☐ 싸우지 마라.
- ☐ 지각하지 마라.
- ☐ 점심 전에 도시락 일찍 먹지 마라.
- ☐ 학교 끝난 뒤에 쓸데없이 돌아다니지 마라.
- ☐ 군것질하지 마라.
- ☐ 사복 입지 마라.
- ☐ 머리 기르지 마라.

 **연필코너**

그렇다면 지금 학부모님께서는 어떤 말을 자녀에게 자주 하시는지 연필로 표시(☑)를 해 보십시오.

- ☐ PC방 가지 마라.
- ☐ 컴퓨터 게임 오래 하지 마라.
- ☐ 핸드폰 너무 오래 쓰지 마라.
- ☐ 머리 염색하지 마라.
- ☐ 케이블TV 보지 마라.
- ☐ 담배 피우지 마라.
- ☐ 학원 빼먹지 마라.
- ☐ MP3 너무 많이 듣지 마라.
- ☐ 용돈 마구 쓰지 마라.

  혹시 학부모님께서 자랄 때 신물나도록 들었던 "OO 하지 마라"라는 말을 자녀들에게 그대로 되풀이하고 있지는 않으신가요? 타율이 필요했던 시절의 습관을 고스란히 자녀에게 물려주지는 말아야겠지요.

  그런데 왜 새시대에는 자율이 필요할까요?

  첫째, 새시대는 누구 하나가 정보를 독점할 수 없기 때문입니다. 새시대에는 정보가 너무 많습니다. 그리고 정보가 너무 빨리 변해 버립니다.

  하루가 다르게 세상이 변하고, 또 변화 요소가 너무도 많기 때문에 시대의 흐름에 뒤처지지 않으려면 능동적으로 정보를 습득해야 하며, 그러려면 자율성이 몸에 배어 있어야 합니다.

둘째, 자율을 줘야 자기 일에 책임을 지게 됩니다. 무슨 일이든지 스스로 생각해서 판단하고 선택해야 일에 긍지와 애착을 느끼고 책임을 지게 됩니다.

셋째, 새시대는 감시 감독이 불가능합니다. 정보시대에는 자녀를 통제하려고 해봤자 소용이 없습니다. 컴퓨터 하나면 세계 곳곳에 있는 정보를 접할 수 있는데 어떻게 일일이 정보를 규제합니까? 집에서 못하게 해도 집 밖으로 나가면 도처에 뭐든 할 수 있는 시설이 있는데 어떻게 일일이 따라다니며 규제를 합니까?

부모님이 원하는 대로 이끌어가려고 가능성을 통제하는 것은 구시대적 '규제'입니다. 새시대에는 남이 보든 안 보든, 알아주든 말든 자기가 알아서 스스로 할 수 있는 자녀가 성공합니다. 이런 자율 능력은 어려서부터 부모님이 키워주셔야 합니다.

물론 '자율' 또한 훈련이 필요하고, 연습이 필요합니다. 일단 자녀들이 어떤 일이든 스스로 알아서 할 수 있는 기회를 많이 만들어주십시오.

사소한 단점 대신 희망을 보자

요즘 자녀들은 앞으로 굶어죽지 않을까 하는 걱정을 거의 안 하고 자랍니다. 백수나 백조가 되어도 정부가 최저생활은 보장해 준다고 합니다. 그러니 부모님처럼 꼭 공부를 하지 않으면 굶어죽을 거라는 절박감은 느끼지 못합니다.

또 보고 듣고 접하는 정보량이 엄청나게 많기 때문에 그만큼 자기 취향을 찾아내기가 쉽고도 어렵습니다. 자녀가 공부를 잘 못하는 것을 안타까워하지 마시고, 자녀가 무엇을 잘 하는지, 어디에 소질이 있는지 찾아봐주세요. 자녀의 장점을 발견하고 인정해 주면 아이 또한 자신감을 얻어서, 자기를 인정하고 소중하게 여기게 됩니다. 부모님이 자녀에게 아이가 가진 단점만 말하면 아이 또한 부정적인 자아 개념을 갖게 되지만, 장점을 찾아서 거듭 일러준다면 아이가 자신의 장점과 소질을 더욱 발전시키려 노력할 것입니다.

얼마 전에 미국 텔레비전에 방영된 실화를 소개해 보겠습니다. 30대의 발랄하고 매력적인 주부에 대한 얘기였습니다. 그 여성은 두 살 때 감전 사고로 양쪽 팔을 절단해야 했습니다. 그래서 팔 대신 발로 글을 쓰고, 컴퓨터 자판을 두드리고, 빨래를 개고, 심지어 발가락으로 피아노까지 치며, 결혼해서 아기를 낳아 발로 아기를 안아주고, 발가락 사이에 숟가락을 끼고 아기에게 밥을 떠먹여 줍니다. 그녀는 자기에게 없는 팔을 원망하는 대신 자기가 갖고 있는 튼튼한 다리로 에어로빅 강사까지 합니다.

이 여성이 이토록 자신감에 넘치는 능력 있는 여성이 되기까지 그녀의 부모님들은 그녀가 가진 총명함과 명랑한 성격을 장점으로 인정해 주고 칭찬과 격려를 아끼지 않았다고 합니다. 만일 반대로 매일 "팔도 없는 주제에……"라는 타령만 했다면 그 여성은 지금 얼마나 무능력하고 불행한 삶을 살고 있을까요?

이런 예는 비단 이 여성에게만 국한되는 것이 아닙니다. 위대한 발명가 에디슨도, 엄청난 장애를 딛고 자기 분야의 최고가 된 헬렌 켈러나 스티븐 호킹도 모두 사소한 단점 대신 희망을 찾아준 부모님이나 선생님이 있었기에 성공할 수 있었습니다. 같은 아이라도 부모님의 시선에 따라 골칫덩어리 꼴통도 될 수 있고, 엄청난 잠재력을 지닌 희망둥이도 될 수 있습니다.

자, 지금부터 우리 자녀가 가진 장점을 찾아봅시다. 한 가지뿐 아니라 50가지 정도 찾아봅시다. 50가지나 되느냐고요? 장점으로 관심을 돌려보면 이보다 훨씬 더 많은 장점이 눈에 보이기 시작할 것입니다.

장점 찾아보기는 어렵게 생각하면 무척 어렵지만 생각하기 나름이라 꼭 어렵지만은 않습니다. 일단 부모님께서는 자녀를 칭찬하는 습관을 가지셔야 합니다. 어떤 부모님들은 늘 꾸중만 하던 자녀에게 갑자기 칭찬을 하려니 영 쑥스럽고 마땅한 말이 떠오르지 않는다고 합니다.

잔소리도 버릇이듯, 칭찬도 습관입니다. 모든 습관은 길들이기 나름이지요.

그러나 습관보다 더욱 중요한 것은 부모님들이 자녀를 바라보는 시각, 바로 마음입니다. 같은 일이라도 긍정적인 쪽으로 해석해 주고 희망을 갖는다면 저절로 덕담이나 격려의 말씀이 나올 것입니다.

하루에 다섯 번씩 좋은 말을 듣는 자녀는 1년이면 1,720번이나 (하루는 깜빡 잊었다 쳐도) 좋은 말을 듣는 셈입니다. 반대로 부정적인 말을 듣는 자녀는 1년 동안 1,720번이나 나쁜 말을 듣습니다. 이 둘의 차이는 3,440번이 됩니다. 이렇게 5년이 지나면 17,200번 차이가 나는 것입니다. 이것은 교육학 교수인 하워드 가드너 박사의 계산입니다. 이렇게 10년, 15년, 성장기 동안 칭찬을 듣고 크는 자녀는 자신감 있고, 적극적이며, 호기심 있고, 매력적이며, 사람을 잘 따르고 대인관계가 원만한 인간이 됩니다.

그 반대로 꾸지람을 듣고 자라는 자녀는 열등감, 패배감, 무기력증, 우울증, 대인기피증을 가질 수 있습니다.

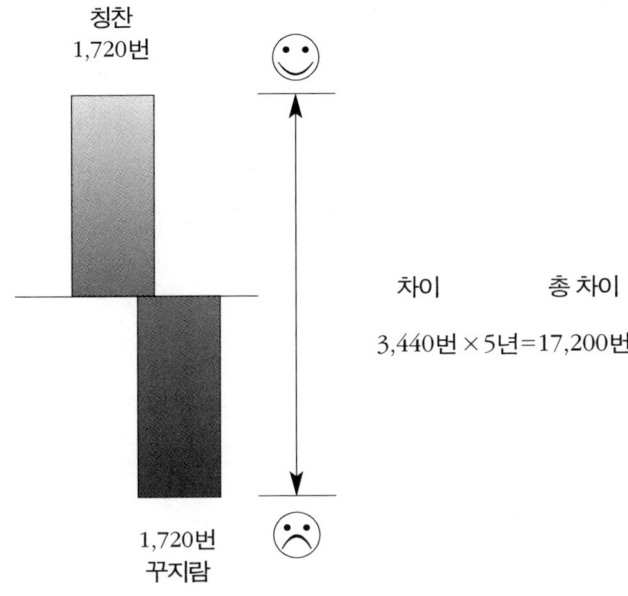

우리는 예로부터 자식 자랑하는 사람은 반미치광이요, 아내 자랑하는 사람은 온미치광이라 하며 자기 가족을 자랑하는 것을 극히 꺼려왔습니다. 아마도 마을 공동체나 대가족 제도에서 '내 새끼, 내 마누라'만 찾으면 공동체의 동질감과 화목에 위협을 줄까 봐 그랬던 모양입니다.

그러나 칭찬과 자랑은 다른 것입니다. 그리고 칭찬은 남에게 떠벌일 필요가 없이 당사자에게 직접 하면 됩니다. 굳이 말로 하지 않아도 머리를 쓰다듬어 준다든가 흐뭇한 표정을 짓는 것이 더 효과적일 수도 있습니다.

인간 커뮤니케이션의 70% 이상이 말이 아닌 행동이나 표정 등으로 표현된다고 합니다.

칭찬과 꾸지람을 7 대 3 정도로 하는 것이 효과적입니다. 물론 꼭 횟수를 세어가며 없는 칭찬을 만들거나 균형을 맞춘다고 일부러 결점을 눈 비비고 찾아서까지 야단치실 필요는 없습니다. 그러나 칭찬을 꾸중보다 두 배 정도 많이 하라는 큰 원칙은 반드시 따르셔야 합니다. 칭찬을 많이 받으며 자라는 자녀는 무의식 중에 긍정적인 자아상을 형성하며 자기를 향상하려는 노력을 하게 될 것입니다.

 **분석코너**

인디언들의 지혜

- 어릴 때 비판받고 자라면 남을 비난하는 사람이 됩니다.
- 어릴 때 미움을 받고 크면 싸우기 좋아하는 사람이 됩니다.
- 어릴 때 놀림을 받고 크면 소심하고 수줍은 사람이 됩니다.
- 어릴 때 창피함 속에서 크면 죄책감을 갖게 됩니다.
- 아이를 포용해 주면 인내심을 배우게 됩니다.
- 아이를 격려해 주면 자신감을 배웁니다.
- 아이를 칭찬으로 키우면 감사하는 사람이 됩니다.
- 아이를 공평하게 대하면 정의로운 사람이 됩니다.
- 아이를 안전한 믿음 속에 키우면 신뢰하는 사람이 됩니다.
- 아이를 있는 그대로 받아들여주면 자신을 좋아하는 사람이 됩니다.
- 아이를 친구처럼 대해주면 세상에서 사랑을 발견하는 사람이 됩니다.

이 글은 아메리칸 인디언들의 전통 육아법에서 옮긴 것입니다. 자녀를 책임 있게 키우려면 물론 틀린 점을 일깨워줘야 합니다. 그러나 비난은 가르침이 아닙니다.

자녀들만의 네트워크를 만들어주자

한 동네에서 10년 이상 함께 지내는 이웃이 점점 줄고 있습니다. 초·중·고등학교를 모두 함께 다니는 친구들도 아주 드뭅니다. 지금 자녀에게 물어보세요. 아기 때부터 지속적으로 알아온 또래 친구나 어른들이 몇 명이나 되느냐고. 10명 이하라면 자녀가 다양한 관점을 형성하는 데 심각한 문제를 일으킬 여지가 많습니다. 그런데도 불구하고 부모님들은 이런 말씀을 많이 합니다.

"공부 잘 하는 애하고만 놀아라."
"잘사는 친구들하고만 놀아라."
"유유상종이라고 했어. 친구를 사겨도 뭘 보고 배울 게 있는 앨 사겨야지."
"우리 동네 장애인 학교 세우는 것 결사 반대!"
"머리 염색하고 다니는 애들과는 상종을 말아라."

이렇게 자녀의 생활권을 제한시키는 것은 배타적인 구시대 방식입니다. 구시대에는 이것이 통했습니다. 어차피 수직 사회에서 기득권을 골고루 나눌 수가 없으니까 무슨 조건을 내세워서라도 '끼리끼리'만 어울리고 다른 사람들은 끼워주지 않았습니다.

그러나 앞으로는 다릅니다. 부모님들은 자녀들이 왕성한 사회 활동을 할 세상이 지금과는 판이하게 다를 것이라는 것에 대비해야 합니다. 지금 강남의 테헤란 밸리에만 해도 별별 경력을 가진 사람들이 다 모여 있습니다. 학벌은 묻지도 않습니다. 신기술력, 아이디어, 창의력만 있으면 함께 일할 자격을 갖추었다고 생각하는 것입니다.

"네가 아는 것 나도 다 안다."

이러면 서로 필요성을 상쇄해 버리니까 비슷한 사람끼리는 오히려 피하게 됩니다.

"내가 모르는 것을 네가 아니?"

"으앗!? 내가 못하는 것을 귀신같이 잘 하네!"

이것이 서로 친해지는 관건이 됩니다.

우리 자녀가 잘 할 때, 잘 못할 때, 자랑스러운 일을 했을 때, 실수하고 좌절할 때 부모가 없더라도 함께 울고 웃어줄 수 있는 튼튼한 공동체가 있어야 합니다. 그래야 우리 자녀들이 아동기와 사춘기와 세찬 인생 풍파를 겪어낼 끈기와 용기를 갖게 됩니다.

포용력은 어릴 때일수록 쉽게 형성됩니다. 어릴 때 가능한 여러 계층, 여러 환경, 여러 종류의 사람들과 어울릴 기회를 주는 것이 앞으로 자녀가 살아가는 데 도움이 됩니다.

이런 세상을 살 자녀에게는 가능한 많은 종류의 사람을 만나보고 친해보고 함께 지내보도록 준비해 주셔야 합니다. 자녀가 교류하는 사람이 20~30명 정도라면 도시 생활에서 그나마 다행이라고 여길 수 있겠습니다. 40~50명 정도가 된다면 매우 풍부한 인적 자원을 가진 셈입니다.

다양한 사람들과의 만남이 자녀의 지적, 정서적, 인격적 성장을 돕습니다.

존 F. 케네디 대통령의 부인이었던 재클린 여사는 자녀를 키울 때 그들이 특권층 안에서 자기 벽을 쌓지 않도록 다양한 인종, 다양한 계층의 사람들을 많이 만나게 했다고 합니다. 우리 부모님들도 재클린 여사에게서 이 점만은 배워야 할 것 같습니다. 굳이 잘 사는 아이, 공부 잘 하는 아이, 부모가 유명한 집안의 아이 들과만 어울리게 하기보다는 외톨이, 지체부자유 아동, 학습 지진아, 빈

민촌 아이와도 친구할 수 있도록 기회를 만들어주시고 격려해 줄 수 있다면 다양성의 사회에서 크고 자유롭게 활동할 수 있는 원동력을 키워주는 것입니다.

단언컨대 학교 성적과 입시만을 지상 목표로 하는 단기 작전만으로 자녀를 키우면 자녀를 망칩니다. 18살에 치른 입시로 나머지 50여 년 우월감이나 열등감을 지니던 시대가 아닙니다. 이제는 오래 살고, 빨리 변하기에 끊임없이 자기 계발과 발전을 해야 행복합니다. 80살이 넘을 때까지 성취감을 맛보려면 자녀가 스스로 성장의 책임을 질 수 있을 때까지 학부모님께서 조금씩 책임을 넘겨주셔야 합니다.

이런 막중한 임무는 하루가 다르게 이리 바뀌고 저리 변하는 교육 정책에도, 교권이 무너졌다고 한탄하는 교사에게도 맡길 수 없습니다.

부모가 효과적으로 빨리빨리 밀어주는 대신 자녀가 스스로 크도록 하는 장기 계획을 세워야 합니다. 그러면 당장 결실이 눈앞에 보이지는 않지만, 세월이 지날수록 부모님과 자녀 모두 상상을 초월하는 보람과 만족을 느끼게 될 것입니다. 만약 18홀짜리 골프가 80홀 경기로 바뀐다면 게임 규칙도 승부 전략도 바꾸어야 하지 않겠습니까?

찰스 다윈은 모든 변화에 적응한 생명체는 살아남아 종족을 번식하지만 부적응하면 도태된다고 했습니다. 이것이 『종의 기원』이라는 진화설의 골자입니다. 변화하는 방향을 제대로 파악해야 합니다. 시대 흐름과 순행하면 적응력을 증가시키는 것이고 흐름과 역행하면 매순간이 괴로울 것입니다.

자녀와 한마음이 되기 위해서는 자녀가 보고 느끼는 세상을 아셔야 합니다. 부모님들은 공부가 거의 모든 것을 해결해 주는 시대를 살아왔지만 자녀들은 새로운 시대에 살고 있습니다. 새로운 시대는 새로운 전략을 요구합니다.

 연필코너

50명 네트워크 만들기

자녀에게 50명 네트워크를 형성해 주는 방법입니다. 이미 하시고 있는 일은 연필로 표시(☑)를 해보십시오.

- ☐ 다양한 친구들을 사귀게 합니다.
- ☐ 어릴 때부터 외국인이나 장애인 친구들과도 자연스럽게 어울리게 합니다.
- ☐ 형제자매가 적으니까 사촌들과라도 지속적으로 연결되게 해줍니다. (멀리 사는 사촌들 사이라도 전자우편 네트워크를 형성해 주면 자연히 모두들 서로 연락할 수 있을 것입니다.)
- ☐ 친척과 자주 모이기가 어렵다면 친한 이웃이나 동창생의 자녀들과 지속적으로 만나고 놀 수 있는 자리를 마련해 줍니다. (봄, 가을 계절 따라 함께 소풍을 가거나 가족 모임을 갖는 것도 좋고, 명절 때 모이는 것도 좋습니다.)
- ☐ 불가피한 경우가 아니라면 이사를 줄이고, 꼭 이사를 가더라도 바쁘다는 핑계로 서로 잊혀진 존재가 되지 않도록 생일이나 연말연시에 편지 한 장이라도 쓰도록 격려해 줍니다.
- ☐ 할머니, 할아버지께는 물론이고 특별히 고마우신 은사님께 1년에 한 번씩 카드나 편지를 보내게 합니다.

 분석코너

재클린 케네디 여사의 자녀 양육법

얼마 전에 비행기 추락 사고로 안타깝게 일찍 세상을 떠난 존 케네디 2세는 미국 전국민으로부터 크게 사랑받는, 거의 신화적인 존재였습니다.

그런데 미국에서는 유명인이나 갑부, 정치 지도자의 자녀들을 별로 안 좋게 보는 경향이 있습니다. 잘되면 부모 덕에 잘된 게 뭐 대수냐고 내리깎고, 잘못되면 그런 좋은 조건에서도 남들보다도 못하다니 한심하다고 더 흉봅니다.

하지만 법대를 나와 변호사가 된 후 정치잡지사를 운영하는 케네디 2세에게는 모두들 따뜻한 관심과 사랑을 보냈습니다. 물론 아버지인 존 F. 케네디 대통령을 일찍 잃었다는 데에 대한 동정도 있었지만 가장 큰 요인은 어릴 때부터 재클린 여사가 아들과 딸이 특권층 속에서만 익숙해지지 않도록 빈민가, 흑인 동네, 무료 병원 등에 자주 데리고 다니며 자원봉사 활동을 꾸준히 시켰기 때문이라는 해석이 있습니다. 그래서 빈부, 신분, 인종, 남녀를 불문하고 누구나 편하고 친근하게 대할 수 있었기 때문에 커서도 특권층이라는 따가운 냉소와 비판을 받지 않았다는 것입니다.

자녀에게 다양한 경험을 쌓을 기회를 주는 것은 집 한 채 물려주는 것보다 훨씬 안전한 투자입니다.

2
정보지식 사회 인재들의 7가지 특성

학부모님들은 어쩌면 오늘도 입시라는 목표를 향해 많은 시간과 노력을 쏟아붓고 계실지 모릅니다. 하지만 이제 세상이 바뀌고 있습니다. 부모님들이 체험하셨던 학력 제일주의는 빠른 속도로 다능력주의로 바뀌고 있습니다. 수능의 비율이 줄고 특기생을 우대한다는 것은 바로 이런 다능력을 인정하고 키워주겠다는 국가적 차원의 방침입니다. 이것은 정보시대, 지식기반 사회, 인터넷 시대, 지구촌시대라는 큰 흐름에 따른 대세이므로 장관이 바뀐다 한들, 대통령이 바뀐다 한들 변하지 않을 것입니다.

구시대는 지나고 새시대가 도래했고, '공부', '교육', '배움', '학력', '능력', '성공'이라는 말은 전혀 다른 뜻을 갖게 되었습니다. 그 요지는 다음과 같습니다.

- '머리 굴리기'는 좌뇌가 우세하던 20세기식 생존 방식입니다.
- '마음 다스리기'는 우뇌가 우세할 21세기 생존력을 높여줍니다.

- '눈치보기'는 권력이 한곳에 집중된 중앙 집권식 구시대의 생존 방식이었습니다.
- '소신껏'은 권력이 분산된 다원화, 다양화 시대의 생존 전략입니다.
- 남을 짓밟고 자기만 잘되면 성공하던 윈-루즈 방식은 구시대의 사고방식입니다.
- 남과 더불어 시너지 효과를 추구하는 윈-윈 방식은 새시대의 사고방식입니다.

'학력은 성공'이라는 고정관념에서 빨리 벗어나셔야 새로운 전략을 찾으실 수 있습니다. 새시대가 요구하는 생존 능력이 무엇인지를 뚜렷이 알아야 합니다. 그러면 불안과 무기력감 대신 희망과 의욕이 샘솟을 것입니다.

이 장에서는 새시대 능력인들의 특징적인 모습과 함께 새시대에 필요한 생존 능력에 대해 살펴보겠습니다. 겉모습을 단서로 속 변화를 읽는 것이지요. 이들의 행동이 부모님들의 가치관과 다를지도 모르고 어쩌면 눈꼴사납게 비칠지도 모르지만 시대가 변한 만큼 적극적으로 받아들이셔야 합니다. 우리 할머니 할아버지 시대에 단발이 상스럽다고 상투를 고집하셨거나 신교육을 외면하신 분들이 지금 어떻게 되어 있는가 생각해 보시기 바랍니다.

다음은 세계의 미래학 석학들이 내놓은 정보시대(새 밀레니엄), 새 틀(패러다임)의 기본 방향입니다. 지금 자신의 사고방식이 구시대에 맞는지, 새시대에 적합한지를 스스로 점검해 보세요. 그래서 구시대라면 과감히 새시대로 방향 전환을 하셔야 합니다.

아마 여기에 나열된 단어들이 귀에 무척 익으시리라 생각됩니다. 만약 그렇다면 눈을 감고 단어 하나를 말해 보십시오.

구시대 패러다임	새시대 패러다임
수직적	수평적
대량화	맞춤식
기계적	유기체적
획일성	다양성
규제화	자율화
평범화	특성화
배타적	포괄적
경직성	유연성
닫힘	열림

과연 무슨 모양이 머릿속에 떠오릅니까? 아마 글자만 떠오르지 모양이 보이지는 않을 것입니다. 소음에 젖어 사는 사람은 소음을 느끼지 못하듯이 많이, 자주 남발된 단어의 진정한 뜻을 알기란 아주 어려운 일입니다.

이제 위에 나열된 단어에 생동감을 불어넣어 드리겠습니다.

개성이 재산이다

새시대 인재들은 옷차림에 격식을 차리지 않고 자기 편할 대로, 자기 입고 싶은 대로 입습니다.

느슨한 바지에 운동화를 신고 스웨터나 티셔츠 차림으로 당당하게 직장에 출근한다는 것입니다. 벤처인들의 모임에 가보면 힙합 바지와 정장 바지가 함께 아무렇지 않게 모였다 흩어졌다 합니다. 머리도 염색했거나, 묶고 다니거나, 박박 밀고 다녀도 아무도 그런 겉모습에 개의치 않는 것이 정보시대를 앞서가는 사람들의 모습입니다.

이들은 일터라는 기존 체제를 거부합니다. 그리고 그 거부감을 노골적으로 표현해야 직성이 풀리는 경우가 많습니다. (한국의 실리콘 밸리라는 서울의 테헤란에서 역삼역까지의 거리, 대덕 밸리, 춘천 밸리 등에 가보시면 이런 사람들이 당당하고 활기차게 거리를 활보하는 모습을 보실 수 있습니다.)

《딴지일보》라는 인터넷 신문을 만든 김어준 씨(자칭 총수)의 모습도 잠자다 일어난 것같이 수염도 안 깎고 멋을 부린 듯 안 부린 듯한 모습입니다.

빌 게이츠 역시 헐렁한 스웨터에 캐주얼 바지를 즐겨 입습니다. 겉모습만으로는 컴퓨터 제국의 황제, 세계의 최고 부자라는 단서를 찾아보기 어려운 그냥 평범한 모습입니다.

분석코너

《딴지일보》의 김어준 총수

김어준 씨는 서울대에 응시했다가 낙방해 홍익대를 다녔고, 대기업 사원으로 취직했다가 너무 '따분하고 지겨워' 심심풀이로 인터넷 신문을 만들었다고 합니다. 능력은 뛰어나지만 착실하고 꾸준하게 노력하거나 틀에 맞춰 생활하지는 못하는 스타일입니다.

답답하면 휑하니 해외 여행이라도 떠나야 마음이 풀리고 영감을 얻을 수 있는 사람입니다. 그는 《딴지일보》라는 패러디 신문을 만들어 한 달 만에 인터넷 신세대의 우상이 되었고, 1년 만에 한국의 명사가 되었습니다.

미국에서는 지난 20년 사이에 정장 판매가 반으로 급속히 줄었다고 합니다. 새시대에는 겉모습이야 어떻든 그 사람의 아이디어, 창의력, 의욕, 사람과의 친화력, 신뢰성 등을 중요시합니다.

새시대에 '모방은 곧 자살'입니다. 이것은 피카소의 말입니다. 피카소는 새시대 미술, 초현대 미술, 또는 큐비즘의 창시자라고 불립니다. 재미있는 사실은 피카소도 청년 시절에는 르누아르의 작품을 베끼면서 미술 공부를 했다는 것입니다. 그러다가 현대 감각을 재빨리 깨우쳐 개성을 추구하기 시작한 것이지요.

부모님 시대에는 모방해야 잘 살았지만, 개성시대에는 자녀에게 베끼기를 요구하시면 안 됩니다. (특히 숙제를 도와주실 때 좀 낮은 점수를 받을 각오를 하시더라도 독창적인 표현을 격려해 주세요. 학교 졸업 후에 선생님은 우리 자녀가 얼만큼 발전하는지 모르실 수 있습니다. 그러나 부모님은 자녀를 평생 관심 있게 지켜봐주실 수 있습니다.)

새시대에는 특성이 있어야 경쟁력이 있습니다. 새시대에는 남이 안 해본 것, 남이 생각해 본 적이 없는 것, 남이 꿈도 안 꾸는 것을 해야 앞서갈 수 있고 인정을 받습니다. '튀어야 산다'는 전략은 연예인에게만 해당되는 것이 아닙니다. 중고생 자녀들이 멋부리고 자기 개성을 추구하는 것은 자기 경쟁력을 키우는 미숙한 연습 과정입니다. 보통 사람들도 사춘기 때만큼은 자기 멋을 찾으려 하지만 어른이 되면서 남들처럼 평범해집니다. 그러나 백남준 씨는 환갑이 넘도록 사춘기의 '튀고 싶은' 욕망을 표현하기에 세계적인 비디오 아티스트가 된 것입니다.

새시대에는 다양성이 존중되는 시대입니다. 백화점에 가보세요. 똑같은 물건, 판에 박힌 획일적인 물건은 아무리 값싸게 팔아도 누구 하나 거들떠보지 않습니다. 싼 맛에 사와 봤자 좁은 집에 이리 굴리고 저리 굴리다 결국은 쓰레기통에나 처넣게 되니까요. 새시대에는 소비자의 취향도 다양해진 만큼 물건들도 다양합니다. 이런 새시대 구조에 맞게 신세대들이 다양성을 추구하는 것은 조금도 놀라운 일이 아닙니다.

다양성은 힘입니다. 이것은 부모님들께 희망을 주는 메시지입니다. 우리 자녀가 옆집 자녀만큼 피아노를 잘 치지 못해도, 아무개처럼 일류 대학에 가지 못해도, 지방에 살거나, 또는 어떤 신체적 장애가 있다 하더라도 나름대로 개성이 있고 나름대로 잘 하는 것이 있다면 앞으로 사회에 이바지하고 발전할 기회가 많다는 뜻입니다. 대학 입시에 특정인 쿼터제를 시행하거나 자기소개서와 논술, 면접에 점수를 할당하는 것도 바로 다양한 관점으로 인재를 뽑기 위해서입니다.

"남들 다 대학 가는데 너만 안 가면 낙오자 된다!"는 말씀을 자주 하신다면 그건 아직 구시대적 사고를 벗지 못하셨다는 증거입니다. 획일성을 요구하시기 때문입니다. 획일화는 산업시대에 꼭 맞는 방식입니다. 기계를 돌려 대량생산을 하려면 산출물이 똑같아야 합니다. 조금이라도 오차가 있으면 '불량품'이 되는 것입니다. 텔레비전이나 자동차나 어느 회사 어느 제품이다 하면 '규격'에 꼭 맞아야 우수품입니다. 신발이라면 사이즈별로 오차가 없이 획일적이어야 하고 색상도 몇 가지 정해진 것과 똑같아야 좋은 제품입니다.

반대로 "네가 하고 싶은 일이 뭐지?", "네가 잘 하는 것이 뭐지?"라고 물으면 새시대의 학부모님입니다. 물론 따지거나 비꼬는 말투가 아니라 정말 순수하게 질문을 하시는 경우에 한해서지요.

 연필코너

개성 있고 유연한 부모

개성을 찾는 자녀들을 대하실 때 어떤 반응을 보이십니까? 자녀가 '색다른' 옷을 입거나 귀에 구멍을 뚫어 귀고리를 하거나 머리를 색색깔로 물들였을 때 부모님은 어떤 말씀을 하시는지요? 지금 연필로 아래 항목에 표시(✓)를 해보십시오.

학부모 A타입
☐ "학교 규율에 맞춰라."
☐ "난 그런 꼴 못 본다."
☐ "너 때문에 창피해서 못 살겠다."
☐ "꼴에 겉멋만 들어가지고…… 쯧쯧."

학부모 B타입
☐ "너한테 어울리는구나."
☐ "귀에 구멍 뚫을 때 아프지 않았니?"
☐ "머리 염색하니까 기분이 어떠냐?"
☐ "기왕 멋부릴 바엔 남들이 흉내도 못 내게 해봐."

    학부모 A타입에 가까우십니까? 구시대 스타일입니다. 자녀와 적대(원수) 관계로 발전할 확률이 높습니다. 오늘부터 이런 말씀을 중단하는 것만으로도 관계 개선에 도움이 됩니다.
    학부모 B타입은 자녀의 개성과 다양성을 인정하시는 새시대 부모입니다. 자녀가 '오잉????' 하고 놀랄지는 몰라도, 속으로는 '우리 엄마, 아빠 시대 감각이 남다르시네' 하고 기뻐하고 다른 친구들한테도 자랑할 것입니다. 이런 부모님과 자녀는 마치 친구 같습니다.

  대홍기획 마케팅전략연구소의 1999년 조사에 따르면 79.2%의 한국인들은 부모 자식 관계에서 친구처럼 지내려는 아버지를 좋아하고 20.8%만이 엄격한 아버지가 더 바람직하다고 생각하는 것으로 나타났습니다. 어머니보다 아버지께서 먼저 자녀의 친구가 되어 주시도록 노력을 해야 할지도 모릅니다. 부모님께서 자녀와 멀어지는 것도 한 걸음부터요, 가까워지는 것도 한 걸음부터입니다.

 분석코너

자녀들이 부모와 세대 차이를 가장 많이 느낄 때

- 자신들의 문화와 유행을 이해하지 못할 때.
- 자신들이 좋아하는 TV 프로그램을 못 보게 할 때.
- 노래방에서 서로 부르는 노래를 모를 때.
- 좋아하는 음식이 다를 때.

자녀들이 부모와 세대 차이를 느끼지 않을 때

- 내 얘기를 재미있게 들어주실 때.
- 부모님이 요즘 유행하는 노래를 부를 줄 아실 때.
- 내가 좋아하는 연예인을 같이 좋아하실 때.
- 내가 원하는 스타일의 옷을 사오셨을 때.

―(주)대교사보《아이 투 아이》(1999)에서 인용

자신감이 있어야 산다

　동대문시장이 예전의 재래시장을 벗어나 IMF 경제환란 동안에 발빠르게 최첨단 패션 밸리로 탈바꿈하게 된 데에는 유종환 사장의 역할이 매우 크다는 업계의 분석이 있습니다. 유종환 사장은 동대문 패션의 신화를 만든 밀리오레라는 대형 쇼핑몰을 만들어 1998년 8월에 문을 연 이후 하루 매출액 20억, 연 매출액 6,000억 원 정도를 만들어내고 있는 신화 창조자입니다. 그는 이런 성공의 비결로써 자신감을 꼽습니다.
　"100가지 지식을 머릿속에 가지고 있어도 주저하는 사람은 필요 없어요. 비록 아는 게 10가지밖에 없더라도 자신이 가진 것을 100% 발휘할 사람을 더 소중하게 생각합니다."
　새시대에는 자신감이 없으면 살아가기 힘듭니다. 세상이 하루가 다르게 바뀌는데 주저하고만 있다면 그 사람이 뒷걸음치는 사이에 다른 사람들은 저만치 앞서갈 것입니다.
　자신감은 돈키호테의 꿈 같은 터무니없는 망상에서 비롯하지 않습니다. 자신감은 실력과 긍정적인 마음자세에서 출발합니다. 최선을 다하되 결과에 대해서는 담담하게 받아들이겠다는 각오(자세)가 있어야 합니다. 비록 원치 않는 결과를 얻거나 실수를 한다 해도 거기에서 또다른 배움을 얻고, 실패 자체를 도약의 발판으로 삼을 겸허함과 배짱을 동시에 지녀야 자신감이 생깁니다.
　자신감은 남을 의식하지 않고 남의 비판에 흔들리지 않는 마음자세이기도 합니다. 물론 현실 검증도 필요하고 타인의 충고도 귀담아 들을 필요가 있습니다.
　그러나 충고를 들으려면 충고해 주는 사람이 과연 나를 자기 몸같이 사랑하는가, 실패했을 때 함께 울어주고, 성공했을 때 함께 웃어줄 수 있는 사람인가를 헤아려보아야 합니다. 이 세상에 다른 누구보다 부모님이나 배우자 또는 자녀 같은 가까운 가족에게 이런 깊은 배려를 기대할 수 있습니다.

"너라면 해낼 수 있다!" 또는, "너를 믿는다!"

자신감이 있는 사람은 부모님으로부터 이런 말씀과 격려를 많이 듣고 자란 사람이라고 합니다.

부모님이 성장의 씨앗을 자녀의 마음에 심어주고, 자녀가 믿음의 힘과 긍정적인 자세로 그것을 키워 얻는 결실이 바로 자신감입니다.

그렇다면 어떻게 자녀에게 자신감을 불어넣어 주어야 할까요?

같이 야단을 맞더라도 아이에 따라 받아들이는 태도가 다릅니다. 원래 자기 주장이 강하고 고집이 센 아이들은 자신감을 굽히지 않지만, 잘못하면 부정적인 자신감, 또는 남들이 자기를 알아주지 않는다는 불평, 불만을 갖게 될 수가 있습니다. 이런 아이들에게는 꾸지람이 역효과를 낼 뿐 아니라 작은 일로 야단치다가 "태도가 틀려먹었다", "싹이 노랗다" 등 아이에게 상처를 남기는 말을 하게 될 수 있습니다.

부모님께서는 아이의 주장을 긍정적으로 받아들이고 좋은 점을 인정해 주되 아이가 미처 생각지 못한 부분을 부드럽게 지적해 주는 태도를 유지하면 고집이 센 아이가 자존심을 긍정적인 쪽으로 발전시킬 수 있을 것입니다.

반대로 좀 소심하고 소극적인 아이들은 일반적으로 열등감과 자기비하감이 강합니다. 다른 사람이 아무리 장점을 찾아주어도 본인은 의심을 하고 믿지 않을 수도 있습니다. 이런 자녀라면 '10년을 하루같이 꾸준히' 장점을 발견해 주고 가능성을 믿어주고 칭찬을 해주어야 합니다. 부모님의 인내심이 한계에 다다를 정도에야 자신감이 싹트는 '늦게 꽃피는 아이(late bloomer)'들도 있으니까요.

아동의 신경발달 기능 연구의 세계적인 권위자인 멜 레빈 박사에 따르면 인간 두뇌의 30조가 넘는 신경 세포들이 모두 똑같이 발달하는 것이 아니어서 사람에 따라 어떤 기능은 먼저 강화되지만 어떤 기능은 천천히 발달하거나 아예 잘 발달되지 않는다고 합니다. 쉽게 말해서 말은 빨리 배운 아이라도 늦도록 가위질 같은 손동작을 잘 못 한다거나, 다섯 살이 되도록 두 단어도 못 말하는 아이가 숫자 맞추기나 레고 장난감은 다른 또래에 비해 월등히 잘 할 수 있다는 것입니다.

이런 과학적 데이터에 근거한다면 아이가 모든 것을 잘 하기를 기대하는 것이 얼마나 무모한 스트레스를 주는 것이며, 또 못 하는 것을 야단칠 때마다 얼마나 아이의 자신감을 위축시키는 일인지 알 수 있습니다. 어른도 다 고루 잘 하지 못하면서 왜 아이들에게는 만능박사, 팔방미인을 요구하는지 참으로 이상합니다. 세계적으로 뛰어난 사람들조차 잘 하는 것보다 못하는 것이 훨씬 많았다는 사실을 잊고 있는 게 아닌지 모르겠습니다.

어떤 학모님들은 내신 성적 때문에, 또 남들은 체육 과외까지 시키기 때문에 적성껏 살라고 그냥 두면 우리 아이가 남보다 뒤진다고 말합니다. 하지만 기준을 남에게 둘 때 정작 중요한 우리 자녀의 고유한 특성은 유야무야 흐려져버리는 게 아닐까요?

그런가 하면 식당이나 지하철, 공공장소에서 아이들이 난장판을 쳐도 꾸짖지 않는 어머니들이 가끔 있습니다.

"애들 기를 죽이면 안 되잖아요."

맞습니다. 건강한 사람은 생기와 활기가 있어야 합니다. 그러나 무례한 행동은 생기와 활기가 아닙니다. 무례함은 뻔뻔하고 유치한 이기심일 뿐입니다. 남을 배려하는 바른 행동을 가르쳐주는 것은 부모님의 책임입니다. 그래야 아이들이 부모님이 없는 곳에서라도 누구에게나 사랑과 칭찬을 받을 수 있고 진정한 자아존중감(자신감)을 형성하게 됩니다.

대개 아이들은 외출을 좋아합니다. 좁고 익숙한 집에서 벗어나 새로운 곳에 가면 호기심과 흥분 에너지가 걷잡을 수 없이 분출됩니다. 아이들 특유의 생명력이라고 어여삐 보아줄 일입니다. 그러나 공공장소는 아이, 어른, 노인 가릴 것 없이 많은 사람이 공유하는 곳이므로 우리 아이 한 명 때문에 다른 사람들이 피해를 입어서는 안 됩니다.

이럴 때 어떻게 하면 아이들의 욕구도 존중하면서 사회 구성원으로서의 적절한 행동을 가르쳐줄 수 있을까요?

서너 살은 1시간과 5분을 구별하지 못하며 '지금 당장' 욕구 충족을 원하는 나이입니다. 그러니 하루 전에 "내일 놀이공원 간다"고 말해 놓으면 아이는 흥분해서 잠도 잘 못 자고, 아침에 눈 뜨자마자 빨리 나가자고, 언제 가냐고 수시로 조르게 되어 있습니다. 하지만 외출 준비로 바쁜 엄마에게는 이런 아이 나름의 순진함이 짜증스러울 뿐입니다. 결국 아이는 매를 서너 차례 맞고, 벌 서고, "그러면 안 데리고 나간다" 협박도 받고, 엄마는 엄마대로 에너지를 몇 곱으로 허비하니 나가기도 전에 지쳐버립니다. 이러다가 집 밖에 나가면 아이는 그동안 억눌린 에너지가 산만하게 분출되고 엄마는 이미 지쳐 그냥 '내버려두는' 악순환이 생기는 것입니다.

어떻게 하면 좋을까요?

상황에 따라 여러 방법이 있겠으나 한 가지 방법만 소개해 드리겠습니다. 우선 외출을 할 때는 엄마가 외출 준비를 거의 끝내갈 무렵에 아이에게 알려줍니다.

"20분 후에 (또는 이 노래 테이프가 끝날 때, 또는 이 만화 프로그램이 끝날 때 등 타임 큐를 지정해서 아이가 어느 정도 대비를 할 수 있게 하는 것입니다.) 엄마랑 놀이공원에 갈 테니까 너도 가지고 놀던 장난감 치워놓고, 화장실 가고, 물 마시고, 나갈 준비 하렴."

이르면 만 서너 살부터 이런 연습이 필요합니다.

성장한다는 것은 자기 조절 능력이 성숙되어 간다는 뜻입니다. 매와 꾸지람 대신 자기 조절 능력을 조금씩, 아이의 발달 정도에 맞게 연습할 기회를 주면 아이는 자기 자신을 신뢰할 뿐 아니라 남도 배려할 줄 아는 사람으로 클 것입니다.

'너무 자신감을 키워주다가 학교에서 왕따당하는 게 아닐까?'

부모님께서는 두려움과 혼란감을 느끼실지 모릅니다. 그렇다면 어떤 학생들이 왕따를 잘 당할까요? 학생생활 연구회의 1999년 조사에 따르면 다음과 같은 청소년들이 집단 따돌림을 가장 많이 받는 것으로 나타났습니다.

- 친구를 무시하거나 건방진 친구.
- 자기 자랑을 많이 하는 친구.
- 선생님이 편애하거나 선생님께 잘 보이려는 친구.

결국 자기만 잘났다고 하면서 남과 어울리지 못하는 학생이 왕따를 당하기 쉽습니다. 이런 학생들은 (권위에) 의존적이면서 또 자기중심적이라 부모의 재력이나 열성적 뒷받침을 받지만 막상 자기 혼자 잘 하는 건 별로 없는 경우가 많습니다. 선생님께 편애를 받는 것도 부모의 후광이나 촌지의 위력일 경우가 많고, 남의 부러움을 살 정도로 지나치게 호사스러운 옷을 입거나 외제 학용품 등으로 자기 과시를 하기에 급급하므로 미움을 받는 것입니다.

진정한 자신감은 마음 속에 깊이 자리잡고 있기 때문에 겉으로 자기 자랑을 할 필요를 느끼지 못합니다. 그리고 진정한 자신감은 자기존중감에서 비롯하기 때문에 남을 배려해 줄 여유가 있습니다.

왕따를 당해도 자기 목표가 뚜렷하고 실력이 있으면 상처를 덜 받고 쉽게 극복할 수 있습니다. 빌 게이츠는 고등학교 때까지 별명이 '쪼다'였다고 합니다. 남들 다 재미없어 하는 수학을 너무 잘하고 컴퓨터에 미쳐 있어서 다른 친구들처럼 희희낙낙 떼지어 놀러다니지 않고 혼자서 컴퓨터에만 열중했기 때문입니다.

왕따의 비극은 잘난 척하는 아이뿐 아니라 정반대의 아이들에게도 적용됩니다. 너무 지저분하거나, 너무 못살거나, 너무 못났거나, 너무 몸이 약하거나 할 때도 왕따를 당한다고 합니다.

영화감독 우디 알랜도 고등학교 때 심하게 왕따를 당했다고 합니다. 생긴 것도 멍청해 보이고 몸도 부실해서 덩치 큰 학생들 눈에 띄지 않게 슬슬 뒤꽁무니치며 학교를 다녔다고 합니다.

그러던 사람들이 정보시대에는 돈도 잘 벌고, 명예도 누리고, 무엇보다 자기 삶에 만족하면서 삽니다. 왜? 자기 하고 싶은 일을 찾아 열중했기 때문입니다.

새시대에는 왕따를 당하는 기준이 달라질 것입니다. 예전에는 너무 잘났거나 너무 못나거나 너무 튀는 사람이 왕따를 당했지만 앞으로는 남을 모방하는 사람이 형편없어 보입니다. 또 무개성, 몰취미, 무능력, 무특기, 무재주, 무표정, 무관심…… 이런 사람들은 남에게 보탬이 되기보다 남이 애써 얻은 결실에 무임 승차하려 하기에 따돌림을 당할 것입니다.국제 관계에서도 다른 나라에서 개발한 상품을 모방했다가는 국제저작권법, 지적재산법, 국제특허법 등의 위력으로 국제 시장에서 퇴출당합니다.

새시대 생존 방식은 '튀는' 사람들끼리 각자의 소질과 능력을 조화시켜서 시너지를 창출하는 것입니다. 이것이 소위 윈-윈, 너도 좋고 나도 좋고, 전부가 좋은 삶의 방식입니다. "네가 튀면 내가 평범해 보이잖아"라는 말은 새시대 감각이 아닙니다. "너의 특성이 나의 특성을 더욱 돋보이게 하는구나" 같은 사고방식으로 발상을 전환해야 합니다.

 분석코너

나는 희망의 증거가 되고 싶다

엿장수의 딸로 태어나 가발 공장 직공을 거쳐 미군 장교, 하버드 박사의 자리까지 오른 서진규 씨도 도저히 극복할 수 없을 듯한 시련에 부딪힐 때마다 어릴 때 아버지의 말씀을 떠올렸다고 합니다.
"딸이면 어때? 내사마 이쁘기만 하구마……."
이런 부모님의 말씀뿐 아니라 초등학교 5학년 때 담임을 맡으셨던 양재성 선생님의 말씀도 자신감을 잃지 않는 데 큰 도움이 되었다고 합니다.
"우리 진규는 언젠가 크게 될 사람이에요. 내가 장담합니다."
우리가 어릴 때에 자신감을 가질 근거는 이렇듯 부모님이나 선생님으로부터 비롯됩니다. 물론 자라면서 이것을 내면화하여 자신의 소리로 바꾸는 것은 각자의 몫입니다.
—서진규, 『나는 희망의 증거가 되고 싶다』에서 인용

3D 기피는 당연, 3A 추구는 필수

신세대는 더럽고(dirty), 힘들고(difficult), 위험한(dangerous) 일을 기피한다고 언짢아하는 기성 세대가 있습니다. 당연하지요. 우리나라의 국민 소득이 200달러에서 10,000달러로 비약하는 동안 지금의 기성 세대는 아무리 어렵고 궂은 일이라도 마다하지 않았으니까요. 그러므로 그 피땀의 열매를 먹고 자란 신세대가 비록 백수로 놀지언정 3D 직업은 안 갖겠다고 하는 행태가 괘씸하고 배부른 수작으로 보일 것입니다.

이런 현상이 한국에서만 일어난다면 한국의 젊은이들이 너무 과잉 보호를 받으며 자란 탓에 나약해졌다고 말할 수 있겠지요. 그러나 이런 현상은 가정 교육이 엄하기로 유명한 독일도 그렇고 우리보다 앞서 산업화를 이룬 일본도 마찬가지이고, 자유분방한 미국에서도 똑같이 일어나고 있습니다.

어른들의 우려와는 달리 3D는 마땅히 거부해야 합니다. 일이 힘들고 더럽고 위험해서가 아니라 3D일은 대개 단순 반복적인 노동이기 때문입니다. 21세기에는 인간의 몸을 기계처럼 혹사하면 큰 손해를 보게 됩니다. 창의력은 기계적인 반복 작업에서 나오기 어렵습니다. 신세대는 인간패러다임을 직감적으로 느낍니다. 그래서 3D보다 신나고 도전적이고 몸으로 표현하는 일을 하고 싶어하는 것입니다. (물론 정신 노동을 많이 하는 사람이 심신의 균형을 위해 육체 노동을 하는 것은 아주 바람직하고 신선한 휴식이 될 수도 있습니다. 그러나 생계를 위해 다른 가능성을 접어놓고 3D일만 하는 것은 금(金) 주고 돌(石) 사는 격입니다.)

21세기에는 3D 대신 3A식으로 살아야 생존력이 높습니다. 3A

란 언제(any time), 어디서나(anywhere), 누구와도(anyone) 만나고 일할 수 있는 능력입니다. 요즘 젊은이들이 죽어라 영어를 배우는 이유도 인터넷 세상에서는 80%의 정보가 영어로 공유되기 때문입니다. 첨단 벤처인들은 길을 걸을 때에도 한 손에는 노트북, 다른 손에는 핸드폰을 들고 다니며 3A로 일할 자세를 갖춰 놓습니다.

인터넷의 속성은 언제, 어디서나, 누구와도 연결된다는 것입니다. 한국이 밤 12시일 때 미국의 워싱턴은 오전 10시입니다. 키보드 몇 개만 누르면 즉시 지구 반대편의 사람에게 메시지를 주고받을 수 있기 때문에 오전 8시부터 오후 5시 근무라는 틀에 묶이다가는 오히려 일을 그르칠 수가 있습니다.

또 인터넷은 접속 시간이 7초를 넘으면 고객을 잃는다는 말처럼 시간을 다투는 경쟁이기도 해서 접속이 편리한 때를 골라 일하는 것이 능률적입니다. 그러나 이런 이유만이 아니라도 벤처 기업가들은 자기가 좋아서 일을 하기 때문에 밥 먹는 시간에도 일을 하고, 일하다가 머리를 식히고 싶으면 스타크래프트 같은 게임을 하기도 하고, 또다시 반짝하는 아이디어가 떠오르면 컴퓨터 앞에 앉는 생활에 익숙합니다.

산업시대에 성공하는 사람이 사장과 상사가 시키는 일을 불평불만 없이 성실히 해내는 사람이었다면 벤처시대의 성공하는 사람은 자기가 하고 싶은 일에 미치도록 몰두하는 사람입니다. 이런 사람에게는 머릿속에서 돌아가는 아이디어에 생활 리듬을 맞추는 게 편하지 시계 바늘이 가리키는 물리적 시간을 따라가는 것은 비효율적입니다. 새시대의 흐름에 역행하지 않으려면 3D를 기피하고 3A로 살아야 합니다.

요즘 학교에서도 '조별 학습'이라 하여 공동 프로젝트를 요구하는 과제가 많습니다. 언제, 어디서, 누구와도 함께 일할 수 있는 팀워크 능력을 키워주려는 의도는 좋으나 과제를 내주시는 선생님, 학생, 학부모님 모두가 아직 익숙하지 않아 부작용이 일어나기도 합니다.

원래 조별 학습은 1980년대부터 미국에서 유행하던 것입니다. 처음에는 초등학생들한테 시켰는데 혼자 해오는 과제물보다 훨씬 우수한 '작품'들이 많이 나오니까 요즘은 중·고등학교는 물론 대학에서도 조별 과제물을 많이 내줍니다.

하지만 한국에서는 갑자기 조별 학습을 하게 되어서 아직 평가 방식도 정립이 안 되었고, 무엇보다 선생님들 자신이 이런 교육 과정을 경험해 보시지 않아서 교육의 목적이 뭔지, 과연 효과가 있는지 혼란스럽기만 하다고 합니다. 게다가 조를 짤 때 학생의 뜻이 반영되지 않고 과정보다 결과만으로 점수를 매기니 내신 성적에 신경쓰는 학부모님께는 아주 지겨운 숙제로 여겨진다고 합니다. 아직은 '시행착오' 단계라는 말이지요.

이를테면 조별 학습에서 얻을 수 있는 브레인 스토밍(brain-storming)의 효과에 대한 인식이 약합니다. 브레인 스토밍이란 이러저런 생각들을 자유롭게 말하는 중에 새로운 아이디어를 찾아내는 방법입니다. 그런데 팀별 과제를 하느라 학생들이 모여 브레인 스토밍을 하는 모습을 언뜻 보면 그저 히히덕거리는 것일 뿐이고 완전히 시간 낭비 같아 보입니다. 그래서 자녀들을 학원으로 쫓아 보내고 엄마들끼리 조별 학습 과제를 해서 제출하는 예도 있다고 합니다.

조별 학습은 사회가 수평적 네트워크로 짜여지는 흐름에 맞는 학습 방식입니다. 학교 성적을 올리기 위해서 부모님께서 대신 자녀의 숙제를 해주시면 지금 당장 자녀의 학교 점수는 몇 점 올라갈지 모르지만 훗날 회사에서 브레인 스토밍과 팀별 프로젝트를 할 때에는 해고감이 됩니다.

조별 학습은 자녀의 21세기 생존력을 높일 수 있는 훌륭한 교육 방식이 되어야 합니다. 자녀의 장기 성공을 위해서 학교 선생님보다 학부모님들이 더욱 적극적으로 학습 '과정'(결과가 아님!)에 참여를 해주셔야 할 일입니다.

자녀들이 혹시 컴퓨터 게임에 중독되었다면 당장 오늘부터라도 한 시간 게임하면 한 시간은 운동이나 독서 등 다른 활동을 하도록 하우스 룰을 정하시기를 권합니다. (이것을 어기면 그날 하루는 게임을 못 하는 벌칙도 마련해야 효과적입니다.) 한 집에서만 지키기 어려우면 아이들이 자주 놀러가는 집 부모님과도 '공동 협정'을 맺어, 자녀가 어느 집에서든 한 시간 비디오 게임하면 한 시간은 공놀이나 카드놀이를 할 수 있도록 어른들이 지켜봐주시면 아이들도 곧 따라하게 됩니다.

 분석코너

수직 구조와 수평 구조

이미 회사 조직도 경직된 수직 위계 질서에서 팀별 수평 구조로 바뀌었습니다. 예를 들면 자동차를 만들 때, 예전에는 사장—과장—계장—말단 사원—직공 순으로 명령이 하달되었습니다. 그런데 요즘은 그렇게 만든 차는 경쟁력이 없으니까 새 차를 개발할 때 엔지니어, 디자이너, 홍보 담당, 마케팅 담당 등 여럿이 팀을 짜서 프로젝트를 완성합니다.

이렇게 해야 한 사람의 독단에서 야기되는 시행착오를 최대한 줄일 수 있고 소비자의 욕구를 충족시키는 경쟁력 높은 제품을 만들 수 있습니다. 여기서 엔지니어가 "난 공대 출신이니까 사회대 출신보다 더 차에 대해 많이 안다"고 뽐내봐야 찬밥 신세가 됩니다. 다른 사람들이 "쟤, 혼자 잘났대. 너 혼자 잘 해봐, 안 끼워줄게" 하면 그만이거든요.

수평 구조는 아이디어와 창의력을 활성화하는 데 반드시 필요합니다. 사장님이 무게 잡고 떡 앉아 있는 자리에서 아이디어가 자유롭게 나올 수 없습니다. 혹시 질책을 받게 될까 두려워 사장님이 듣기 좋아할 말만 골라서 하게 됩니다. 그래서 지혜로운 사장님들은 프로젝트를 맡기고 나서는 슬그머니 자리를 비켜줍니다.

몸으로 때우는 일로 평생 밥벌이를 해야 하는 3D 직업이라면 마땅히 기피해야 합니다. 그러나 발상의 전환을 하기 위해 정신 노동에서 육체 노동을 잠깐 해보는 것은 바람직합니다.

전화—호출기—핸드폰—인터넷 등으로 통신 수단이 매일 새롭게 간소화되고 무차별로 보급되는 시대에는 좋든 싫든 3A 방식으로 살게 되어 있습니다. 학생들이 핸드폰 가지고 다니는 것은 3A 식으로 사는 시대 흐름에 순행하는 것이니 미워할 일이 아닙니다. 핸드폰을 쓸 때와 안 쓸 때를 분별하는 것을 가르쳐주시는 편이 시대에 맞고 효과적입니다.

학교에서도 수업 방식이 하루가 다르게 달라지고 있습니다. 공부는 앉아서 하는 것, 점수는 맞고 틀리는 게 확실해야 매길 수 있는 것, 남보다 잘 해야 좋은 대학에 가니까 혼자만 잘 할 것 등은 구시대의 고정관념입니다.

새시대가 요구하는 인재는 언제, 어디서, 누구와도 커뮤니케이션을 할 수 있는 사람, 남과 팀워크를 잘 이루는 사람, 남의 의견을 경청할 줄 아는 사람, 자기 의견을 분명하고 효과적으로 전할 수 있는 사람입니다.

일을 놀이처럼, 놀이를 일처럼

손정의. 재일교포로서 일본의 빌 게이츠, 인터넷 사업의 황제라 불리는 그는 일하는 것이 노는 것보다 더 즐거웠다고 합니다. 스티븐 스필버그 또한 〈쥐라기 공원〉을 촬영할 때 장난감 공룡을 가지고 노는 어린이처럼 재미있었다고 합니다.

어린아이들이 구슬치기, 레고 만들기, 조립하기, 소꿉놀이를 하는 모습을 보면 어른들이 흉내도 못 낼 만큼 몰두하는 것을 볼 수 있습니다.

시카고 대학의 칙센트미하이 박사에 따르면 시간 감각이란 퍽 주관적이어서 몰입의 즐거움을 느낄 때는 시간이 짧게 느껴지고, 지루할 때는 아주 길게 느껴진다고 합니다.

아인슈타인이 상대성 원리를 쉽게 설명해 달라는 부탁에 "미녀와 함께 있을 땐 1시간이 10분 같고, 추녀와 함께 있을 땐 10분이 1시간 같다"고 익살맞게 대답하던 것과 같은 맥락입니다.

요즘 미국에서는 학교뿐 아니라 기업에서도 브레인 스토밍을 자주 합니다. 이럴 때 어떤 회사에서는 파티를 열거나 아예 호텔이나 수영장을 전세내서 직원들이 신나게 놀면서 아이디어를 주고받기도 합니다. 떠들고 웃는 모습이 외부 사람이 보기에는 완전히 정신없이 노는 철부지 어린아이들 같아 보입니다.

스트레스를 받으면 결코 창의력이 샘솟지 않는다고 합니다. 따지거나 놀림당하거나 야단맞을 걱정에서 훨훨 벗어나 마음이 자유로울 때 새롭고 기발한 생각이 떠오른다고 합니다.

회의라고 하면 넥타이 매고 앉은 사람들이 심각한 얼굴로 엄숙하게 회의록을 들여다보며 진행하는 것만 떠올리던 구세대가 보면 한편 부럽기도 하고, 한편 걱정스럽기도 할 것입니다. 하지만 좋든 싫든 바로 이런 모습이 앞으로 우리 자녀들이 살아갈 모습입니다.

일과 놀이의 구분이 모호해지면 원래 고정된 틀을 싫어하던 사람들은 신바람이 납니다. 기분 내킬 때 며칠 밤을 꼬박 새고 몰두하다가 일이 끝나면 연거푸 밀린 잠을 자는 직업이 있다면 이들에게는 그야말로 '환상적'인 직업이 될 것입니다. 그러나 어떤 사람들은 체질적으로 고정된 규율과 질서가 없으면 불안해 하기 때문에 끝이 분명하지 않거나 몇 년씩 걸리는 프로젝트를 맡으면 책임감과 완벽성 때문에 잠시도 놀지는 못하고 내내 스트레스를 받을 수 있습니다. 간혹 과로사로 쓰러지는 사람들이 대개 놀지를 못하고 놀 때도 일만 생각하는 사람들입니다. 적당히 쉴 기회를 자기에게 허용하지 못하며 아무리 열심히 해도 아직 부족한 것 같아 마음을 놓지 못하기 때문에 무리를 하는 것입니다.

그러나 어떤 유형이라도 젊어 한때 반짝 일해서 일확천금을 잡으려 하지 않는다면 모두 젊을 때부터 건강에 관심을 갖고 일과 놀이의 균형을 지켜야 지속적으로 발전하고 성공할 수 있습니다. 2002년 8월 27일 세계경제포럼에서 아시아를 이끌 차세대 리더를 선정, 발표했는데, 그 가운데 한국 대표들은 모두 하루 평균 6시간을 자고, 대개 아침 6시에 일어난다고 합니다. 또 종교, 가정 환경, 학력, 직업, 수입 등은 각양각색이지만 달리기, 골프 같은 운동을 하고, 담배를 안 피우고 술을 별로 좋아하지 않는다는 공통점을 갖고 있었다고 합니다. 이들은 또 직업 외에 축구, 승마, 육상, 전통무용 등 특기나 취미 활동에 뛰어나고, 어려서부터 부모님이 항상 남을 배려하는 사람이 되라고 가르치셨다며 돈보다 인간을 더 중시하는 가치관을 가졌다고 합니다. 또 "일이 재미있어 열심히 하다 보니 돈이 따라오더라"면서 이구동성으로 일을 놀이처럼 즐겁게 여기는 것을 알 수 있었습니다.

일과 놀이 사이에 균형을 이루고 자신의 업무 유형에 따른 리듬을 창출하는 것이 중요합니다. 그래야 장기 목표도 성취할 수 있고 목표를 이룬 다음에도 탈진하지 않고 더 큰 목표를 향해 발전할 수 있습니다. 아이들이 컴퓨터 게임한다고 무조건 야단치기보다 2시간 게임하려면 적어도 2시간은 독서나 운동 등 다른 활동을 한 뒤에 하라고 균형잡힌 제안을 하는 것이 어떨까요?

일과 놀이가 불분명한 것은 기성세대로서는 아주 받아들이기 힘든 변화입니다. 어른들은 일하지 않으면 생계에 위협이 닥칠 거라는 공포심 속에서 자라났습니다. 일 안 하는 시간은 낭비하는 시간이라는 죄책감을 갖는 사람도 많습니다. '노는 것은 나쁜 것'이라는 무의식에 지배를 당하고 있는지도 모릅니다. 그래서 놀아도 몰래 놀거나 마치 일하는 것처럼 위장하며 놉니다.

 **분석코너**

일과 놀이를 구분하는 대신 둘 사이의 균형을 찾자

일과 놀이의 구분이 없다면 일 중독과 백수건달의 양극으로 치달을 위험이 있습니다. 일과 휴식의 균형이 깨지면 몸과 마음에 병이 듭니다.
자녀도 마찬가지입니다. 이런 건강하지 못한 생활에서 벗어나려면 하루에 적어도 한두 시간은 세상일을 모두 접어놓고 자녀와 함께 얘기하거나 노는 시간을 가지십시오. (집과 일터의 거리를 줄여보세요. 교통 지옥에서 빼앗기는 시간만큼 부모님 자신과 자녀에게 여유로움을 선사할 수 있게 됩니다.)

특히 맞벌이 부부라면 하루에 단 30분이라도 자기만의 시간을 갖도록 하세요. 밤에 잠들기 전 30분이나 아침에 눈뜬 뒤 30분도 좋고, 이 시간을 15분씩 둘로 나눠도 좋습니다. 잠깐의 휴식이나 명상, 음악 감상, 또는 운동 등도 자기만을 위한 휴식이 됩니다. 하루 중에 이런 틈을 도저히 낼 수 없거든 주말에라도 여가 시간을 만드십시오. 이렇게 긴장과 이완을 규칙적으로 하면 생활에 리듬이 생기고 신체 리듬도 살아납니다.

어떤 집에 가보면 온 식구가 활기 넘치면서도 각자 맡은 일을 잘 해내는가 하면 어떤 집은 피곤에 절어 서로에게 짜증을 내는 모습을 볼 수 있습니다. 특히 자녀가 사춘기 때에 집안 분위기가 어둡고 스트레스에 짓눌려 있다면 자녀가 집에 마음을 못 붙이고 밖으로 겉돌게 될 것입니다.

새시대에는 자기 일을 만들어 하는 사람이 즐겁게 일하면서 성공도 합니다. 남이 시키는 일을 하기 싫어도 억지로 눈치봐 가며 일하던 구시대와는 생존 방식 자체가 다릅니다. 직장은 '억지로 일하는 곳'에서 '내가 하고 싶은 일을 하는 곳'이라는 뜻으로 바뀌고 있습니다. 벤처란 '내가 하고 싶고, 내가 잘 하는 일을 만들어 하는 일'입니다. 일은 즐겁게 해야 자꾸 창의적인 아이디어가 나오고 경쟁력이 붙습니다. 그래서 선진국에서는 공부를 즐겁게 하는 방식으로 신교육을 하는 것입니다. 우리 집에서부터 공부를 즐겁게 할 수 있는 여건을 만든다면 비싼 유학 비용을 들이지 않고도 선진국형 자녀 교육을 할 수 있습니다.

부모님 자신부터 일과 놀이의 균형을 잡아 생활 리듬을 가져야 자녀에게도 놀이와 공부 사이에 균형을 갖게 해주실 마음의 여유가 생깁니다. 직장에서 에너지를 몽땅 탈진한 뒤에 집에 오지 마세요. 자녀와 대화하고 놀 여력도 좀 남겨두셔야 합니다. 이렇게 하는 것이 부모님과 자녀의 정신·육체 건강을 지켜줄 뿐 아니라 평생 교육과 평생 발전의 원동력이 되어줄 것입니다.

인류학자들의 연구에 따르면 수렵·채취시대에는 하루에 2시간만 일하면 하루 먹을 양식을 구할 수 있었고 나머지 시간은 놀이와 잡담 등을 하며 보냈다고 합니다. 농경시대에도 가을 추석 때까지 바쁘고 겨울에는 두어 달 동안 잔치와 놀이로 시간을 보내며 봄까지 휴식을 취했습니다. 이렇듯 우리는 일하기 위해 놀기도 하고, 반대로 놀기 위해 일하기도 했지만 산업화는 연중무휴 언제나 기계를 돌릴 수 있기 때문에 일과 놀이의 균형이 심하게 파괴됐습니다.

그래서 산업화를 이뤄낸 기성세대는 정보시대에 일과 놀이를 모호하게 하거나 조금 일하고 많이 놀려는 신세대를 이해하기 어렵습니다.

만일 부모님께서 놀이를 낭비로 보는 사고방식을 가지고 있다면 자녀가 어릴 때 치명적인 상처를 줄 수 있습니다. 아이들은 부모님과 함께 놀고 싶어하고 부모님 곁에서 자고 싶어하는 게 자연스러운 순리인데, 부모님은 일하느라 바쁘다고 아이를 멀리하고, 또 쉴 때는 너무 피곤하다고 아이를 멀리합니다. 결국 아이들은 스스로를 쓸모없고 거추장스러운 존재로 느끼게 됩니다.

자녀가 커서 학교에 다니게 되면 부모님들은 아이가 노는 모습을 볼 때 공부할 시간을 낭비하는 것 같아 초조해지기도 합니다. 하지만 부모님께서 놀이를 부정적으로 대하실 때 자녀는 일 중독이나 게임 중독에 빠지기 쉽습니다. 놀 때는 확실히 즐겁게 놀고, 공부할 때는 공부에 집중할 수 있는 습관이 어려서부터 몸에 배면 자신의 신체 리듬을 존중하고 즐겁게 일하면서도 오래 건강하게 살 수 있습니다.

간편함을 선호한다

　서울 압구정, 뉴욕의 5번가, 파리의 패션가에 가보면 쇼윈도에 걸린 옷들의 색상이 대부분 단색이고 모양도 아주 단순하다는 것을 알 수 있습니다. 회색, 흰색, 검정색은 지난 5년 동안 변함 없이 가장 인기있는 옷 색깔이라고 합니다.

　어떤 사회학자는 정보가 쉴 새 없이 쏟아지고 생활이 빠르게 변하니까 눈이라도 편하게 해주려고 옷과 가구가 단순해질 수밖에 없다고 얘기합니다.

　요즘 아이들은 말까지도 아주 단순화합니다. 웬만한 말들은 줄이거나 붙여서 어느 나라 말인지 모를 때도 있지요. 특히 인터넷으로 말을 주고받는 채팅이나 전자 우편을 이용할 때는 자판기 두드리는 시간을 줄이기 위해서 단어까지 줄여 씁니다.

연필코너

학부모님께서 신세대 자녀들의 언어를 얼마나 잘 알고 계신지 테스트해 보십시오. 지금 연필로 아래 항목 중 뜻을 아는 단어에 표시(☑)를 해보십시오.

☐ 안냐세요　　☐ 방가방가　　☐ 즐통
☐ 멜　　　　　☐ ㅁ　　　　　☐ 설강남역
☐ 글면　　　　☐ ㅠ.ㅠ　　　　☐ 빠2
☐ 엘사세염　　☐ ~~m^^m~~

 연필코너

해답

안냐세요	안녕하세요?
멜	메일, 편지
글면	그러면
엘사세염	어디에 사세요?
설강남역	서울 강남역에 삽니다.
방가방가	대단히 반가워요.
ㅁ	'음' 하고 뜸을 들이는 표현
ㅠ.ㅠ	폭포수 같은 눈물
~~M^^M~~	(기분 좋을 때 쓰는) 슈퍼맨이 날아가는 모습
빠2	굿바이
즐통	즐겁게 통신하세요

　자, 자녀들의 언어를 얼마나 알고 계셨나요? 인터넷의 세계는 커뮤니케이션의 세계입니다. 격식을 차리다가 뒤처지거나 외면당하기보다 서로 쉽게 뜻이 통하는 게 중요하므로, 인터넷을 주로 사용하는 우리 자녀들이 자꾸 말을 줄이게 되는 거지요.

　그런데 이런 시대 흐름을 관대하게 인정해 주시는 분들이 있는가 하면, 어떤 분들은 신세대의 언어 문화를 호되게 비판하십니다. 물론 아름다운 우리말을 지키고 언어를 바르게 사용해야 되겠지만, 시대 변화와 필요성에 따라 자녀들이 말을 줄여 쓰는 게 불가피하다면 부모님들도 변화한 상황을 받아들이고 자녀의 언어를 이해하려고 노력하셔야 하지 않을까요?

부모님께서 여유를 가져야 자녀와의 대화가 가능합니다. 하지만 부모님들은 여유가 별로 없습니다. 일이 바쁘고, 만날 사람도 많고, 그러다 보니 몸이 고달프기 때문이지요.

선생님들은 입을 모아 말합니다. 학생들이 노는 것, 말하는 것, 행동하는 것을 보면 집에서 부모님이 어떻게 생활하시는지가 그대로 드러난다고 말입니다.

지금 우리 자녀가 행복한지 한번 살펴보세요. 자녀가 짜증을 잘 내는지, 표현을 잘 안 하는지, 물건을 잘 집어던지는지, 다른 아이와 잘 싸우는지, 욕을 잘 하는지, 우울한지……

그리고 지금 부모님 자신이 정녕 행복하신지 스스로 물어보시기 바랍니다.

결코 모두 부모님 탓이라는 뜻은 아닙니다. 부모님들도 어쩔 수 없는 상황에서 스트레스를 받을 때가 많고, 알면서도 못하는 표현도 많고, 싸움 외에는 다른 도리가 없게 느껴질 때도 많습니다.

중요한 것은 지금 이 순간부터라도 아이들을 행복하게 해주고 부모님들도 행복해질 방법이 분명 있다는 것입니다. 가장 확실한 방법은 생활을 단순하게 하는 것입니다. 특히 자녀가 어릴수록 부모님의 생활이 단순해져야 합니다.

자녀에게 행복을 주는 방법은 부모님 중 적어도 한 명은 시간에 쫓기는 생활을 선택하지 않는 것입니다. 집 사고 차 사는 것은 잠깐의 행복을 줄지언정 지속적인 행복감을 주지는 못한다는 연구가 있습니다.

여러분의 자녀를 침착하고 분별력 있고 사려 깊은 사람으로 키우고 싶으면 부모님 생활을 되도록 단순 소박하게 해야 합니다. 생활이 단순해야 여유가 생기고, 여유가 있어야 자녀의 실수를 성장의 계기로 너그럽게 받아들이실 수 있습니다. 그렇다면 어떻게 해야 부모님의 생활을 단순화할 수 있을까요?

먼저 집 안 인테리어를 단순하고 소박하게 꾸며보십시오. 환경이 단순해지면 부모님의 마음가짐과 생활도 한결 단출해질 것입니다.

가구, 장식장, 전자제품, 옷가지, 신발, 장난감, 그릇 가운데 꼭 필요한 것을 빼곤 모두 없애보세요. 용인 민속촌이나 지방마다 있는 생활사 박물관에 가셔서 불과 50년 전까지만 해도 우리 생활이 얼마나 단출했는가를 참고하셔도 좋습니다.

 **연필코너**

빼도 될 만한 집 안의 '군살'

집 안에 있는 불필요한 물건을 아래에 적으십시오. 그리고 매주 한 가지씩 버리십시오.

- 거실에 있는 물건

  _____

- 화장실에 있는 물건

  _____

- 안방에 있는 물건

  _____

- 기타

  _____

 분석코너

서양의 상류층에서 유행하는 풍수지리

요즘 서양에서는—특히 상류층에서는—인테리어와 주택에 풍수지리 사상이 크게 유행하고 있습니다. 명문 대학의 건축학과에서 풍수를 교과목으로 가르칠 뿐 아니라 조경 전문가, 주택 개발업자, 부동산 중개인들도 풍수지리에 관한 지식이 있으면 프리미엄을 몇 배로 더 받습니다.

미국의 갑부 개발업자 도널드 트럼프도 초호화판 카지노를 지을 때 풍수 자문을 구한 것으로 유명하고 할리우드의 줄리아 로버츠, 해리슨 포드 등 유명인들도 풍수 역학에 맞게 집단장을 한 것으로 알려졌습니다.

그런데 서양의 엘리트들이 가장 선호하는 주택 모양과 실내 장식은 '단순, 소박형'입니다. 조경도 자연친화적인 쪽으로 바뀌고 있습니다.

1980년대까지만 해도 미국의 부유층들은 집 안에 '없는 것 없이' 갖춰놓고 살았습니다. 그러나 요즘 이런 집들은 '기가 통하지 않는다'는 이유로 풍수 전문가들에게 타박을 받습니다.

실제로 이혼하는 집들을 살펴보면 대개 집 안에 가구가 꽉 차 있거나 부부 침실이 터무니없이 크고 호사스러운 집이라고 합니다. 화기애애한 분위기가 크고 화려한 가구에 막히거나 분산되기 때문에 가정에 불화가 생긴다는 것입니다.

그리고 잔병치레를 많이 하는 아이들 침대 밑을 들여다보면 하나같이 장난감과 인형들로 꽉 차 있다고 합니다. 꼭 눈에 보이지 않는 '기'를 끌어들여 설명하지 않더라도 먼지에 뒤덮인 장난감과 인형들이 아이가 잠자는 긴 시간 동안 호흡기에 좋은 영향을 줄 리가 없겠지요.

한편, 부모님이 여유를 가지려면 능력을 키우든가 일을 줄이는 수밖에 없습니다. 일에는 생계를 위한 것 외에도 가사, 사교, 접대 등 여러 종류가 있지만 소중한 것과 급한 것에 따라 우선 순위를 1, 2, 3까지만 정하고 나머지는 생략하는 습관을 가져보세요. 놀랍게도 여유를 누리면서도 훨씬 큰일을 이룰 수 있을 것입니다.

우리 집의 행복지수를 알고 싶으시면 자녀가 혼자 있을 때 밖에서 집으로 전화를 걸어보세요. 타인의 입장에서 자녀의 목소리를 들어보면 우리 집의 행복지수를 쉽게 알 수 있습니다. 부모님이 맞벌이로 아주 바쁜 집의 자녀는 활기가 없고 목소리가 작습니다. 무뚝뚝한 목소리에 짜증이 섞여 있기도 하고 전화를 빨리 끊으려 합니다.

이와는 대조적으로 또랑또랑한 목소리로 반가움에 생기가 넘치며 자기가 원하는 것을 애교 있게 부탁하거나 엄마가 부탁할 것 없느냐고 되물을 여유까지 있다면 그 가정의 자녀들은 부모님한테 사랑을 흠뻑 받고 있어서 행복지수가 아주 높다는 것을 알 수 있습니다.

로마가 하루 아침에 이루어지지 않았듯이 화목한 가정도 하루 아침에 이루어지지 않습니다. 그러나 매일 한 번씩이라도 웃음이 쌓이면 반드시 변화가 옵니다. 웃음은 마음의 여유에서 나오고 마음의 여유는 쓸데없는 일을 줄이는 데서 얻을 수 있습니다.

이분법은 NO!

여당-야당, 친일-반일, 공산-반공, 성스러움과 속됨, 아름다움과 추함, 고급과 싸구려, 성녀와 창녀……. 이렇듯 학부모님께서 학생이었던 시절은 흑백 논리의 시대였습니다. 이것 아니면 저것으로 세상을 구분하는 것은 구시대의 사고방식입니다. 옳은 건 옳고 그른 건 그르다. 간단합니다. 이런 단순한 사고방식은 생각을 굳게 합니다. 검은 건 검고, 흰 건 희다는데 무슨 다른 말이 필요하냐고 윽박지으면 그만입니다. 구시대에 통하던 방식입니다.

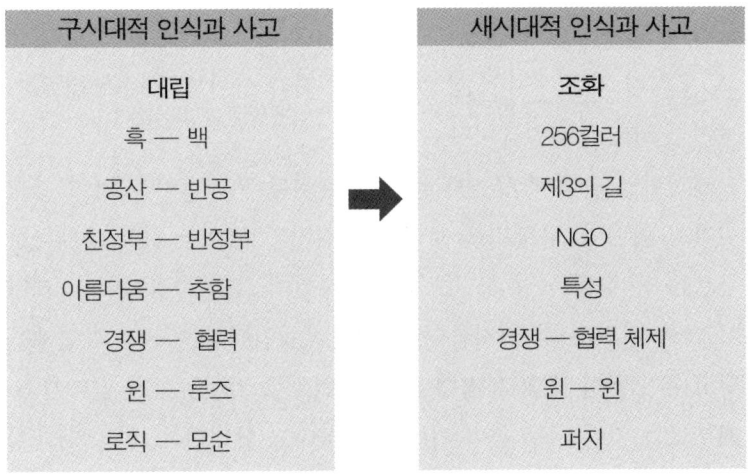

이제는 흑백 논리가 지배하던 시대가 지나갔습니다. 애매모호, 알쏭달쏭한 것이 유행이자, 하나의 사고방식의 틀(패러다임)로 자리잡았고 앞으로도 이런 퍼지 논리가 우리 생활 곳곳에 스며들 것입니다. 우리가 쓰는 세탁기에도 아예 퍼지라는 작동 버튼이 있지 않습니까? 퍼지(fuzzy)의 시대란 무엇일까요? 이렇게 보면 이렇고, 저렇게 보면 저런 것이 둘 다 공존해서 한마디로 정의내리지 못하는 애매모호, 알쏭달쏭한 것이 퍼지입니다. 퍼지란 쉽게 말해 여러 상반된 요소가 섞여 있는 상태입니다.

인기 가수 마이클 잭슨은 퍼지시대에 맞는 연예인입니다. 흑인

인지 백인인지, 여자인지 남자인지, 어른인지 아이인지, 가수인지 댄서인지 모를 상반된 여러 요소들이 묘하게 조화를 이루어 자꾸 사람들의 눈길을 끄는 사람이 그입니다. 이런 퍼지 요소 때문에 그의 인기가 몇십 년 지속된다고도 합니다.

그 밖에도 변호사인지 코미디언인지, 운동선수인지 모델인지, 사업가인지 교수인지, 가수인지 건축가인지, 예전 같으면 전혀 어울리지 않을 상반된 일을 아주 자연스럽게 하는 사람들이 점점 늘고, 오히려 그런 사람이 한 가지 일만 하는 사람보다 더 능력 있어 보이는 시대가 되었습니다.

세계적인 슈퍼 스타 안드리아 보첼리도 퍼지스러운 면이 매력이라고 합니다. 유행가를 부르다가 갑자기 정색을 하고 오페라를 부르는 등 경계를 넘나드는 독특한 창법이 그의 특징입니다. 게다가 그의 경력은 더 퍼지합니다. 시각장애인이라는 신체적 한계를 딛고 부모님의 뜻대로 법대에 가서 변호사 자격증까지 땄다가 노래부르는 것이 너무 좋아 가수가 되었다고 합니다. 그는 엔터테이너일까요, 전문 지식인일까요? 알쏭달쏭합니다.

한국에서도 마찬가지입니다. 신지식인 1호로 불리는 심형래 씨는 코미디언이자 영화 제작자이고 국제 사업가면서 어쩌면 정치인이 될지도 모릅니다.

퍼지시대에는 논리적이고 따지기 좋아하는 사람들이 힘들어 합니다. 학교 때 위력을 발휘하던 논리력과 분석력이 잘 안 통하는 게 퍼지 논리니까요. 반대로 예술가 기질이 강한 사람들은 물 만난 물고기처럼 편안함을 느낄 것입니다. 논리보다 직관이나 감성으로 '감을 잘 잡는' 사람이 퍼지에 강합니다.

저희가 앞서 여러 번, 21세기에는 우리 자녀 모두에게 희망이 있다고 강조했습니다. 퍼지만 보더라도 범생이들보다 잘난 점이 하나도 없을 것 같은 날라리들이 강하지 않습니까? 물론 논리와 분석력이 뛰어난 우등생들이 잘 해낼 일도 무궁무진하게 많으니 걱정 없습니다. (자녀 특성별로 적합한 유망 직업은 부록을 참조하시기 바랍니다.)

 분석코너

퍼지 논리

퍼지 논리(fuzzy logic)라는 말은 미국의 어느 수학자 때문에 유명해졌습니다. 저희는 몇 해 전에 그의 강연을 들을 기회가 있었는데, 요약하자면 판단 기준이 단순할 때는 이거냐 저거냐로 양분할 수 있지만 이제는 기준이 너무나 다양하고 너무나 빨리 변하기 때문에 이것도 되고 저것도 되는 퍼지 논리가 세상을 지배한다는 것입니다.

저희는 여러 나라를 다녀볼 기회가 있었는데 그러다 보니 한국인이 가진 장점과 취약점을 비교적 여러 각도에서 생각해 볼 수 있었습니다. 한국인의 품성 중에는 묘하게 21세기에 잘 맞는 것이 많다고 보는데 그중에서도 퍼지는 한국인의 정서에 잘 어울리는 것 같습니다. 이를테면 '미운 정 고운 정'이라는 말처럼 상반된 것을 다 포용하면서 한 차원 높은 인간 관계를 맺는 것이 그렇습니다. 그리고 웃는지 우는지 모르겠는 하회탈의 모습, 노래부르면서 모 심고 김 매던 농사 문화, 웃다가 울다가 일하며 스트레스 풀던 빨래터의 아낙들……. 이 모두 서구식 이분법 문화로는 이해가 안 되는 매우 퍼지스러운 예입니다. 이미 우리 문화 속에 깊이 뿌리박혀 있는 퍼지 방식은 이분법 논리에 수백 년 길들여진 서구인들이 가장 힘들어 하는 유연성과 포용력을 아주 쉽게 구사할 수 있게 해줍니다.

르네상스 칼라

　예전에는 한 우물을 파지 않고 한 직장에 오래 못 붙어 있는 사람은 성격적 결함이 있다고 여겨졌습니다. 그러나 이제는 한곳에만 머물고 싶어도 그럴 수가 없는 경우가 많아졌습니다.

　Y2K 바이러스 비상을 예로 들어봅시다. 미국 콜로라도 주에는 Y2K 바이러스 비상 사태에 대처할 인력으로 인도와 한국 등지에서 불러들인 컴퓨터 프로그래머가 많은데 이제 그들이 필요없게 되어 회사도, 취업 이민한 사람들도 모두 난처해 하고 있습니다. 한국에서도 1999년 12월 31일까지 크고 작은 기업들의 Y2K 전문가들은 '부르는 게 값'일 정도로 좋은 대우를 받았습니다. 그러나 2000년 1월 초까지 전세계적으로 별 문제가 생기지 않자 불과 한두 달 만에 월급 받기조차 민망할 정도로 찬밥 신세가 되어버렸다고 합니다.

　1999년 12월 31일 CNN에서 빌 게이츠를 인터뷰했는데 컴퓨터의 황제인 그도 Y2K 바이러스가 어떤 문제를 일으킬지 예상을 못하겠다고 했으니, 이렇게 예측을 허락하지 않는 21세기 현실에서 짧은 기간에 직장을 잃거나 바꾸는 게 흉일까요?

　프리텔 이상철 사장은 "인터넷은 끊임없이 모였다 헤쳤다를 반복하며 살아 있는 세포처럼 자생적으로 시작되어 스스로 변화하는" 특징을 지녔다고 말합니다. 이런 시대에 생존력은 곧 변화에 쉽고 빠르게 적응할 수 있는 능력이겠지요.

　산업시대 공장의 육체 노동자를 블루 칼라로 부르는 것과 대조해서 펜대를 굴리는 사무직을 화이트 칼라라고 불렀습니다. IMF 이후 대기업의 화이트 칼라는 급속히 인기가 떨어졌고 그 대신 창의력과 아이디어로 승부를 거는 골드 칼라가 부상했습니다.

그런데 요즘은 한층 더 나아가 다양한 분야에서 경험을 쌓아 여러 직장과 직종에 적응할 수 있고, 변화에 대한 감각과 적응력이 뛰어난 르네상스 칼라가 급속히 떠오르고 있습니다. 앞으로는 이런 사람들이 살아남을 것이고 한 가지 방식, 한 직장만을 고집하다가는 도태되고 말 것입니다. (단, 확실한 신념과 굽히지 않는 의지로 꼭 한 분야를 개척하고 싶은 사람은 예외입니다.)

살아 있는 르네상스맨의 예를 들어보겠습니다. 인터넷 업계의 '영웅 신화'를 만들어낸 야후 코리아의 염진섭 사장은 1997년 직원 5명으로 시작한 회사를 2년 만에 시가총액 2조~10조 원의 기업으로 키운 주인공입니다. 4년 만에 연봉 15만 달러(약 1억 8천만 원)를 받기도 했고 첫해에 받은 스톡 옵션만도 1백억 원이 넘었다고 합니다.

1976년 말 영문과 졸업반이었던 그가 들어간 첫 직장은 국제상사 전자수출부. 전자공학 전공이 아니었지만 영어를 잘 해 발탁된 것입니다. 그후 개인 사업에 실패도 해보고, 1984년엔 럭키금성 컴퓨터 수출과장, 1986년엔 삼보컴퓨터 해외사업부 부장, 1995년에는 소프트뱅크 코리아 총괄 전무이사, 1997년 야후 코리아 설립자 등 다양한 경력을 섭렵했습니다.

하버드 경영대학원에서 야후 코리아의 성공 요인이 무엇인지 알아보려고 한국에 온 적이 있었는데 당시 염진섭 사장이 한 말은 간단했습니다.

"기본에 충실했다."

유연성과 순발력이 키워드인 퍼지 세상일수록 기본이 탄탄해야 합니다. 모순처럼 들리는 이 말이 사실인 것 또한 퍼지시대의 특징입니다.

상반된 음양이 조화를 이루어 새로운 것을 창출하는 시너지 효과가 중요합니다. 퍼지시대의 창의력이란 다양함을 소화해 내는 능력을 가리키는 것이기도 합니다.

이런 변화에 맞추어 대학에서도 다양한 선발 기준을 마련해서 전공을 바꾸어본 사람, 복수 전공을 한 사람, 유학을 갔거나 자원 봉사로 여러 나라의 여러 문화권 사람과 일해 본 사람, 프로급으로 취미 생활을 즐기는 사람들을 정원의 일부로 포함시키고 있습니다. 물론 시험 성적만 우수한 사람들이 들어설 자리는 다소 좁아지겠지만, 대학 캠퍼스에서 다양한 인재들과 함께 생각의 폭과 깊이를 확장시켜야 졸업 후에도 기업이 요구하는 인재로 일할 수 있습니다.

자녀를 르네상스인으로 키우고 싶다면 학원비 낼 돈으로 차라리 여행 등 다양한 현장 체험을 하게 하는 게 어떨까요? 워튼 경영대학원에서 전세계의 최고 경영자들을 가르치는 교수이자 『소유의 종말』이라는 책을 쓴 제레미 리프킨 박사는 소유의 시대였던 산업시대는 끝났으며, 21세기는 인터넷 접속, 영화, 체험, 놀이, 관광, 문화 산업 따위 '무게 없는 경제'가 세상을 주도한다고 말합니다. 학교에 앉아 머릿속에 주워담는 '지식'은 21세기 경제 활동에는 전혀 쓸모가 없으며, 감각과 체험 기억이 생산적 가치를 창조해 낼 것이라는 뜻입니다.

미국의 초·중·고교와 대학은 '손으로 직접 해보는(hands-on)' 실습에 많은 시간을 할애합니다. 우린 학교 공부도 모자라 학원까지 보내서 죽은 지식을 머리에 잔뜩 집어넣느라 돈 들이고 아이들 고생시킵니다. 선진국 교육은 미국행 비행기를 타는 데서 출발하는 것이 아니라 우리 집 안방에서부터 시작할 수 있습니다. 부모님의 발상 전환만 있다면…….

퍼지시대에는 일류 지향주의자와 권위주의자들이 살기 힘들어집니다.

반대로 역할의 다양성을 인정하고, 상반된 것도 포용할 줄 알고, 상황에 맞게 순발력과 재치를 구사할 줄 아는 사람이 직장에서도 가정에서도 즐겁게 삽니다.

변화에 적응할 뿐 아니라 변화를 이끌어가는 능력이 새시대의 생존력입니다.

새시대에 어울리는 멋진 엄마, 아빠가 되시려면 다능력주의를 인정하고 유머 감각을 키워야 합니다. 그런 부모님을 보고 자란 자녀들도 자연히 사회에서 사랑받고 대우받는 유능하고 매력 있는 사람으로 커나갈 것입니다.

다양한 사람들을 사귄다

N(인터넷)세대가 사람 사귀는 모습을 보면 기성 세대들은 놀랍기도 하고 두렵기도 합니다. N세대의 인간 관계는 다음과 같은 특징을 갖고 있습니다.
- 쉽게 친해지고 쉽게 헤어진다.
- 경쟁자끼리도 협력한다.
- 한식구보다도 인터넷으로 알게 된 낯 모르는 사람과 더 많은 글을 주고받는다.

구세대의 눈에는 뿌리가 없고 종잡을 수 없는 이런 인간관계를 N세대들은 오히려 즐기고 긍정적으로 보는 듯합니다.

"부담이 없잖아요."

어느 여대생의 말입니다.

"나이, 학번, 군번 따위로 처음 보는 사람에게 굽실거릴 필요가 없어서 좋습니다."

어느 남자 대학생의 말입니다.

인터넷은 이미 거스를 수 없는 대세로 우리의 삶을 지배하고 있습니다. 1999년 한국 가정의 컴퓨터 보급률은 51.8%로, 두 가구 중 한 가구는 컴퓨터를 보유하고 있습니다. 국내에 인터넷 서비스가 보급된 것은 1993년이고, 1998년까지만 해도 사용자는 겨우 3백만이었는데 10개월 만에 다시 2배가 증가해서 6백만이 되었고, 2002년 상반기에는 이미 2천만 명을 넘었습니다.

정보시대는 『노자』에 나오는 화광동진 같은 시대입니다. 정보는 빛처럼, 먼지처럼 곳곳에 빨리 고루 퍼지기 때문입니다. 인터넷을 보십시오. 인터넷에서 만나는 사람은 아이디어, 즉 생각으로 만납니다. 인터넷 세계에서는 직업, 학력, 수입, 외모, 성별, 사는 동네 따위가 상관 없습니다. 인터넷 안에서 네티즌들과 만날 때 머리 빗고, 화장하고, 고급 옷 입고 할 필요가 없습니다.

인터넷은 사회를 수평 구조로 만듭니다. 수평 구조의 사회에서 무엇보다 중요한 것은 커뮤니케이션 능력이지요.

인터넷 세상에서 잘 사는 으뜸 방법은 '서로 칭찬하면서 같이 성장하는 인간 관계'입니다. 이것이 바로 열린 사회의 인간관이며 선진국형 삶입니다. 학연, 지연, 혈연 등으로 꽁꽁 묶인 닫힌 사회가 아닌 확~ 열린 사회에서는 싫다는 사람 붙잡아놓을 방도가 없기 때문에 같이 한 공간에 있는 동안에는 서로 기분 좋게 지내자는 게 기본입니다.

열린 사회에서 휴먼 네트워크가 중요한 또 하나의 이유는 '정보의 바다'에서 혼자 헤엄치는 것보다 자기에게 부족한 능력이나 지식이 있는 사람과 협력하는 것이 생존력을 높이기 때문입니다. 한 번 알면 지구 반대편에 있다 하더라도 굳이 만나러 오가지 않아도 인터넷을 통해 무궁무진한 아이디어와 기술, 정보 등을 나눌 수 있기 때문에 휴먼 네트워크의 위력이 성공을 좌우한다는 것입니다. '나 홀로 최고'를 고집하는 독불장군이나 '네가 죽어야 내가 산다'는 경쟁 의식만으로는 아무것도 이룰 수가 없습니다. 너도 좋고 나도 좋은 윈-윈 방식이 21세기의 생존력을 높여줄 것입니다.

수평적 사회에서는 남의 말을 경청할 줄 알고 남의 처지를 헤아릴 줄 아는 사람이 환영받습니다. 또 괴짜들도 남보다 잘난 척만 하지 않으면 그런대로 무난하게 지낼 수 있습니다. 그러나 논리를 앞세우며 자기만 옳다고 확신한다면 따돌림을 받을 수 있고, 막판 뒤집어엎기를 해서라도 자기 주장 쪽으로 끌고가는 사람들은 미움을 받습니다.

수평적인 마음가짐이 없으면 상대를 배려할 수가 없습니다. 대접받아 마땅하다고 고자세를 가지는데 배려가 나올 리 없지요. 고개를 빳빳이 세운 사람에게는 남의 사정을 두루 헤아릴 아량이 생기지 않습니다. 반대로 상대가 나보다 높다고 하면 잘 보이려고 마음에 없는 말도 하게 됩니다. 아부는 마음에 없는 것을 지어내는 거짓입니다.

커뮤니케이션은 어려운 게 아닙니다. 상대방에 대한 배려와 정직, 이 둘이 기본입니다. 아무리 영어를 유창하게 하더라도 상대방에 대한 배려와 정직이 없으면 인간 관계는 끝장입니다.

요즘 영어 조기 교육이다 해와 연수다 해서 말 잘하는 것을 가르치려고 애쓰는데, 어려운 단어 한 마디보다 상대를 배려하고, 정직하게 말하는 것을 먼저 가르쳐주는 편이 자녀의 생존력을 높여주는 길입니다.

3
아이의 유형을 아는 부모가 인재를 만든다

그렇다면 과연 부모님과 자녀 모두 성취감을 얻을 수 있는 자녀 교육 전략은 무엇일까요? 지금 당장도 좋고 먼 앞날에도 가치 있는 교육은 과연 어떤 것일까요?

이 질문에 가장 적합한 답을 찾고 싶으시다면 자녀의 특성을 파악하셔야 합니다. 현재 자녀가 초·중·고교 학생이라는 가정 아래 자녀의 특성을 가장 쉽게 알아볼 수 있는 방법은 공부하는 모습과 노는 모습을 보는 것입니다.

먼저 공부하는 모습을 보시라는 이유는 다음과 같습니다. 물론 공부가 인생의 전부는 아닙니다. 하지만 한국의 학생 가운데 공부하라 소리 안 듣고 자란 학생이 거의 없습니다. 반대로 잘 놀라는 말을 듣고 자란 학생은 아주 드무니 우선 공부하는 모습에서 실마리를 찾자는 것입니다.

1999년 통계청에 따르면 현재 한국 중고생의 92%가 대학 이상의 학력을 희망한다고 합니다. 97%의 학부모님들은 경제 능력만 허락한다면 딸, 아들 모두 대학 이상의 학력을 기대한다고 합니다. (이처럼 국민 모두가 갖고 있는 엄청난 교육열과 높은 교육 기대감이 이제까지 극심한 경쟁의 원흉이었습니다. 그러나 앞으로는 바로 이 교육열이 지식 기반 한국을 일으킬 희망입니다!)

요컨대 경제적 수준, 학력, 종교, 거주지 등 학생들의 다양한 요소 가운데 가장 확실한 공통 분모를 찾기 위해서 학습 유형을 살피자는 것입니다.

학습 능력, 학습 자세로 자녀 유형 파악하기

자녀의 학습 유형을 나누기 전에 몇 가지 사례를 들겠습니다.

이야기 하나 : 현준이는 대전의 모 중학교 2학년입니다. 어릴 때부터 까만 눈에 총기가 가득한 아이입니다. 보는 사람마다 "그 녀석, 참 재주가 뛰어나겠다"는 말을 수없이 했다고 합니다. 아버지는 국립연구소 연구원이고 어머니는 모범적인 가정 주부입니다. 현준이가 중학교 1학년 때까지만 해도 현준이 엄마와 아빠는 학교 성적이 상위권이고, 명랑하고, 호기심과 탐구력이 왕성한 현준이에게 별 걱정을 하지 않았다고 합니다. '이대로만 계속해 준다면 과학고를 거쳐서 자기가 가고 싶은 서울 명문대에 가겠지……' 하고 말입니다.

그런데 현준이가 중학교 2학년이 되면서 현준이 어머니는 자꾸 불안한 마음이 든다고 합니다. 학교 환경이 현준이를 키우는 데 너무 안 좋은 것 같아서입니다. 열린 학교다 뭐다 하면서 학교에서 가르치는 게 별로 없는 것 같고, 선생님들은 점점 의욕이 떨어지고, 간혹 덩치 큰 상급생들한테 돈을 뺏기기도 하고, 요즘은 글쎄 현준이네 반 아이들 중에 점심 시간에 학교 밖에 나가 점심 사 먹고 게임방에 가서 한두 시간 놀고 들어오는 아이들도 많다고 합니다. 이렇게 학교 분위기가 엉망인데도 수위 아저씨마저도 아이들이 담을 넘든 말든 못 본 체한다는 것입니다. 예전에는 공부 못하는 아이들이 기죽었는데 요즘은 현준이같이 공부 잘 하는 아이들이 기죽는 분위기로 변하는 것 같아 속상하다고 합니다. 이런 분위기 속에서 현준이가 혹시 잘못된 길로 엇나가지는 않을까 불안하다는 것입니다.

현준이 부모님은 현준이에게 "너만 그러지 마라" 하면 왕따를 당할까 봐 두렵고, "너도 그래라" 할 수도 없어 답답하다고 합니다. 그래서 요즘은 기회만 된다면 어디 조기 유학 보낼 만한 곳이 없을까 하는 생각을 자주 하게 된다고 합니다.

과연 현준이를 어떻게 지도해야 할까요?

이야기 둘 : 찬영이는 고1입니다. 초등학교 때까지는 반에서 1, 2등을 다퉜지만 중학교 때부터 공부에서 점점 멀어져서 지금은 중하위권이라고 합니다. 찬영이는 방송반 동아리 활동과 전자기타 치는 것에 '미쳐' 있습니다. 시험 때에만 벼락치기를 하니 성적이 자꾸 떨어집니다. 평소에 조금만 공부를 더 하면 분명 성적이 오를 텐데 부모님 말씀을 안 듣고 자기 하고 싶은 것만 해서 부모님 속을 썩이고 있다고 합니다.

찬영이를 그냥 내버려둬도 될까요?

이야기 셋 : 정민이는 중학교 3학년 여학생입니다. 딸애가 아무 특성이 없는 것 같아 정민이 어머니는 애가 탑니다. 공부도 별로, 키도 보통, 얼굴도 평범, 얌전하고 착하다는 것 말고 내세울 만한 점이 없는 것 같습니다.

착실한 편이라 학교도 잘 다니고 수학은 학원에 보내고 영어는 과외를 시키는데 성적은 늘 중위권에서 맴돕니다. 물론 인문계 고등학교에는 갈 수 있겠지요. 하지만 요즘은 개성과 특기가 있어야 잘 산다니 정민이 엄마와 아빠는 애가 탑니다. 어떻게 저렇게 무색무취, 평범한 딸을 두었나 한심한 생각마저 듭니다.

'차라리 머리 염색하고 건방떠는 아이들보다는 낫지' 하는 생각으로 위안을 삼을 때도 있지만, 정민이 어머니는 생기 발랄해야 할 사춘기 딸이 하루하루 시들시들해지는 것 같아 뭘 잘못 키웠을까 자꾸 자괴감이 든다고 합니다.

정민이의 문제는 무엇일까요?

이야기 넷 : 수빈이는 초등학교 4학년입니다. 성적은 꼴찌에서 세는 것이 빠른 편이죠. 수빈이 부모님은 아들 하나면 됐다 싶어 수빈이가 태어난 뒤에 곧 불임 수술을 했다고 합니다. 하나뿐인 아들이 아빠처럼 평범한 회사원이 되지 말고 과학자나 의사가 됐으면 좋겠는데 수빈이가 도무지 공부에는 흥미를 못 느낀다고 합니다.

수빈이 아빠는 처음에는 수빈이 엄마를 탓하다가 얼마 전부터는 직접 주말에 수빈이 산수를 가르쳐주고 있다고 합니다. 그런데 아빠가 아무리 열심히 가르쳐줘도 수빈이는 아빠의 설명을 잘 이해도 못하고 몸을 비비 꼬며 하품만 해댑니다. 아직도 구구단을 곧잘 틀리는가 하면 학습지는 반만 풀다 만 것이 수두룩하다고 합니다. 때려도 보고 선물로 달래보기도 하지만 그 효력은 반나절도 안 가니 속이 부글부글 끓는다고 합니다.

수빈이가 잘 하는 것은 게임이랍니다. 게임이라면 자다가도 벌떡 일어날 만큼 좋아하고 또래보다 훨씬 큰 형들과도 겨룰 만큼 수준이 높다고 합니다. 그러나 게임 잘 해봤자 무슨 소용이 있을지 한심할 따름이라는 거죠.

수빈이를 어느 대학, 어떤 학과에 보내야 할까요?

현준이, 찬영이, 정민이, 수빈이 부모님들의 고민은 20세기에 자란 부모님들이 21세기에 자녀를 키우면서 느끼는 공통적인 어려움입니다.

위에 든 사례는 부모님들께 직접 들은 이야기들입니다. 부모님들은 자녀가 공부를 잘 하든 못하든 모두 불안하다고 합니다. 그러나 부모의 입장을 떠나서 초점을 자녀에게 두고 보면 이야기 넷의 주인공들은 각각 개성이 있습니다. 네 명이 다 성격과 개성이 다른데 부모님들은 한 가지 목표만 기대하는 게 문제가 아닐까요?

"공부 잘 해서 좋은 대학에 가야 할 텐데……."

그러니 모두가 웬지 불안합니다. 날이 갈수록 자녀가 목표로부터 멀어지는 것 같아서 실망도 점점 커집니다. 어떤 변화가 필요할까요?

혹시 부모님의 목표에 자녀를 맞추고 계시는 건 아닌가요? 차라리 자녀의 특성에 따라 부모님의 전략을 바꾸셔야 하지 않을까요? 요즘 흔히 말하는 '특성화'란 바로 아이의 유형에 따라 학습 전략이 달라야 한다는 뜻입니다. 그리고 '다양화'란 학습 유형이 다른 아이들 모두가 성공할 때 비로소 나타나는 현상입니다.

다시 말해 자녀의 특성을 제대로 파악하는 게 급선무라는 것입니다. 자녀의 유형에 따라 부모님의 지도 방법을 달리 하시면 모두가 성공할 확률이 높아진다는 뜻입니다. 선진국의 교육이란 바로 이렇게 '나름대로' 성공할 기회를 열어주는 교육입니다. (단, 성공을 이루느냐 아니냐는 본인의 노력에 달려 있습니다!) 우리나라는 지금 과도기라서 학생, 학부모, 교사, 교육부가 모두 혼란 상태에 빠져 있습니다. 이 혼란 상태에서 가장 먼저 벗어나셔야 할 분이 바로 학부모님들입니다.

학생들은 아직 어려서 판단 능력이 부족합니다. 그리고 교육제도는 자녀가 크는 속도만큼 빨리 변하지 않습니다. (그리고 그렇게 졸속으로 변해서도 안 됩니다.) 무엇보다 제도란 만인에게 적용되게 해야 되기 때문에 우리 자녀의 특성에 맞춰 변하지 않을 것입니다. 또 제도에 희생이 된다 한들 부모만큼 마음 아파하거나 책임지지도 않습니다. 제도는 제도일 뿐입니다. 따라서 지금, 오늘부터 우리 자녀에게 맞는 교육을 창조해야 할 분이 바로 학부모님이라는 것을 명심하시기 바랍니다.

자, 이제 자녀들의 학습 유형별 특성을 살펴보겠습니다.

대부분의 학부모님들의 관심이 성적에 있고 자녀가 잘 하는가 못하는가를 한눈에 단정지을 수 있는 기준이 성적이기 때문에 우선 다음과 같은 질문을 해보겠습니다.

- 우리 자녀는 항상 공부를 잘 해왔는가?
- 예전에는 잘 했는데 요즘은 못하는가? (또는 그 반대인가?)
- 한 번도 공부를 잘 한 적이 없는가?

초등학교 때부터 성적표를 받아보신 부모님의 머릿속에서는 위의 질문에 금방 답이 떠오를 것입니다. 공부를 잘 한다는 것은 무슨 뜻일까요?

공부를 잘 하기 위해서는 적어도 두 가지 전제 조건이 필요합니다. 기본 학습 능력(흔히 I.Q.로 측정합니다.)과 성실하게 노력하는 태도입니다.

학습 능력(I.Q.)의 높고 낮음과 노력을 하고 안 함에 따라 자녀의 현재 학습 상태를 다음 네 가지 유형으로 구분할 수 있습니다.

- 평균 이상의 아이큐와 노력을 겸비한 자녀
- 평균 이상의 아이큐를 가졌으나 노력을 안 하는 자녀
- 노력은 하지만 성적이 오르지 않는 자녀
- 노력도 안 하고 성적도 하위권인 자녀

부모님께서는 자녀의 학습 유형을 다음 연필코너에서 알아보시기 바랍니다.

여기서 능력이라 함은 제도권 학교 수업을 따라갈 수 있는 능력을 뜻합니다. 그런데 자녀에게는 매우 다양한 능력이 있지요. 음악, 예술, 운동, 대인 관계, 창의력 등은 보통 수능시험에 나타나지 않는 능력입니다. 이 가운데 하나인 학습 능력이란 외우기, 분석하기, 또는 수식화된 문제 풀기 정도를 뜻합니다.

그리고 능력은 변합니다. 성취 동기와 목표가 뚜렷하면 자기도 모르게 힘이 솟아나는 것과 같은 이치입니다. 능력을 재는 시기와 방법에 따라 전혀 다르게 나타날 수가 있습니다. 따라서 여기서 말하는 유형이란 현재 지금 상태를 뜻하는 것이지 고정불변의 절대치가 아님을 다시금 강조합니다.

 **연필코너**

자녀의 학습 능력(I.Q.) 평가하기

☐ 수학, 국어 등 기본 과목 성적이 항상 상위권이다.
☐ 외우기를 잘 한다.
☐ 하나를 가르치면 둘을 터득한다.
☐ 원리를 가르쳐주면 응용을 해보려고 한다.
☐ 진도를 앞서가기 좋아한다.
☐ 한 가지에 몰두한다.
☐ 책읽기를 좋아한다.

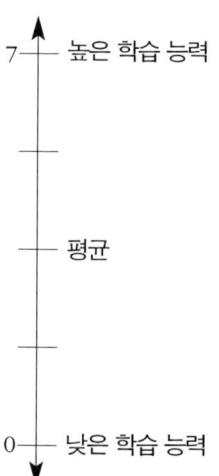

해당 항목 수	진단
5 ~ 7개	높은 학습 능력
3 ~ 4개	보통
0 ~ 2개	낮은 학습 능력

 **연필코너**

자녀의 학습 자세 평가하기

☐ 학교에 다녀오면 놀거나 텔레비전을 보지 않고 숙제 먼저 한다.
☐ 결석하는 것을 꺼려하고 웬만큼 아프지 않으면 꼭 출석하려고 한다.
☐ 부모님과 선생님의 말씀을 귀담아듣는다.
☐ 시험 때가 되면 벼락치기를 하지 않고 계획을 세워서 준비한다.
☐ 시험 성적에 관심이 높다.
☐ 틀린 것을 검토한다.
☐ 숙제나 시험 공부를 해놓지 않으면 불안해 한다.

해당 항목 수	진단
5 ~ 7개	꾸준하고 성실한 노력형
3 ~ 4개	보통
0 ~ 2개	반복 학습을 지극히 싫어하고 변화와 즉흥적인 상황을 좋아함

여기에서 학습 능력과 태도의 수치가 반드시 정비례 관계를 나타내는 것은 아닙니다. 이를테면 자녀가 머리는 좋은데(학습 능력은 있는데) 노력을 통 하지 않는 경우가 있지요. 만화에 푹 빠져 있다든가, 컴퓨터 게임만 하려고 든다든가 말입니다. 이와 반대로 엄마 말씀도 잘 듣고 공부 시키는 대로 꾸준히 열심히 하는데 도무지 성적이 오르지 않는 경우도 있습니다.

H·O·P·E 분류법

자녀의 학습 능력이 어느 정도이고 학습 자세가 어떠한지를 판단하셨다면, 이제 H·O·P·E 분류법을 이용해 여러분의 자녀가 어떤 유형인지를 알아보세요.

H·O·P·E 분류법이란 저희가 21세기 인재 키우기 전략의 하나로 만든 개념입니다. 저희는 지난 15년간 학생들을 가르치고, 학교 안팎의 여러 교육 관계자들과 일하면서 나름대로 한국의 엄청난 교육열을 어떻게 하면 긍정적인 쪽으로 쓸 수 있을까를 생각해 왔습니다. 글로벌 경제와 정보지식 사회에서 한국이 경쟁력을 키우려면 더 이상 산업시대 방식으로는 안 된다는 데에는 이미 교육부, 교사, 학부모 사이에 합의점이 형성된 것 같습니다. 하지만 많은 학부모와 교사들이 새로운 방법이 필요하다는 것을 느끼고는 있어도 구체적으로 무엇을 어떻게 해야 하는지 막연해 하고 있습니다. 그 와중에 공교육이 부실해진다고 느낀 부모들은 학원과 사교육, 또는 해외 유학에서 돌파구를 찾고 있어 엄청난 시간과 에너지와 자원이 엉뚱한 곳으로 낭비되고 있습니다. 무엇보다 인

력이 최고의 자원이라는 시대에 우리의 소중한 자녀들을 '공부'라는 잣대 하나로 판가름해, 그들의 다른 무한한 잠재력과 가능성이 사장되어 버리는 것이 가장 안타까운 일입니다.

그래서 저희는 뜨거운 교육열을 살리되 21세기에 맞는 방향으로 활성화하기 위해 일단 '공부를 잘 한다는 게 도대체 뭐냐?'라는 간단한 질문에서부터 출발을 했습니다. 그랬더니 그동안 수많은 학생을 가르치면서 관찰했던 공부 잘 하는 학생과 그렇지 않은 학생들의 특성이 '학습 능력'과 '노력'이라는 두 요소로 압축이 되더군요. 학습 능력의 축(y)과 노력의 축(x)을 xy 도표로 그려보면 학생들의 학습 유형이 크게 넷으로 나뉩니다.

성취형(High Achiever), 체제거부형(Outsider), 착실형(Pleaser), 내맘대로형(Easy-going)이라는 명칭은 저희가 그 네 가지 유형에 이름을 붙인 것입니다.

이 유형들의 첫 글자를 모으면 H·O·P·E 가 됩니다. 그렇습니다. 이제는 누구에게나 희망이 있습니다. 또 희망을 보아야 발전할 기회를 찾게 됩니다. 그렇다면 이네 가지 유형은 각각 어떤 특성을 갖고 있을까요?

- H형(성취형) : 능력과 노력을 겸비한 학생
- O형(체제거부형) : 능력은 뛰어나지만 노력은 하지 않는 학생
- P형(착실형) : 노력은 많이 하지만 성적이 안 오르는 학생
- E형(내맘대로형) : 능력이 떨어지고 노력도 하지 않는 학생

앞서 소개한 현준이, 찬영이, 정민이, 수빈이를 H·O·P·E 유형별로 재조명해 보겠습니다.

H형(High achiever, 성취형)은 공부할 능력과 노력을 겸비했습니다. 당연히 성적이 우수하고 태도가 성실하기 때문에 흔히 모범생이라고 불리는 유형입니다. 기본적으로 어릴 때부터 수학과 언어를 쉽게 터득하는 편이고 학교에 다니면서부

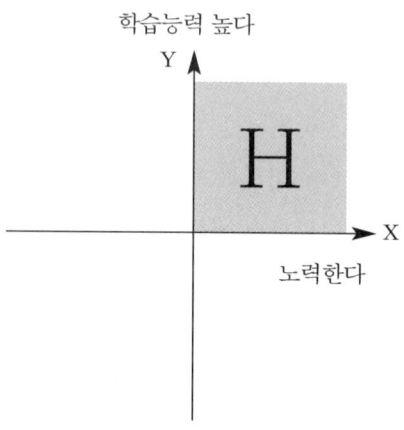

터 꾸준하게 노력해서 계속 상위권 성적을 유지합니다. 학교에서도 선생님의 칭찬을 받고 부모님의 입장에서도 가장 자랑스럽고 믿음직한 자녀입니다.

O형(Outsider, 체제거부형)은 학습 능력은 있으나 노력을 안 하는 형입니다. 흔히 '머리는 좋은데 공부를 안 한다'고 자타가 공인합니다. 성적이 들쭉날쭉한 편이고 작심삼일형이기도 합니다. 기분이 내켜서 공부를 좀 하면 성적이 단박에 오르기도 하지만 대개는 반짝하다가 다시 다른 일에 더 집중합니다. 공부는 나중에 하고 싶을 때 하면 잘 할 거라고 장담을 하기도 하고, 아예 노골적으로 공부와 담을 쌓기도 해서 부모님 속을 태

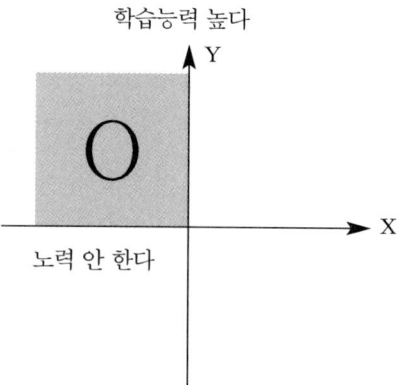

웁니다. 학교에서는 선생님
께 엉뚱한 질문을 하거나
선생님의 말씀을 반박하여
미움을 받기도 하지만 친구
들과는 아주 친하게 지내는
편입니다.

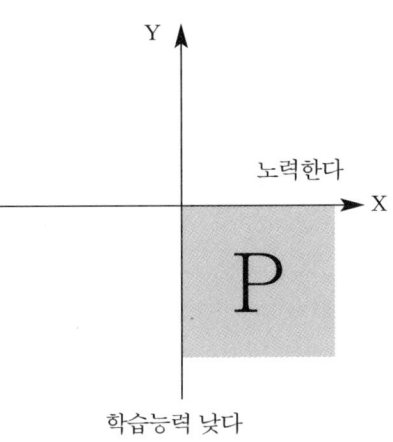

P형(Pleaser, 착실형)은
꾸준히 노력은 하지만 성적
이 좀처럼 오르지 않는 유형입니다. 부모님 말씀을 잘 듣고 학교
생활도 성실하고 얌전해서 나무랄 데가 없지만 특성이 별로 두드
러지지 않아 학교에서는 존재가 미미한 경우가 많습니다. 극심한
경쟁이나 부모님의 기대감에 스트레스를 가장 많이 받는 유형이
고, 따라서 좀더 잘해 보려고 애쓰지만 성과가 없어 자신감을 갖
지 못하는 수가 많습니다. 이런 학생은 부모님을 기쁘게 해드리기
위해서 더 잘해 보려는 마음을 갖고 노력하지만 부모님의 기대에
못 미치기 때문에 자신이
불효를 하고 있다고 자책감
을 갖기도 합니다.

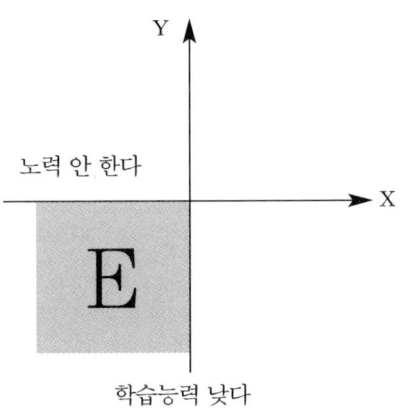

E형(Easy-going, 내맘대
로형)은 노력도 하지 않고
공부할 기본 능력도 갖추지
못한 형입니다. '될대로 되
라'는 식으로 매사를 쉽게

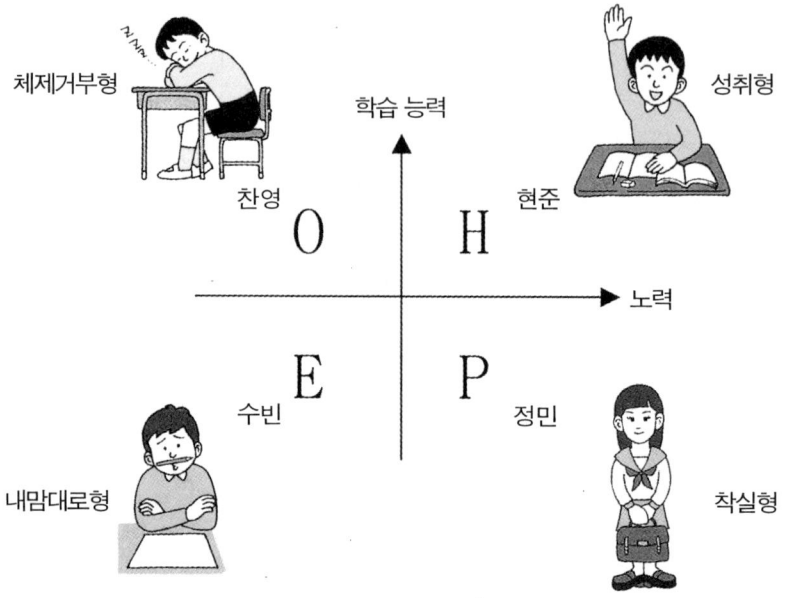

이루려 하거나 쉽게 포기하기 때문에 의욕도 없고 태도도 불성실해 보입니다. 학교 성적은 하위권이고 태도가 불량해서 학교에서 가장 괄시를 당하는 학생들입니다. 학교, 성적, 시험 따위에 개의치 않고 때로는 부모님의 기대와는 정반대되는 행동을 서슴지 않고 하기도 합니다.

흔히 문제아, 천덕꾸러기, 날라리라는 부정적인 명칭을 달고 살며, 방랑, 도벽, 습관적인 거짓말, 가출, 음주, 흡연 등 나쁜 습관을 갖고 있는 학생도 있어서 부모님으로서는 겨우 졸업장만이라도 무사히 받기를 바랄 정도입니다.

학교 안보다 밖에서 활개를 치고 다니며 자신과 비슷한 부류들과 어울리기를 좋아합니다.

대부분의 자녀들은 x축과 y축이 교차하는 지점 주변에 놓여 있을 것입니다. 통계적으로 보아 공부 능력도 보통, 노력도 보통 정도인 자녀가 대부분이라는 뜻입니다. 그리고 대략 12, 13세까지는 가정 분위기와 선생님 등 여러 요인에 따라 유동성을 보입니다. 그러나 고등학생이 되어서부터는 거의 자기 유형의 스타일에서 크게 달라지지 않습니다. 현재 자녀의 모습이 네 가지 유형 가운데 어디에 가장 가까운지 살펴보시기 바랍니다. 그것이 자녀의 특성에 따른 학부모 전략을 세우는 출발점입니다.

지금까지 말씀드린 것을 요약해 보겠습니다.

자녀 교육은 자녀와 학부모 모두에게 영향을 미칩니다. 자녀 교육의 단기 성공이 장기 성공을 보장하지 않습니다. 자녀의 학습 유형을 알아야 합니다.

그렇습니다. 학부모님께서 답답해 하시는 자녀 교육 문제의 핵심을 이제 발견하셨습니다. 학부모님께서 왜 이러지도 저러지도 못하는가, 왜 자꾸 불안한가 이해하셨습니다.

자녀의 단기 성공을 위해 촌지를 주고, 분명 밖에서 뛰어놀아야 할 아이를 학원에 보내고 책상 앞에 잡아 매두는 것이 과연 잘하는 일인지 고민하시는 이유는 자녀의 단기 성공과 장기 성공이 다를 수도 있다는 것을 직감으로 느끼시기 때문입니다.

자녀는 각자 특성이 있고 장점이 있는데 그 모든 것을 무시하면서 (대개는 사회 탓을 하면서) 무작정 공부 쪽으로 몰고가려니 뭔가 잘못되어도 한참 잘못되었다고 느껴지는 것입니다.

이제는 자녀의 학습 유형에 따라 학부모 전략을 세우셔야 합니다. 그래야 부모님도 희망과 자신감이 생기고 자녀도 크게 발전합니다.

아이들의 네 가지 유형에 따른 교육 노하우

엄마 혼자 있을 때는? 아이에게 공부하라고 소리친다.
엄마 둘이 있을 때는? 서로 자기 아이를 자랑한다.
엄마 셋이 모이면? 학교 선생님 욕을 한다.
욕하고 집에 돌아와서는? 허전하고 불안하다.
그래서 또 아이를 보면? 공부하라고 소리친다.

아이가 공부 안 하고 놀고 있으면 화가 나지 않습니까? 그러나 공부하고 있으면 창의력 시대라는데 맘껏 놀려야 하는 게 아닌가 하고 불안한 마음이 듭니다. "어느 거 한 가지만이라도 똑 부러지게 잘 하면 되는 거예요"라는 말이 그럴듯하게 들리지만, 그래도 공부, 운동, 음악 고루 균형 있게 잘 해야 하는 게 아닌가 하는 의문이 들기도 합니다.

공부 하나에 모든 것을 거는 것은 위험한 구닥다리 전략입니다. 새시대에는 자녀의 학습 유형에 따라 자녀 교육 전략이 다양하게 구사되어야 합니다.

이제 그동안 저희가 학생들을 가르치면서 관찰한 네 가지 학습 유형에 대해서 좀더 자세히 말씀드리겠습니다. 여러분의 자녀는 어떤 유형에 가까운가요?

H형 : 목표를 제시해 성취욕을 북돋우라

H형은 도전감을 느낄 수 있는 계기를 마련해 주면 좋습니다. H형은 대개 모범생이고 수재형입니다. 기억력, 계산력, 언어 능력 등 기본적으로 학교 공부를 잘 할 능력을 갖추었을 뿐 아니라 공부를 잘 하고 싶어하는 마음과 꾸준히 노력하는 습관이 몸에 배어

있습니다. 여기에 긍정적인 생활 태도까지 겸비한다면, 부모님께서 걱정하시지 않아도 단기 성공뿐만 아니라 장기 성공을 이룰 수 있는 확률이 아주 높습니다. 이런 자녀를 두셨다면 아마 부모님께서는 지금 아이의 상태에 흡족해 하면서 훗날 아이가 큰 인물이 되기를 기대하고 계실 겁니다.

H형 자녀에게는 수학, 과학, 언어 등 이미 잘 하고 있는 분야에 더해 좀더 지적 활동을 할 수 있는 기회를 많이 마련해 주시는 게 좋습니다. 상을 받기 위해서가 아니라 자기 성장을 위해서 말입니다.

또 H형 자녀에게 믿고 따를 수 있는 '스승(mentor)'을 찾아주시면 더 크게 성장할 수 있습니다. H형은 대개 부모님 자신이 자녀의 모범일 경우가 많습니다. 그래서 어릴 때부터 자연스럽게 공부에 흥미를 갖는 수가 있습니다. 그러나 자녀가 특별히 관심을 갖는 분야의 본받을 만한 위인을 마음에 두고 뜻을 세울 수 있게 책, 영화, 실제 인물들을 만날 수 있는 기회를 만들어주실 필요가 있습니다.

『비범성의 발견』이라는 책을 쓴 하버드 대학의 가드너 박사에 따르면 비범한 인물들은 거의 예외 없이 모두 성장기에 이런 '마음의 스승'이 있었다고 하며 때로 부모님 자신이 바로 그 마음의 스승인 경우도 있었다고 합니다.

이런 학생은 한국뿐 아니라 세계 어디에 가도 크게 성공할 수 있기 때문에 이런 인재를 놓치기 않기 위해서라도 국가적인 차원에서 사적, 공적으로 아낌 없는 지원을 해주어야 합니다.

한 가지 염려할 점이 있다면 수재형 모범생들은 어릴 때부터 주위의 칭찬을 많이 받다 보니 이기적이거나 독선적인 사람이 될 위험이 있다는 것입니다. 그리고 완벽주의 경향이 있고 에너지를 한

곳에 집중하는 능력이 높은 만큼 주위를 폭넓게 둘러보는 여유가 적거나 원만한 포용성이 부족할 수가 있습니다. 그러므로 H형 자녀를 두신 부모님들께서는 자녀가 다양한 활동을 통해 원만한 인간 관계를 맺는 연습을 할 수 있도록 하셔야 합니다.

또 H형 자녀는 단기적으로 뚜렷한 목표가 주어졌을 때는 별 어려움 없이 목표에 도달하지만 정답이 없는 상태에서 문제 해결을 해야 할 경우 난감해 합니다. 흑백논리나 사지선다형같이 제시된 답안 가운데 정답을 고르는 일은 잘 하지만 정답이 없는 엉뚱한 질문이나 전혀 새로운 도전을 받았을 때는 쩔쩔매기도 합니다. 문제 해결 능력이 없는 게 아니라 '정답'만을 찾으려 하기 때문입니다. 그래서 융통성이 없고 고지식하다는 평도 듣습니다.

고등학교까지 공부 잘 해서 일단 명문 대학에 들어간 다음부터는 어쩐지 할 일 다 한 사람처럼 아무것도 안 해서 나이가 들수록 두각을 나타내지 못하는 사람이 될 수도 있습니다. '과거의 영광'만 읊으면서 현재 아무리 잘난 사람이라 하더라도 자기보다 학교 다닐 때 공부 못했다는 것 하나로 무시하려 드는 경우도 있습니다. 그러면서도 남의 비판을 견디지 못하기 때문에 권위주의자가 되기 쉽지요.

이럴 때 부모님들께서는 심적 지원을 아끼지 마시되 실수를 극복할 수 있는 긍정적 자세를 길러주셔야 합니다. H형 학생이 가장 힘들 때는 열심히 노력했음에도 불구하고 시험에 불합격하거나 실수로 좋은 성적을 내지 못했을 때입니다. 자존심에 크게 상처를 받아 쉽게 회복하지 못하는 경우도 있습니다.

따라서 부모님마저 최고, 최상, 일등, 일류를 강조하시기보다 자녀가 균형 있게 성장할 수 있도록 보살펴야 장기적으로 성공할 것입니다.

선진국 명문대학의 선발 기준처럼 앞으로 우리나라의 최고 대학들도 수능 고득점 외에 '우수 능력을 사회에 기여할 수 있는 봉사형 인재인지'를 선발 기준으로 삼을 것입니다. 수행평가나 내신에 맞추기 위해서가 아니라 자녀의 장기 성공을 위해서 사회성과 포용성을 길러주시면 자녀도 성공하고 부모님도 크게 보람을 느끼실 수 있을 것입니다.

O형 : 단기 목표에 연연하지 말고 크게, 멀리 보라

O형 학생은 능력은 뛰어난데 공부를 하지 않는 아이들입니다. 이럴 경우 단기 목표 대신 좀 느긋하게 장기 목표를 세우셔야 자녀가 크게 발전하는 데 도움이 됩니다. O형은 대개 어릴 때부터 유난히 말도 또렷이 하고 산술도 곧잘 하여 잔뜩 기대를 했는데 웬일인지 학년이 올라갈수록 공부와는 담을 쌓고 '딴짓'만 하는 아이들입니다. I.Q. 검사를 해보면 평균보다 훨씬 높은데, 성적은 그렇지 못하니 부모님으로서는 분통이 터질 노릇이지요.

"조금 공부하는 척이라도 하면 성적이 오를 텐데……."

그런데 아무리 악다구니를 퍼붓고 협박, 회유, 뇌물 공세를 해도 태도에 변화가 별로 없는 경우에는 부모님께서 전략을 바꾸셔야 합니다.

이미 고3이라면 단기 전략으로 집중해서 일류대학에 들어가는 경우도 드물게는 있지만, 확률로 볼 때 역효과를 불러오는 경우가 흔합니다. 왜냐하면 벼락치기로 단기 성공(부모님이 원하는 대학에 들어감)을 이룬다 하더라도 이런 학생은 오히려 자만심만 커져서 자기 계발을 소홀히 할 수가 있기 때문입니다. 또 능력을 꾸준히 키우는 태도가 없는 한 나이가 들수록 부정적인 낙오자가 될 확률이 높아집니다. (대학 간판이 평생 자부심을 지탱해 주는 구시대는 끝났습니다.)

오히려 부모님의 품안에 있을 때 체제에 불순응한 대가를 치러 보기도 하고 수치심을 분발심으로 바꾸는 계기를 겪으면 더 큰 목표를 추구하는 대기만성형 인재가 될 수 있습니다.

O형은 체제거부형, 즉 아웃사이더란 점을 부모님께서 긍정적으로 받아들이셔야 합니다. 이런 자녀는 남들이 만들어준 규율에 맞춰 살기를 따분해 하고 비슷비슷한 연습 문제를 반복해서 푸는 것을 아주 지겨워합니다. 정답을 풀기보다 문제가 잘못된 것을 발견할 때 더 기쁨을 느낍니다. 그러나 기본적으로 지능지수가 높기 때문에 언제든 마음만 먹으면 잘 할 수 있다는 자만심이 있고 노력형 모범생을 우습게 보려고 합니다. 또 용의 꼬리가 되느니 차라리 닭의 머리가 되고 싶어하며 보스 기질과 리더십이 강해서 적도 많고 친구도 많지만 대체로 학교 선생님들께는 미움을 사는 편입니다.

이런 자녀들은 시험 제도가 유치하다고 느끼지만 일단 공부 잘해서 대학에 간 다음에 자기가 하고 싶은 것을 하자고 반쯤 적응을 하기도 합니다. 그러나 대개는 조금 노력해 보다가 성적이 뛰어나게 오르지 않으면 공부가 아닌 다른 일에 몰두합니다. 이런 경향이 강한 자녀에게 부모님께서 일류대학, 특정 학과만 강요한다면 엉뚱한 도피처를 찾으려 하거나 더 거세게 반발하기 쉽습니다.

머리가 좋은 자녀가 공부를 멀리하는 데에는 다양한 요인이 있을 수 있습니다.

첫째, 어릴 때 부모님이 자녀의 능력을 너무 믿고 공부하는 습관을 키워주지 않으셨을 수도 있습니다.

둘째, 선생님의 사소한 부주의나 고의적인 편견으로 자녀가 상처를 받았거나 능력을 제대로 인정받지 못한 적이 있을 수도 있습니다.

셋째, 자기 인생을 오로지 공부와 연관짓기에는 너무 많은 꿈과 재능이 있다고 믿기 때문일 수도 있습니다. (이것이 자기 도취나 과대 평가가 아닌지 현실 검증을 할 필요가 있습니다.)

넷째, 집안에 반골 기질이 강한 피가 흐르기 때문일 수도 있습니다.

이 밖에도 남과 비교하는 부모님에 대한 반항, 다른 형제나 자매만 편애하고 자기는 관심 밖이라는 소외감, 가정 불화에 대한 소리 없는 반항, 부모님의 지나친 기대감에 다한 스트레스, 특정 인물이나 스타에 대한 일시적인 열광 등 자녀의 성장 과정에서 일어날 수 있는 무수한 '사건'들이 개별적으로 또는 복합적으로 작용해 학교 공부에서 멀어지게 된 계기가 될 수 있습니다.

어쨌든 자녀가 아웃사이더가 된 것이 누구 또는 어떤 일 때문인가를 찾느라 현재와 미래를 허비하지는 마십시오. 중요한 것은 어떤 계기였든 간에 자녀가 O형에 가깝다면 앞으로도 그쪽으로 커야 성취감을 맛볼 것이라는 사실입니다.

이러저런 방법으로도 자녀가 공부할 뜻이 없다면 성적을 올려 좋은 대학에 보내려는 단기 전략을 바꾸시는 편이 좋습니다. 안 그러면 자녀의 장기 성공도 못 이룰 뿐 아니라, 자녀가 부모님과 지긋지긋한 원수지간으로 사춘기를 보내며 심지어는 집을 떠나 연을 끊기도 합니다.

하지만 자녀가 아직 중학교 1, 2학년 정도라면 공부로 마음을 돌릴 기회를 만들어보시는 것도 좋습니다. 학교를 바꾸거나 가정 환경을 개선하거나 부모님의 말씨, 태도를 바꾸는 것이 효과적일 수 있습니다. 때로 부모님이 입시 제도를 초월하는 마음을 가질 때 자녀가 '그래도 한번 도전을 해보겠다'는 오기를 갖는 경우도 있습니다. 그러나 이런 기대대로 이루어질 확률은 학년이 올라갈수록 줄어듭니다. 부모님의 노력이 아무 효과가 없고 이미 고등학교 3학년 정도 되었다면 자녀 교육의 목표를 입시에 두지 마시고 자기가 잘하고 좋아하는 일에서 성공하도록 더 높고 큰 목표를 세워 아낌 없는 지원과 격려를 해주셔야 합니다.

아웃사이더 형은 자존심이 강하기 때문에 명문 대학에 못 간다고 자존심이 구겨지지 않고 공부 못한다고 기가 죽지도 않습니다. 그래서 선생님이나 부모님 눈에는 뻔뻔하고 당돌해 보입니다.

O형 자녀에게 부모님께서 해줄 수 있는 일은 부모님은 언제나 자기 편이라는 믿음을 심어주는 것입니다. O형 자녀에게 꾸지람은 역효과만 낼 뿐입니다. 동시에 이런 자녀들은 어른들의 지나친 칭찬도 거부합니다. O형, 즉 체제거부형 자녀에게는 '체제를 거부하라'가 아니라 '체제를 초월하라'는 메시지를 주시는 편이 효과적입니다. 노골적으로 지시하거나 훈계하지 마시고 은근하고 끈기 있게 자녀의 능력을 믿어주셔야 합니다. 부모님께서는 자녀와 적이 아니라 동지라는 마음을 가지셔야 자녀의 능력을 최대한 발휘하게 하고 큰 인물로 키울 수 있습니다.

세계 인터넷 제국의 황제라 불리는 손정의 역시 어릴 때 O형의 특성을 나타냈는데, 그의 아버지는 언제나 그의 편이 되어줌으로써 그가 마음껏 기량을 펼칠 수 있게 했다고 합니다.

특히 O형 자녀를 두신 부모님께서 가장 역점을 두실 부분은 자녀가 긍정적인 마음을 갖게 하는 것입니다. 자녀가 능력만 믿고 노력을 안 하면 불평불만으로 세상을 살아가게 됩니다. 직장에서든 가정에서든 남과 자기를 불행하게 만들 소지가 충분합니다.

 그러나 낡은 틀을 부수려는 도전 정신과 정답이 없는 문제를 푸는 능력을 긍정적으로 활용할 수 있는 기회를 주고 격려해 주면 훗날 자녀들이 대성할 수 있을 것입니다. 이들은 어쩌면 다가오는 정보의 바다, 도전과 모험의 개방형 경제 체제에서 가장 큰 기회를 얻을 수 있는 인물인지도 모릅니다.

P형 : 잠재력을 믿고 자녀의 성실성을 칭찬하라

 자녀가 아무리 열심히 노력해도 성적이 별로 오르지 않을 때에는 어떻게 할까요? 이런 자녀는 노력하는 자세가 뛰어난 착실형입니다. 한마디로 P형은 따뜻하고 섬세한 마음으로 여러 사람과 조화와 균형을 이룰 수 있는 사람입니다. 21세기 어느 조직에서나 꼭 필요한 사람이지요.

 자녀가 착하고 온순하고 학교와 학원에도 꼬박꼬박 잘 가고 숙제도 빠짐없이 하기는 하는데…… 좀처럼 중위권 성적에서 더 올라가지 못하는 경우가 있습니다. 좀더 성적을 올리고 싶어 무진 애를 쓰는 자녀도 있지만 반대로 별로 뛰어난 성적을 내보려는 욕심을 안 갖는 무사태평형도 있습니다.

 "엄마, 우리 반에 나보다 공부 못하는 아이들도 수두룩해요."

 오히려 안타까워하시는 부모님을 위로해 주려는 마음을 갸륵하게 여겨야 할지, 야무지게 속차리지 못하는 자녀에게 좀더 자극을 주어야 할지 고민하게 됩니다.

 우선 학부모님께서 이해하셔야 할 점은 한국 중·고등학생의 평균 기초 학력은 세계 최상급이라는 점입니다.

"한국에서 별볼일 없던 학생이 미국에 가더니 A학점만 받더라."

이런 신화의 주인공이 될 소질이 있는 학생들이 우리나라 전체 학생의 50% 이상이라는 것을 믿으셔야 합니다.

그렇다면 성적이 별로 오르지 않는다고 너무 실망하실 필요가 없습니다. 자녀가 바보나 저능아가 아닐까 절망하실 필요는 더더욱 없습니다. 학부모님께서 단기 목표와 일류대 전략만 바꾸시면 됩니다.

P형은 남의 기준에 자신을 맞추려 하고 남을 편하고 기쁘게 해주려고 노력하는 성향이 있습니다. 우리나라 현재 교육 풍토에서 초·중·고등학교를 싫지 않다 하고 다닐 만한 참을성과 끈기가 있는 학생이라면 앞으로 어떤 일을 하더라도 견뎌낼 뛰어난 능력의 소유자입니다.

더구나 이런 학생은 자기 혼자 잘되려는 마음보다 어려운 사람을 보살펴주고 배려해 주는 봉사 정신이 강하기도 합니다. 어쩌면 그나마 하기 싫은 공부를 꾸준히 하는 것도 부모님께 실망을 주지 않으려는 갸륵한 정성일 수가 있습니다.

P형은 지금 당장 뛰어난 성취를 하기보다는 꾸준한 노력으로 조금씩 발전하기 때문에 나이가 들수록 관록이 쌓이는 대기만성형입니다. 예전에는 이런 자녀들이 일류 명문대 특정학과를 못 들어가서 빛을 못 볼 수도 있었지만, 앞으로는 누구보다 이런 사람이 필요한 사회가 될 것입니다.

물론 P형은 주역을 맡으려 하지 않거나 남의 눈에 띄는 활동을 꺼려할 수 있습니다. 그러나 조연, 보조, 파트너 역할은 아주 훌륭히 해냅니다. 학교에서 반장보다 부반장, 부반장보다 총무나 서기

역할을 더 잘 해냅니다.

앞으로는 많은 일이 팀워크로 이루어지기 때문에 P형은 어떤 분야에서든 환영을 받습니다. 심지어 의료, 법률, 연구, 기획 분야에서도 무리 없이 팀워크를 이루어낼 수 있는 사람이 필요하기 때문에 수능 고득점자 외에 봉사 정신이 투철한 P형을 일정 비율 뽑기도 할 것입니다. (하버드 등 미국의 명문 사립대에서는 이미 그렇게 하고 있습니다.)

부모님께서는 이런 자녀의 잠재력을 칭찬해 주시고 좀더 생각의 폭과 깊이를 키워갈 수 있게 도와주시는 전략을 세우셔야 합니다. 자녀에게 여행할 기회를 주거나 봉사 활동 등 다양한 인간 접촉을 할 수 있게 해주되 '너무 착하기 때문에' 받을 수 있는 크고 작은 상처를 극복할 수 있도록 격려를 아끼지 말아야 합니다. 노력하는 자세는 성공의 반을 차지합니다. 자신감을 잃지 않고 방향 설정만 잘 하면 앞으로 일에서나 인생에서 양쪽 다 성공할 수 있는 바탕이 됩니다.

이런 자녀는 부모님께서 따뜻하게 격려해 주시면 부모님과 가장 가깝게 지낼 수 있고, '친구'처럼 지낼 수도 있습니다. 또 무던하기 때문에 결혼 생활도 순탄하고 부모님 노후를 기꺼이 책임질 확률도 높습니다.

앞으로 대학은 이런 학생들이 들어갈 여지가 많습니다. 굳이 일류 명문대 특정 학과만 고집하지 않으신다면 대학 정원이 고3 졸업생보다 많기 때문에 기본 수능 점수와 평범한 점수로 자기 수준에 맞는 대학에 갈 수 있습니다. 이런 학생은 적성에 맞는 학과에 들어가면 성실한 태도로 교수님들의 총애를 받고 추천을 받아 자신이 원하고 자신을 필요로 하는 직장에서 즐겁게 일할 수 있습니다.

다이아나 황태자비는 학교 성적은 뛰어나지 않았지만 봉사 정신이 투철해 세계 만인의 존경을 받았습니다. 소위 선진국이라 불리는 미국, 캐나다, 독일, 영국, 호주 등에 가보면 이런 유형의 사람이 튼튼한 중산층을 이루고 있습니다. 탈세 안 하고 법 잘 지키며, 남을 돕고 정직하고 성실하게 사는 이런 사람이 최소한 50%는 되어야 선진국이 됩니다. 사실 선진국의 공교육은 바로 이런 유형의 건전한 시민을 육성하는 교육 목표 중심으로 이루어지고 있다는 것을 21세기 선진국 대열에 들어갈 한국의 부모님들께서도 아셔야 합니다.

1, 2등을 못 한다고 아직까지도 학교에서 선생님들의 총애를 받지 못했다면 오늘부터 부모님께서 성적 결과보다 노력하는 자세에 대해 칭찬을 해주시고 남을 배려하는 마음을 더욱 소중히 키워주셔야 합니다.

E형 : 무조건 믿고 격려하며 학업 외의 소질을 개발시켜라

E형은 학습 능력도 낮고 노력도 하지 않는 아이들입니다. 부모님께서 단기 대책을 시급하게 마련하시면서 동시에 장기 전략도 세워야 할 자녀가 바로 이 유형의 아이들입니다. 어릴 때부터 학교 공부에는 전혀 관심이나 소질을 보인 적도 없고 뭘 잘 해 보려는 의지도 없을 뿐 아니라 '하지 말라는 짓'에는 조숙하게 솔깃하는 경향이 있습니다.

흔히들 '싹이 노랗다'고 말하는 학생으로 불량 학생, 집안 망신, 학교 망신, 골칫덩어리, 괴짜, 한심이, 천덕꾸러기 등 아주 부정적인 별명을 갖고 있기도 합니다. 이런 자녀를 두셨다면 어디에서 희망을 찾으셔야 할까요?

때로는 집에 형제나 자매가 둘인데, 그중 하나는 나무랄 데 없는 H형이고 다른 하나가 이런 말썽꾸러기인 경우도 있습니다. 미국의 저명한 소아과 의사인 브레이즐톤 박사는 50여 년에 걸친 임상 경험에 비추어볼 때 한 집에 유독 한 자녀가 부모 중 특정 한 명(대개는 엄마)과 매사 어긋난 악순환 고리 속에서 지내는 예가 많다고 합니다. 이런 악순환 관계는 빠르면 갓난아기 때부터 조짐이 보이기 시작해서 안타깝게도 죽을 때까지 관계 개선이 안 되는 경우도 있고 어릴 때 그러다가 서서히 관계가 나아지기도 한다고 합니다.

자녀가 왜 그러는지 원인을 찾으려고 하지 마십시오. 브레이즐톤 박사도 정확한 원인은 모른다고 합니다. 정신분석학에서 보자면 부모 자신이 극복하지 못한 부정적인 면을 자녀에게서 발견할 경우 극도의 혐오감을 가질 수 있다고 합니다. 어쩌면 불교의 전생설처럼 이미 태어나기 전에 얽힌 업보일지도 모릅니다.

이런 자녀를 두신 부모님은 처음에는 원인을 찾아보려고도 하고 나름대로 노력도 하시지만, 시간이 지날수록 자녀로부터 받는 실망과 스트레스를 엉뚱한 곳에서 풀어버리려고 합니다. 이혼, 가출, 외도, 술, 도박, 쇼핑, 식도락 등에 몰입해서 부모님 자신이 문제 부모가 되기도 합니다. 부부끼리 서로 탓을 하거나 자기 문제에 바빠 자녀를 관심 밖으로 내몰기도 합니다.

그러나 이런 자녀에게도 큰 희망이 있습니다! 개성이 자원인 시대에 학교 틀을 거부하는 학생은 비록 공부할 마음이나 기초 실력은 없더라도 학교에서 가르쳐주지 않는 수많은 생존 능력을 스스로 개발하거나 앞으로 키워갈 여지가 많은 학생들입니다.

1960년대에 세계를 주름잡던 유명인들이 대개 이런 부류의 학생이었다는 것은 많은 희망을 줍니다. 영국의 빈민 산업도시 리버

풀에서 공부는 나 몰라라 하고 틈만 나면 모여서 기타를 치던 소년들이 비틀즈가 되었고, 아직도 '영원한 반항아'로 우리 뇌리에 남아 있는 제임스 딘, 엘비스 프레슬리, 코미디언 앤디 커프만도 모두 E형의 특성을 가진 사고뭉치들이었습니다. 이들은 언더그라운드뿐 아니라 주류 문화에까지 큰 영향을 미쳤습니다.

만일 가정과 사회가 이런 학생들을 계속 불량아 취급만 한다면 이들이 갈 곳은 감옥과 정신병원뿐입니다. 그러나 이들의 예능적 '끼'와 잠재력, 엉뚱한 직관, 유머 감각, 무사태평한 느긋함 등을 긍정적인 곳으로 쏟아부을 수 있는 길을 터주면 이들은 우리 사회에 크게 기여할 수 있습니다.

2002년 월드컵 신화의 주역이었던 축구 선수들을 비롯해서 얼마 전 만인의 아쉬움 속에서 세상을 떠난 이주일 씨처럼 연예인, 예술인, 댄서, 요리사, 운동 선수들 가운데는 학창 시절에 별로 주목을 받지 못했거나 천덕꾸러기였던 사람이 많습니다. 그러나 그들이 유명해지고 나서 공통적으로 하는 말을 유심히 들어보세요. 어릴 때 남들이 뭐라 하든 말든 어머니 아버지 두 분 중에 적어도 한 분이 무조건 믿고 격려해 주셨다고 하지요? 이런 E형 인재들이 우리 사회에 기여하는 바는 성취형과 착실형 못지않게 높습니다.

자녀의 재능과 소질을 발견해 줘야 합니다. 어쩌면 학교 체제에서는 공부라는 잣대 하나만 놓고 여기에 맞지 않는 여러 유형의 인재들을 썩히고 있는지도 모릅니다. 조금씩 개선되고는 있지만 아직도 다양한 학생들의 다양한 능력을 키워줄 만한 제도적 장치가 너무나 미흡합니다. 이들에게 마지막까지 희망을 버리지 않는 사람이 있다면 바로 부모님일 것입니다.

E형의 가장 큰 어려움은 인생 목표가 뚜렷하지 않다는 점과 성취 동기가 적다는 것입니다. 해봤자 될 게 없다고 자포자기하기도 하고 자기존중감이 없어서 야단을 맞아도 자존심이 상하기보다는 '그래, 난 원래 그런 인간이다. 어쩔래!?' 하고 무감각해져 버리면 부모님이 웬만큼 인내심과 너그러움이 없는 한 도와주기가 어렵습니다.

E형 자녀들에게는 목표를 작은 단위로 나누어 작은 성취를 이룰 때마다 인정해 주고 칭찬해 주는 보상 체계가 효과적입니다. E형은 의욕이 적고 매사를 쉽게 하려고 하거나 금방 포기하는 경향이 있기 때문에 처음부터 너무 원대한 목표를 세워주면 자기가 해낼 수 있을 거라고 믿지도 않거니와 지레 질려버립니다. 지금 하고 있는 일, 관심 있는 놀이 등에서 힌트를 얻어 아주 조금씩 발전하는 기쁨을 느낄 수 있게 차분히 이끌어주어야 합니다.

또 어쩌다 공부를 해보려고 해도 전화, 텔레비전, 소음 등 외부 자극에 쉽게 집중이 흐트러지기 때문에 안정된 학습 환경을 조성해 줘야 하기 때문입니다. 성적이 나쁜 것이 학습 동기가 없거나 공부 방법을 모르기 때문이라면 학원 등 집단 수업을 받기보다 자녀의 특성을 이해하고 이끌어줄 개인 교사가 좀더 적절한 도움을 줄 수 있습니다.

혹시 이렇게 해서 학업 성적이 오른다면 능력에 맞는 대학에 진학할 수 있을 것입니다. 그러나 아무리 해도 학년이 올라갈수록 공부와 멀어지고 있다면 공부 대신 특기와 적성을 찾아주어야 합니다. 그래야 더 심한 탈선, 비행, 자해, 타해를 막을 수 있습니다. 자녀가 무슨 일을 할 때 가장 눈을 반짝이며 흥미를 보이는지 눈여겨 보십시오.

만약 E형 자녀가 옷차림에 민감하다면 패션 쪽으로 할 일이 많습니다.

　머리 모양이나 화장에 관심이 많다면 미용 분야로 무궁무진한 기회가 있습니다.

　과장된 표정이나 행동을 한다면 연기 쪽으로 재능을 발전시킬 수 있습니다.

　감정을 혼자 속으로 삭히는 형이라면 작곡이나 소설, 시 같은 것으로 자기 표현을 할 길이 많습니다.

　친구들이 많이 따르고 잘 어울려 다니면 상업 쪽으로 길을 터줄 수도 있습니다.

　운동에 빠져 있으면 운동 선수나 코치 등을 할 수 있습니다.

　게임에 몰두한다면 프로게이머가 될 수 있습니다.

　이처럼 어떤 소질이라도 잘만 계발하면 여러 모로 자기 성장에 도움이 되고 남에게도 즐거움을 줄 수 있습니다.

　이때 부모님의 변함없는 지지와 격려는 세상 무엇과도 바꿀 수 없는 자원을 자녀에게 주는 것입니다. 세상 사람들이 다 희망을 버려도 부모님께서 희망을 가지신다면 자녀는 분명히 훌륭한 인재로 성장할 것입니다.

H·O·P·E 유형의 특성 파악하기

환경의존형과 환경독립형

　효준이는 모처럼 공부할 작정으로 책상 앞에 앉아도 누가 텔레비전을 켜거나 조금이라도 시끄러운 소리가 나면 쉽게 산만해집니다. 마루에서 누가 전화 통화만 해도 한 귀로는 그 소리를 듣기 때문에 자기 공부에 집중하지 못합니다. 널찍하고 조용한 자기 방이 따로 있고 시험 때는 온 가족이 효준이의 방 옆을 도둑질하듯 살금살금 다녀도 시끄럽다고 짜증을 냅니다.

효준이는 외부 환경에 예민하고 여러 가지 외부 자극에 정신력이 분산되기 때문에 아무리 오래 책상 앞에 앉아 있어도 학습 효과가 나기 어렵습니다.

반면 경수는 일단 공부를 하려고 자리에 앉으면 옆에서 굿을 하건 말건 책 속으로만 빠져듭니다. 전철 안에서나 버스 정류장에서도 주변 소음에 개의치 않고 책읽기에 열중하지요. 누구나 좋아하는 일을 할 때는 그 일에 몰두할 수 있지만 특히 경수 같은 학생은 주위 환경에 반응하기보다는 자기 내부의 욕구와 의지를 따르는 경향이 강합니다.

이 둘의 차이는 무엇일까요?

심리학자들은 사람에 따라 주변 환경(사람과 사물)의 변화나 지시에 민감한 사람이 있고, 반대로 외부 자극이나 변화에 별로 영향을 안 받는 사람이 있다는 사실을 알아냈습니다. 전자를 환경의존형이라 하고, 후자를 환경독립형이라 합니다. 이 둘은 여러 다른 성향을 보이는데 이를테면 환경의존형은 최면에 쉽게 걸린다고 합니다.

환경의존형과 환경독립형은 대개 선천적으로 정해지지만 후천적으로 본인의 노력에 따라 어느 정도는 바꿀 수가 있다고 합니다. 특히 명상과 자기 암시, 영상요법, 호흡법 등은 본인이 원하는 쪽으로 성향을 바꾸는 데 효과적이라고 합니다.

학습 유형별로 볼 때 P형과 E형이 환경 의존형일 확률이 높습니다.

다만 P형과 E형은 조금 다릅니다. P형 학생의 책을 보면 모든

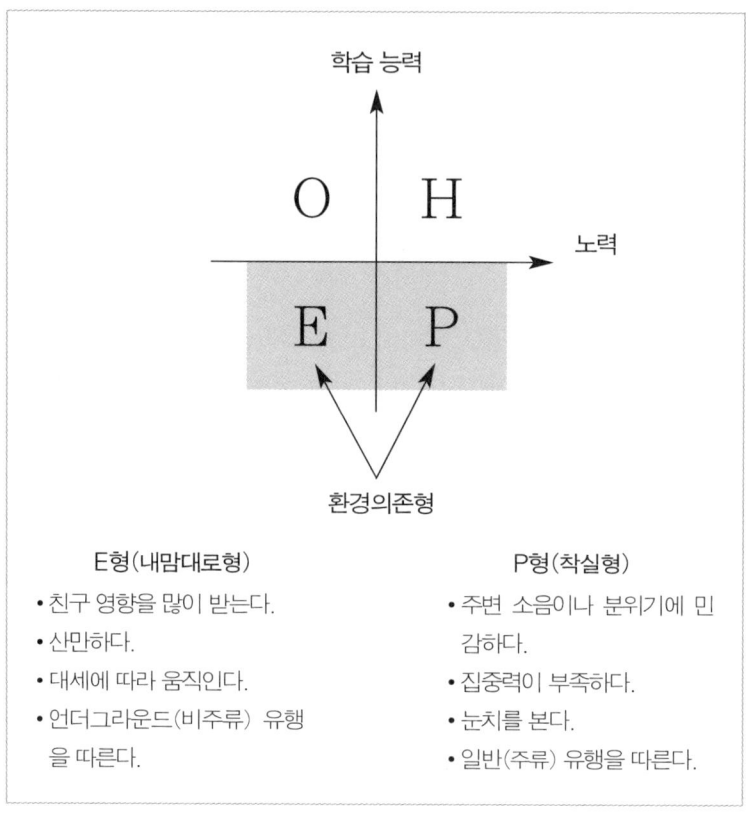

글에 밑줄이 좍좍 그어져 있어서 공부를 아주 열심히 한 것 같아 보입니다. 그러나 종합력과 판단력이 떨어지기 때문에, 핵심 요점과 부차적 설명의 차이를 가려내지 못하므로 읽은 내용을 추려서 효과적으로 장기 기억에 저장할 수가 없습니다. 반면 E형은 책이 깨끗하거나(아예 펴본 적이 없어서), 아니면 낙서로 가득 채워져 있을 때가 많습니다. E형은 책을 읽으면 책 내용보다 잡념으로 머리가 가득 차기 쉽습니다. 그래서 E형이 무엇을 좋아하는지 알고 싶으면 책이나 공책의 낙서를 보시면 크게 힌트를 얻으실 수가 있

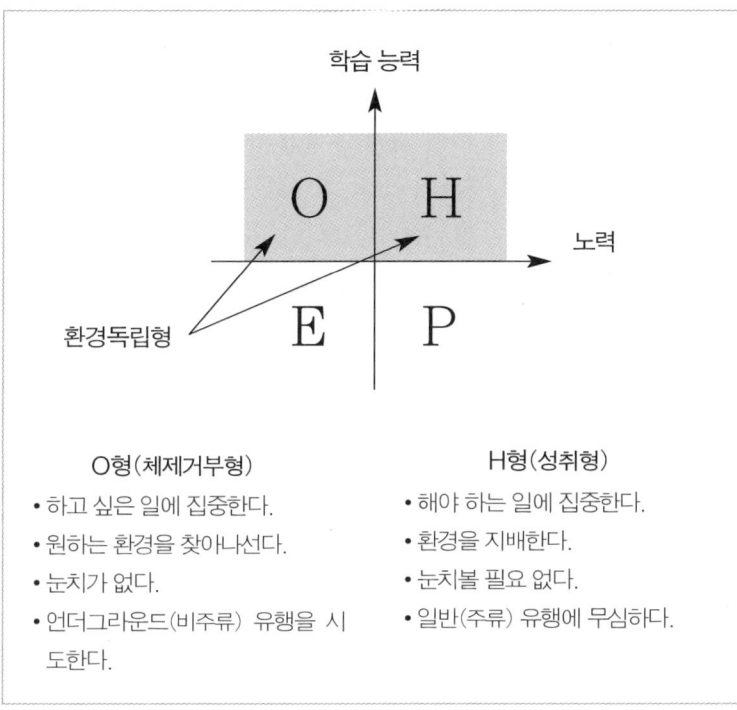

습니다.

　H형과 O형은 환경독립형일 경우가 많습니다. 주위에서 어떤 일이 벌어지든 자기가 몰두하고 있는 일에 정신력을 집중할 수 있다는 뜻입니다. 가끔 서울대 수석 합격자나 고시 합격자 가운데 자기 공부방 하나 없는 어려운 환경에서도 공부하는 데 별 어려움을 못 느꼈다는 학생이 있습니다. 바로 이 학생들이 환경독립형입니다. O형 또한 자기가 몰두하고 있는 일이 있다면 주위 환경에 크게 지배를 받지 않습니다. 그런데 몰두하는 일이 공부가 아니라서 부모님 속을 썩이는 것이지요. O형은 환경독립형이라서 부모님이 아무리 반대해도 자기 고집을 부릴 수 있습니다. 그러므로 이것을

장점으로 활용하셔야 합니다. 만일 자녀가 정말 좋아하고 잘 하는 것이 있다면 부모님이 하지 말라고 해도 꼭 해낼 집념이 있기 때문입니다. 이런 자녀가 특히 밉게 느껴지실 때는 부모님 자신이나 부부 중 한쪽이 이런 경향이 있고 그 때문에 사회에서 불이익을 당한 상처가 깊은 경우일 수가 있습니다. 아직 칭찬하기가 정 어렵다면 그냥 놔두시는 편이 욕하고 야단치고 훈계하는 것보다는 낫습니다.

말 잘 듣는 아이와 안 듣는 아이

 말을 잘 듣는 아이들은 대개 체질적으로 체제순응형입니다. 기존 질서를 지키려 한다는 뜻입니다. 반대로 어려서부터 웬지 말을 잘 안 듣는 아이들이 있습니다. 체질적으로 고정된 틀을 거부하는 경향이 강한 체제불순응형이기 때문입니다. MIT의 프랑크 설로웨이 박사에 따르면 통계적으로 장남이나 맏딸은 체제순응형이 많고 둘째, 셋째, 막내 쪽으로 내려갈수록 체제불순응형이 많아진다고 합니다.

 맏이는 아무래도 부모님의 관심을 많이 받을 뿐 아니라 동생보다 기득권이 있기 때문에 체제를 지키는 것이 유리하고, 아래로 내려갈수록 기득권이 적으니까 새로운 도전이나 모험을 해야 생존력이 커진다는 것입니다.

 학습 유형을 크게 보아 H형과 P형은 체제순응형이 많습니다. 체제를 받아들이고 체제에 맞추려는 노력을 하니 학교에서는 얌전하고 착실하다는 소리를 듣습니다. 선생님들이나 윗사람의 말씀을 잘 듣고 따르기 때문에 수행 평가 점수를 잘 받을 수가 있습니다. 사지선다 시험같이 틀이 있는 시험은 잘 보지만 논술형같이 정답이 없고 자기 주장을 펴야 하는 시험을 어려워하는 편입니다.

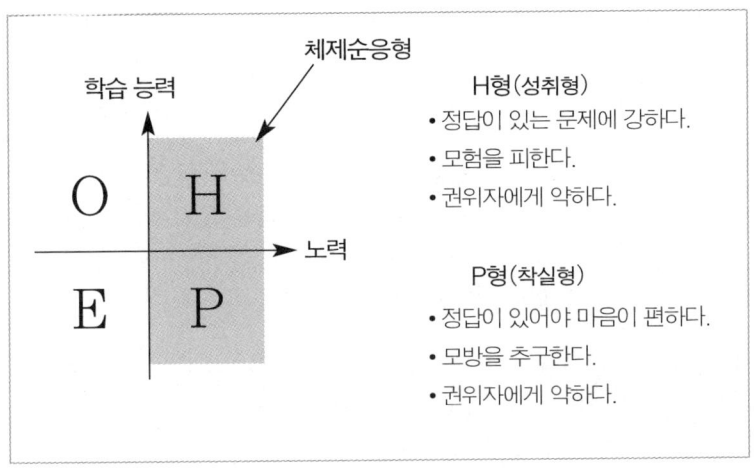

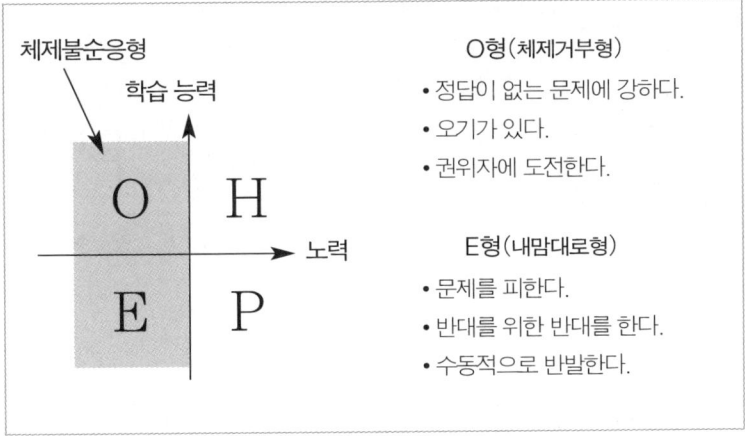

반대로 O형과 E형은 체제불순응형이 많습니다. 청개구리같이 동으로 가라 하면 서로 가고 뛰라 하면 일부러 천천히 걸어갑니다. 그래서 학교나 군대에 가서 미움받고 기합을 곱으로 받기도 합니다. 부모님 눈에는 미운 짓을 골라 하는 것 같고 일부러 매를 버는 것 같아 더 야단치게 됩니다. '잘 하던 짓도 멍석 깔아놓으면 절대로 안 하는' 사람이 바로 체제불순응형입니다. 그러나 이런 사람은

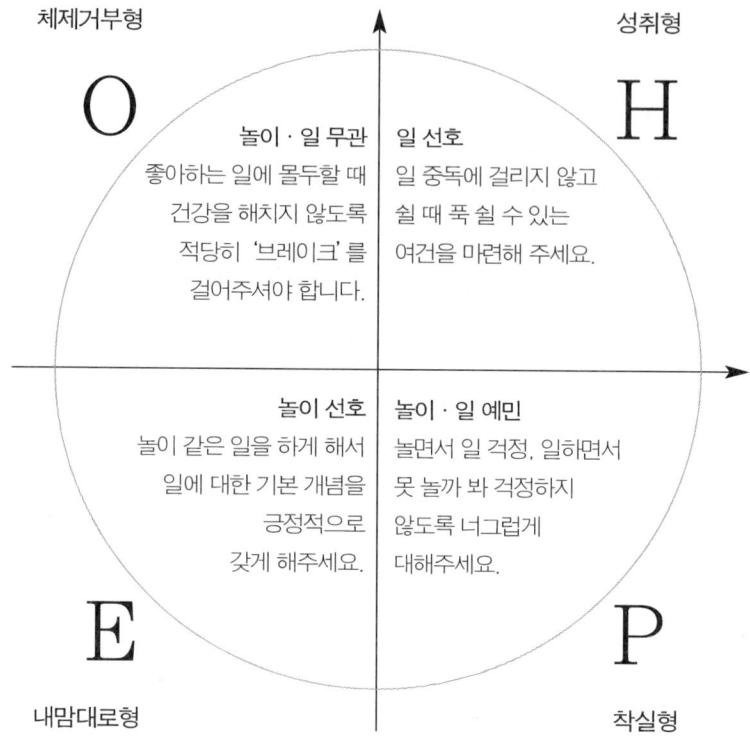

〈일과 놀이에 대한 유형별 자녀 지도 전략〉

정답이 없을 때·기발한 아이디어를 내놓을 수가 있고, 폭넓은 독서 등을 통해 자기 실력만 쌓는다면 사지선다형 시험보다 논술 문제에 맞닥뜨렸을 때 자기 주장을 잘 펼칠 수 있으며, 브레인 스토밍에 강합니다. 그래서 안정된 사회보다 변화가 빠른 사회에 적응을 잘 합니다.

그렇다면 H·O·P·E 유형에 따른 다른 특성들은 어떤 것들이 있을까요? 먼저 '일과 놀이'에 대한 유형별 전략을 보자면 성취형과 체제거부형은 워낙 목표지향적이라서 일이든 놀이든 집중하다

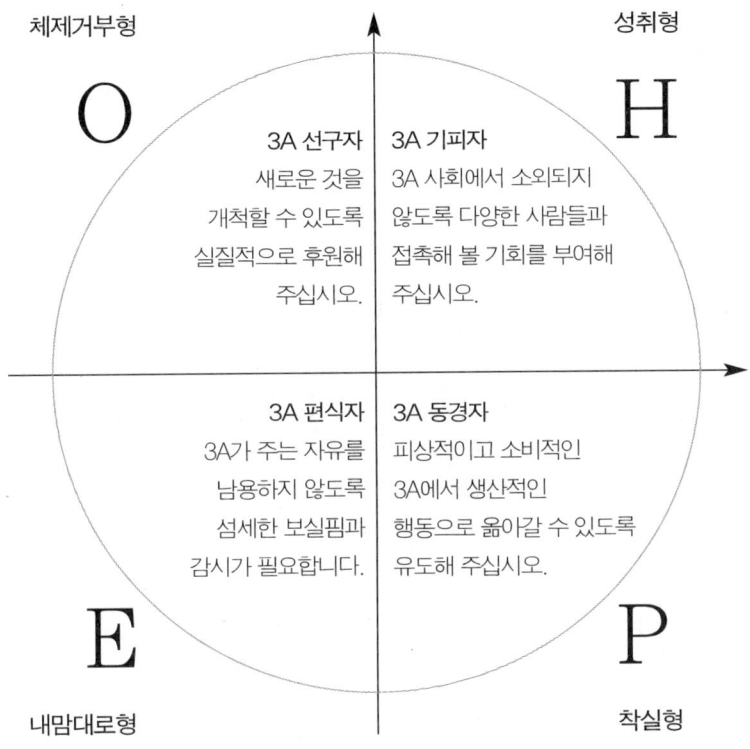

〈3A 방식에 대한 유형별 자녀 지도 전략〉

보면 과로할 수 있으므로 휴식이 필요합니다. 착실형은 남들의 기대와 반응에 민감하므로 자기 내부 욕구에 귀기울이는 습관이 필요하고, 내맘대로형은 원래 놀이를 좋아하므로 일도 놀이처럼 기분 내키는대로 하기를 원합니다. 이것이 장점으로 활용되도록 긍정적인 지원을 해주세요.

'3A 방식'에 대한 유형별 지도 전략을 보자면 성취형은 자기중심적이므로 배타적 성향을 극복할 수 있도록 다양한 사람들과 만날 기회를 주시고, 체제거부형은 도전정신과 모험심이 강해서 3A

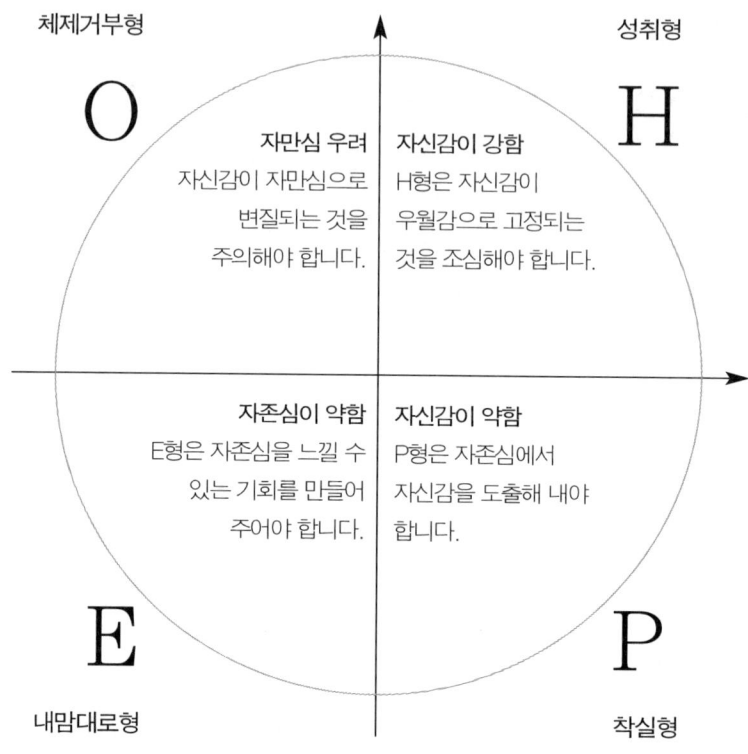

〈자신감에 대한 유형별 자녀 지도 전략〉

식으로 사는 것이 신바람 날 것입니다. 그냥 두어도 스스로 잘 개척해 나갈 선구자들입니다. 착실형은 소극적이라 종종 기회를 놓치는 수가 있으니 적극적으로 실천해 보는 연습이 필요합니다. 내맘대로형은 '내맘에 드는' 것에만 편중하는 경향이 있으니 자유를 남용하지 않도록 도와주세요.

'자신감'에 대한 유형별 전략은 다음과 같습니다. 성취형은 자칫 우월감을 가질 수 있으니 겸손과 배려를 가르쳐주어야 하고, 체제거부형은 자만심이 앞서면 능력을 못 키운다는 사실을 넌지시 일

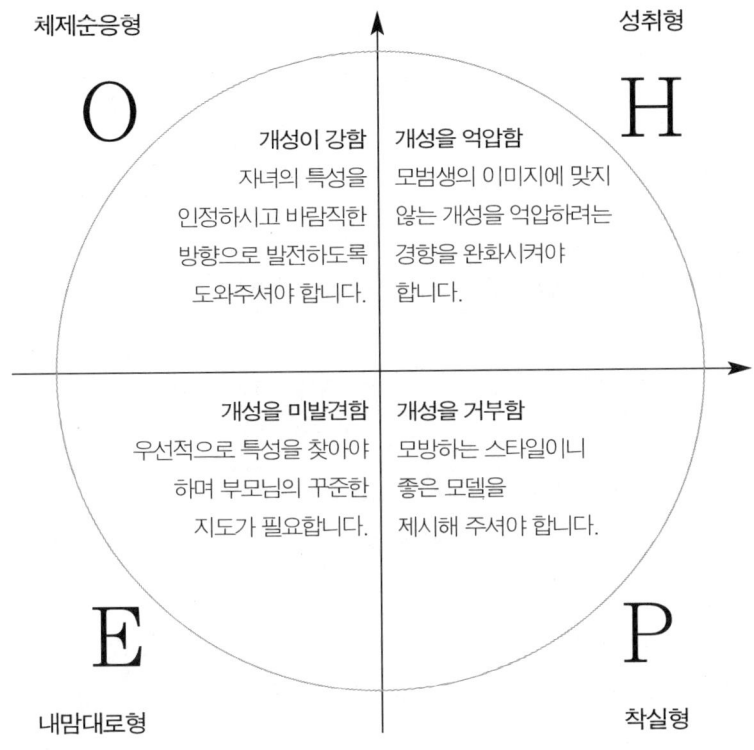

〈개성에 대한 유형별 자녀 지도 전략〉

깨워주세요. 착실형은 자신감이 적기 때문에 장점을 칭찬해 주고, 내맘대로형은 작은 성취에도 기고만장하다가 또 작은 실수에도 자포자기할 수 있습니다. 그만큼 자신감이 확고하지 못하므로 격려로써 자존심을 키워주어야 합니다.

 '개성'에 대한 유형별 전략은 다음과 같습니다. 성취형은 고정된 '이미지'에 안주하려는 경향이 있으니 여행, 동아리 활동처럼 자유분방함을 느껴 볼 기회를 만들어 주세요. 체제거부형은 개성이 특기이자 자산입니다. 개성추구를 인정해주고 개성을 생산적으로 쓸 기회를 주세요. 착실형은 모방하는 스타일이니 좋은 모델을 제시해 주시고, 내맘대로형은 사실 자기 장점과 개성을 아직 모르는 수가 많습니다. 특성 찾아주기가 우선입니다.

열린 학교 시대의 대안, H·O·P·E 교육법

이제까지 H형(성취형), O형(체제거부형), P형(착실형), E형(내맘대로형)의 네 가지 학습 유형별로 자녀의 특성을 진단하고, 그 특성에 맞는 교육 전략을 알아보았습니다. 어떻습니까? 네 가지 유형 모두 각각 장점이 있고 전부 성공할 수 있으리라는 희망이 보이지 않습니까?

예전에는 H형만이 성공하고 출세해서 안정된 고수입을 얻을 수 있었기 때문에 부모님들은 자녀의 특성을 무시하고라도 H형에 맞추려 노력하셨습니다. 그러나 벤처와 인터넷이 지배하는 사회에서는 이런 경제 모델이 판이하게 변합니다.

앞으로는 각자 자기 특성을 살려야 자녀도 성공하고 한국도 발전합니다. 한국 사회가 일부 특수층만 기득권을 독점하던 수직 위계형에서 나름대로 노력하면 다 잘살 수 있는 다원형으로 바뀌어야 진정한 민주 선진국이 됩니다. 그래야 부모님들도 자녀에게 희망을 걸 수 있고 모든 자녀들이 한국의 앞날에 희망을 창조해 내는 주역이 될 수 있는 것입니다.

한국의 뜨거운 교육열을 손에 쥐신 분은 다름아닌 학부모님들이라는 사실, 허리띠를 졸라매고도 자녀의 학비라면 아낌없이 지원하는 분들이 바로 한국의 학부모님이라는 사실, '수험생 자녀 때문에 부부관계를 참고 산다'는 학부모가 40%나 된다는 해외 토픽감이 바로 21세기 한국의 희망입니다.

단, 거듭 말씀드리거니와 아직 성장기에 있는 자녀는 유동적이어서 지금 모습과 다르게 발전할 수도 있고, 또 이런 단순화한 도식에 맞지 않는 자녀도 많고, 여러 유형의 특성을 복합적으로 지닌 자녀도 많습니다. 그러나 지금 상태에서 아이의 특성과 가장 유사한 유형을 찾아서 그에 맞는 장단기 학습 전략을 세우시면 무조건 한 방향으로 끌고가는 것보다 여러 모로 나은 결과를 얻으실 수 있을 것입니다.

부모님께서 자녀의 학습 유형을 고려하셔야 하는 중요한 이유가 하나 더 있습니다. 앞에서 이미 말씀드렸듯이 '교육 개혁'은 한국뿐 아니라 미국에서도 1980년대부터 대대적으로 일어났고 현재도 진행 중입니다. 일본, 독일, 프랑스, 영국 등 소위 G7에 들어가는 모든 나라가 교육 개혁을 하고 있습니다. 교육 개혁이 '진행형'이라는 데 주목하시기 바랍니다. 글로벌 정보사회(GIS, Global Information Society)는 계속 빠르게 진행되기 때문에 교육도 계속 빠르게 사회 변화에 적응할 수밖에 없는 현실입니다.

이런 현실을 직시한다면 언제까지 교육부 장관을 탓하고 교사에게 책임을 미루며 다른 엄마들의 치맛바람을 비난하고만 있을 시간이 없습니다. 싫든 좋든 학교 체제는 점점 더 달라질 수밖에 없고 변화 과정이 너무 빠르기 때문에 어떤 정책을 내놓아도 시행착오를 할 수밖에 없습니다.

지난 몇 해 동안 시행 중인 열린 학교란 이를테면 '대한민국에 있는 초등학교 1학년생이 배우는 것은 이거저거다' 하는 공교육 공통분모가 대폭 줄어든다는 뜻입니다. 수업도 5일제로 줄 것이고, 중·고등학교의 필수과목도 반쯤으로 줄 것입니다. 그 대신 선진국처럼 중학교부터는 '선택'과 '교양' 과목들이 늘 것입니다. 공부나 시험이라는 것도 각양각색의 체험, 의견 제출, 프로젝트, 실습 등으로 바뀔 것입니다. 교실 안의 변화도 중요하지만 학부모님들은 교실 밖의 변화를 주시해야 합니다. 시대 변화에 대해서는 차차 말씀드리겠습니다. 지금 부모님께서 꼭 아셔야 하는 것은 21세기 교육은 학교 안보다는 학교 밖에서 더 많이 이루어질 것이라는 사실입니다. 그렇다면 실질적으로 무엇이 달라질까요?

첫째, 학생들이 공부 외에 다른 것을 할 시간 여유가 많아질 것입니다.

둘째, 그만큼 놀 시간이 많아질 것입니다.

셋째, 노는 만큼 돈 쓸 기회가 많아질 것입니다.

넷째, 사고치고 말썽 일으킬 여지도 많아질 것입니다.

자연히 학생들과 선생님 사이에 마찰이 잦아지게 됩니다. 학생 지도 주임, 훈육 선생님. 주로 체육 선생님들이 맡아 하던 일입니다. 얼굴에 인상 긋고 근육질 어깨에 힘 주던 분들입니다. 예전에는 '학생 지도'란 으레 못된 행동을 감시해서 방지하고 처벌하는 것이었습니다.

똑같은 제복, 똑같은 머리 모양, 똑같은 가방에 똑같은 자세로 공부하는 학생들 가운데에서 '불량 학생'을 '감시'하기란 비교적 쉬운 일이었습니다. 전교생이 2,000명 정도라도 호랑이 같은 훈육 선생님 한 분이 감당해 낼 수 있었습니다.

그러나 열린 학교에서는 교사 모두가 훈육 선생님 노릇을 해도 '감시'는 불가능합니다. 점점 작아지고 얇아지고 가벼워지는 전자 제품을 어떻게 일일이 다 점검하고 색출해 냅니까? 명함만큼 작아진 이동 전화기를 찾아내려고 가방이며 신발주머니를 다 뒤질 수는 없는 일. 컴퓨터로 작업하는 일이 많은데 스크린 안에 있는 정보를 일일이 감시한다? 어림없는 일입니다. 학생들 비웃음만 사게 됩니다.

그렇다고 자녀의 활동 무대를 상대적으로 안전한 학원이나 과외로 내몰자면 자녀들의 반발이 심해질 것입니다. 지금까지는 너도나도 학원에 가니까 친구를 만나기 위해서 학원에 가기도 했습니다. 그러나 학생들은 교육부보다 먼저 변하고 있습니다. 부모님들이 말리건 말건 선생님들이 싫어하건 말건 학생들은 이미 동아리 활동에 눈을 돌리고 있습니다. 공부를 하지 않는(학습 자세가 좋지 않은 체제거부형과 내맘대로형) 자녀가 어찌된 영문인지 동아리 활동은 끔찍스럽게도 열심히 하는 경우가 많습니다.

"저런 집중력을 학교 공부에다 쏟으면 명문대에 들어가고도 남을 텐데!"

달래고 윽박지르고 타일러도 별 소용이 없습니다.

동아리 활동은 학생들의 사고력, 판단력, 책임감, 자발성, 기획 능력 등을 엄청나게 키워줄 수 있는 가능성을 지니고 있습니다. 기업이 요구하는 새시대 인력의 기본 자질을 연습하는 것이라 대학에서도 앞으로 동아리 활동을 가산 점수화할 것입니다. 강남의 어느 명문 사립 고등학교에서는 학내와 동아리 활동을 학교에서 적극 지원해 주어서 다른 학교 학생들의 부러움을 사고 있다고 합니다.

문제는 학교가 앞장서서 후원해 주는 건전한 동아리 활동이 있는가 하면 부모님이나 선생님께서는 도대체 뭐가 뭔지 알 수 없는 동아리도 무수히 많다는 것입니다. 예전에 부모님들이 까까중, 단발머리일 때도 교내외 써클이 있었습니다. 그때는 고작해야 문학반, 연극반, 방송반, 사진반 정도였지만 지금은 인터넷을 통해 수천 개의 동아리 활동이 네트워크로 형성되어 있습니다. 온갖 동호회들이 다 있어서 그 활동은 바둑, 서양 장기, 국악, 요리, 윈드서핑, 래프팅, 스키, 만화, 역사 탐방, 여행, 수집, 환경 보호, 동물 보호, 봉사회 등 다양하기가 그지없습니다. 야구 선수나 특정 영화배우 팬클럽도 있습니다.

뭐가 뭔지 모르면 은근히 걱정이 됩니다. 그래서 '머리에 피도 안 마른 녀석들이……' 하는 식으로 동아리 활동을 시시한 이성교제의 빌미쯤으로 간주하거나 날라리들의 잔치로 보는 경향도 생기게 됩니다.

그러나 이젠 부모님께서 말린다고 자녀가 동아리 활동을 못하는 시대가 아닙니다. 밖에 나가지 않아도, 남과 몰려다니지 않아도 자녀들은 인터넷만 있으면 시·공간을 초월해서 넘나들지 못하는 곳이 없습니다.

부모님께서 자녀의 동아리 활동에 특별한 관심을 쏟으셔야 하는 이유가 또 있습니다.

앞으로 점점 많은 학생들이 자기 용돈을 스스로 벌어서 자기가 쓰고 싶은 데 쓸 것입니다. 주유소에서 아르바이트하는 것쯤은 중학생도 할 수 있습니다. 이 밖에도 어른들이 기피하는 3D일, 간이음식점이나 피자 배달, 베이비시터(아기 돌봐주기), 애완견 돌봐주기, 과수원이나 목장이나 농촌에서 일손 거들기 등 10대 아이들이 할 수 있는 허드렛일은 수도 없이 많습니다. 지금도 공부 대신 남아도는 시간에 자기 용돈을 버는 학생들이 있습니다. 학교 몰래, 부모님 몰래 하는 것일수록 불건전하고 위험합니다. 원조교제 따위같이 말입니다.

'설마 우리 아이가?'

쓸데없는 걱정일까요? 부모님께서 자녀의 동아리 활동에 신경 쓸 수 있는 여유가 있다면 정말로 다행입니다. 문제는 점점 부모님께서 자녀에게 신경을 쓰지 못하는 가정이 늘어날 것이라는 사실입니다. 이혼율이 급증하고 있기 때문입니다. 주부의 취업률이 46%를 넘었기 때문입니다. 어머니가 전업 주부라 해도 아이들이 중학교쯤 되면 '내 시간을 갖고 싶다'는 욕구가 걷잡을 수 없게 커집니다. 40대 아빠들은 직장에서 승진이냐 도태냐 사이의 팽팽한 줄다리기를 하느라 자녀와 아내에게 신경쓸 겨를이 없습니다.

자녀들의 학교 수업은 일찍 끝납니다. 그런데 집에 와봤자 엄마도 아빠도 각각 자기 일로 바쁘니 자녀는 집 밖을 빙빙 나돌게 됩니다. 게임방에 중독되는 것쯤은 예사고 도처에 더 위험한 유혹이 널려 있습니다.

10년 전까지만 해도 이런 시나리오는 미국 중산층에게나 어울리는 것이었습니다. 그러나 지금은 우리나라에서도 이런 모습이 보편적인 것이 되어버렸습니다. 다만 미국은 그 후유증이 이미 나타나 대책 마련에 급하지만 한국은 이제 막 시작이라 아직 그 후유증까지 생각이 미치지 않을 뿐입니다.

아마 윽박질러서라도 자녀를 공부에 매달리게 하는 것이 부모님께서 가장 신경 덜 쓰는 21세기 교육 전략이라고 생각하실 수도 있을 것입니다. 하지만 21세기 교육은 아이가 학교 밖으로 나가는 것을 억지로 막는다고 될 일은 아닙니다. 열린 교육은 교육의 현장이 따로 구분되지 않는 상태를 뜻하기 때문입니다.

어쨌든 학교 붕괴와 가정 붕괴의 축이 맞물리면서 자녀들은 중심을 잃고 심하게 방황하게 됩니다. 반대로 열린 학교가 부모님의 뒷받침 속에서 잘 활성화된다면 자녀를 21세기 생존력을 갖춘 인재로 키울 아주 좋은 토양이 됩니다. 어떤 것을 선택하느냐는 부모님께 달려 있습니다.

공부란 힘들고 하기 싫은 것이라는 고정관념을 벗어나야 성공적인 자녀를 키울 수 있습니다. 공부란 참고 견디는 학습 자세가 기본이라는 맹복적인 믿음에서 헤어나와야 합니다.

기성 세대가 보시기에는 학생들이 긴장도 안 하고 겁도 없고 제멋대로인 것처럼 보일 것입니다. 그러나 새시대의 관점으로 봅시다.

지식정보시대에는 창의력이 원동력이라고 합니다. 창의력은 겁먹고 긴장하면 안 나옵니다. 이제까지 학교에서는 논리, 분석, 언어 등을 위주로 하는 좌뇌 중심의 교육을 했습니다. 정신을 집중하고 긴장해야 잘 하는 것입니다. 다르게 말하지면 학습 자세가 좋은 학생에게 유리하다는 뜻입니다. 하지만 앞으로는 감성, 표현, 종합, 시각화도 교육 과정에서 아주 중요해집니다. 우뇌 쪽이 활성화된다는 것입니다. 우뇌가 좋은 학생은 유머와 순발력, 직관력에 강합니다. 체제거부형과 내맘대로형도 성공할 가능성이 높습니다.

열린 학교에서는 자기 관리 능력이 중요합니다. 남이 통제하기보다 스스로 통제하고 조절하는 것이 열린 학교의 교육입니다. 자기 조절 능력 없이 열린 학교 수업을 받으면 학생은 중심을 못 잡고 방향감각을 잃을 것입니다. 열린 학교에서는 학생들을 몰아부쳐서 한곳으로 밀고 가지 않기 때문에 스스로 목표를 설정하고 진도를 정해야 합니다. 물론 타율적으로 '좋은 학습 자세'를 강요받은 미성숙한 학생에게는 어려운 일입니다. 부모님께는 더 힘든 일입니다. 그래서 자녀와 부모님이 한편이 되어서 팀워크를 이루어야 성공할 수 있다는 것입니다.

열린 학교를 시행하게 되면 과도기의 혼란과 부작용이 만만치 않을 것입니다. '아, 옛날이 더 좋았다!' 하실 분들이 아주 많을 것입니다. 학생들을 옭죄고 숨도 못 쉬게 군대식으로 다스리던 방식이 얼마나 편했던가 아쉬워할 것입니다.

그러나 새시대 아이디어는 자유분방함에서 나온다고 기업에서부터 고삐와 나사를 풀어주는데 학교라고 안 변할 수가 없습니다.

새시대에 가장 쓸모없는 인력은 예스맨. 시키는 대로만 하려는 사람, 남들 다 하는 대로 따라하려는 사람, 예전에 하던 방식만 고집하는 사람입니다.

새시대에는 아이디어맨이 필요합니다. 아이디어는 소신이 있어야 나옵니다. 남들과 다른 관점에서 보아야 새롭고 기발한 아이디어가 나옵니다. 청개구리, 엉뚱이 들이 아이디어맨들이 될 가능성이 큽니다.

학교 제도라는 틀을 떠나서 사춘기 자녀를 바라봅시다. 인류학적으로 원래 사춘기는 자기 발견 시기이자 어른이 되는 입문기이고, 어른으로서 책임감을 갖고 어떤 도전이든 이겨낼 준비를 하는 때입니다. 어른이 되기 전에 몸과 마음을 단련하기 위해 행했던 할례 등의 고통스러운 통과의례도 모두 사춘기 소년 소녀들을 위한 것이었습니다. 먼 바다와 정글을 헤쳐 나갈 수 있는 생존력을 얻기 위해 마음을 다잡는 의식이었던 것입니다.

정보시대에는 정보의 바다와 인터넷 정글 속에서 생존해야 합니다. 정보시대는 사냥감 대신 정보를 캐고 찾는 정보 수렵 채취 시대입니다. 지구촌은 가까워지고 기류의 변화는 빨라집니다. 혈연, 지연, 학연 대신 가상(사이버)의 세계에서 사람들이 만났다 흩어지며 쇼핑도 하고 상거래도 합니다. 정보 서비스, 대인 서비스, 분석 서비스업이 개인 대 개인으로 직거래를 합니다.

너무 복잡하게 생각하지 마십시오. 교육부의 기본 방침을 보십시오. 단 세 가지 구호로 압축되어 있습니다. 다양화, 특성화, 그리고 자율화! 새시대가 요구하는 인재는 이 세 가지 기본이 융합되어 있어야 하기 때문입니다.

학교에서 이런 변화에 맞는 능력을 학생 개개인에게 키워줄 것을 기대합니까? 아닙니다. 정부나 제도나 학교가 바뀌기를 기다리지 마십시오. 아무리 학교가 정보시대에 맞게 변한다고 하지만 체제는 사람의 생각을 앞서기보다 훨씬 뒤늦게 변하게 마련입니다. 관료 조직이 거북이 걸음으로 변하는 동안 우리 자녀들은 이미 다 커버릴 것입니다.

자녀의 다양화와 특성화를 학교 선생님들에게 맡기지 마십시오. 교사들의 능력이나 자질 문제가 아닙니다. 아동심리학자들이 연구한 결과 어른 한 명이 동시에 아이 넷을 가르치는 것이 학습 용량의 최대 한도라고 합니다. 한 어른이 아이 넷 이상을 맡는다는 것은 책임 있게 한 명 한 명의 성장 욕구를 충족시키기에 역부족이라는 뜻입니다. 그러니 30명, 40명을 책임져야 하는 담임 선생님에 의해 자녀의 다양성이 적극 환영되고 특성 있게 키워질 수 없다는 현실을 인정하시기 바랍니다. 한 반 정원을 20명으로 줄인다 한들 약간 나아지기는 하겠지만 이 역시 역부족일 것입니다. 학원도 기대하지 마십시오. 할 수 없이 가야만 하는 학원에서 자녀가 정보시대에 맞는 자율 능력을 얻을 수는 없습니다.

자녀의 다양화, 특성화, 자율화는 부모님의 몫입니다. 자율화는 치맛바람으로 되는 것이 아닙니다. 다양화는 돈으로 해결되지 않습니다. 다양화는 자녀의 특성을 바로 파악하는 데서 출발합니다. 특성화는 자녀를 인격체로 대해야 가능한 일입니다. 남과 비교하거나 경쟁하는 것은 사랑이 아닙니다. 아이의 특성을 알고 장점을 살리는 H·O·P·E 교육법이 바로 부모님께서 21세기 자녀의 생존력을 높여줄 수 있는 지름길입니다.

이제 학생, 학부모, 교사가 모두 힘을 합쳐야 합니다. 이제는 서로를 구속하고 감시하고 눈치볼 사이가 없습니다. 청소년 복지, 청소년 문화, 학부모 교육이 모두 힘을 합쳐야 합니다. 그것이 우리 모두를 살리는 길입니다.

3장

연령별 실전
자녀 교육법

1
초등학생 자녀, 이것이 기본이다

이제 학부모님들께서는 변화한 교육 환경과 새시대에 우리 아이들을 인재로 키우는 방법을 이해하셨을 것입니다. 이 장에서는 앞에서 설명한 이론과 핵심 지식들이 실제 교육 현장에서 어떻게 적용되는가를 보여드리겠습니다.

Q 아이가 고집이 세요. 어떻게 고쳐줘야 할까요?
A 타고난 기질이라면 인정하세요.

세상의 모든 일은 양면성이 있습니다. 강점이 약점이 되고 약점이 강점이 되기도 합니다. 예를 들어 말을 잘 듣는 아이는 주관이 뚜렷하지 않아 '친구 따라 강남 가는' 식으로 외적 영향을 쉽게 받습니다. 고집이 센 것은 자기 주관이 뚜렷하다는 뜻도 됩니다. 어떤 성향이든 발전적으로 활용할 수도 있고 파괴적으로 쓸 수도 있습니다.

다만 변할 수 있는 것과 없는 것을 구별하여 변할 수 없는 것이라면 받아들이는 것이 자녀에게도 스트레스를 덜 주고 부모님도 마음이 편해지는 길입니다. 여기서 우리는 '성장이라는 게 뭔가?', '기질이라는 게 뭔가?' 하는 문제를 짚고 넘어가야겠습니다. 이 둘을 이해하면 자녀의 특성을 이해하고 좀더 여유롭게 아이들을 지도하실 수 있을 것입니다. 특히 다음 세 가지를 유의해서 보세요.

- 아이가 타고난 기본 성향(또는 기질)
- 나이에 따라 변하고 발전하는 수준
- 아이가 자라나는 환경

두 번째와 세 번째는 부모님의 노력에 따라 어느 정도 달라질 수 있지만 첫 번째, 즉 아이가 가지고 태어난 고유의 기본 성향은 좀처럼 바꾸기 어렵습니다. 거의 모든 인간의 불행은 고유하게 타고난 기본 성향을 억지로 바꾸려는 부모와 사회(학교) 때문에 벌어진다고 봅니다.

요즘 우리나라에도 사람의 체질을 태양인, 태음인, 소양인, 소음인 넷으로 나누는 사상의학이 널리 알려졌지만 인도나 그리스에도 각각 이와 비슷한 '체질론'이 있습니다. 앞서 체제거부형은 원래 고집이 센 편이라고 말씀드렸습니다.

개성이 재산인 시대입니다. 자녀의 고유한 성향을 인정해 주는 것이 21세기식 인재 키우기의 비결입니다. "누굴 닮아 저 모양이지?", "난 쟤만 할 때 안 그랬는데", "하는 짓이 꼭 누구 같다" 하며 자녀의 특성을 비난하고 조롱하는 태도는 특히 자녀가 자기 정체성을 형성해 가는 아동기일 때는 절대 금물입니다.

Q 딸이 원래는 참 순했는데 12살 무렵부터 변덕이 심해지고 종잡을 수가 없어졌습니다. 왜 그렇죠?
A 학교, 친구, 가정에 별다른 변화가 없는데 감정기복이 심해졌다면 호르몬의 변화로 볼 수 있습니다.

특히 여자아이들은 11살부터 15살까지 여러 호르몬들이 왕성하게 분비되지만 아직 조절이 완만하지가 않습니다. 조금 기쁜 일이 있으면 기분이 하늘을 찌를 듯 좋아졌다가도 친구한테 기분 나쁜 말 한 마디만 들으면 눈물을 뚝뚝 흘리기도 합니다.

이것은 변덕이 아니라 아직 정서, 인지, 행동이 서로 조화롭게 성숙되지 않았기 때문입니다. 그러므로 크게 걱정하지 않으셔도 됩니다.

Q 맞벌이 주말 부부입니다. 초등학생 아이 둘을 키우는데 너무 힘이 드네요. 아빠는 직장이 창원이고, 엄마인 저는 광주에서 교사로 일하기 때문에 가족이 모이는 건 주말에나 가능합니다. 애들이 더 크기 전에 돈을 모아 집을 사려고 하는데 아이들이 점점 말을 안 들어 걱정입니다. 직장을 포기하고 싶을 때가 한두 번이 아니에요.
A 정말 힘드시겠네요. 일, 가정, 건강, 육아, 저축의 균형을 이루기가 요즘처럼 어려운 때가 없었던 것 같습니다. 그런데 어른은 좀 더 중요하고 자신이 좋아하는 것을 선택할 능력과 권리가 있지만 아이들은 그렇지 못합니다. 부부가 아이들을 고려하여 에너지, 시간, 내 집 마련, 육아, 건강 중 어디에 우선순위를 둘지 재점검해 보십시오.

"얼마나 빨리 가느냐보다는 어디로 가고 있느냐가 더 중요합니다."
『성공하는 사람들의 7가지 습관』이라는 세계적인 베스트셀러를 쓴 스티븐 코비 박사의 말입니다.

스티븐 코비는 〈코비 리더십 센터〉의 회장으로서 1980년대 미국 경제가 대대적으로 구조조정을 하면서 새로운 패러다임을 추구할 때 대기업 회장, 사장, 중역들에게 새시대에 맞는 리더십에 대해 가르친 사람입니다. 그래서 어떤 이는 1990년대 중반부터 미국 기업이 일본, 유럽 공동체 등의 강력한 경쟁자를 물리치고 혼자 독주할 수 있었던 데에 스티븐 코비의 새로운 성공 철학이 큰 역할을 했다고 말하기도 합니다. 또 미국 남부 촌구석 아칸소의 주지사에 불과하던 클린턴 대통령 후보자가 당시 압도적 우세에 있던 부시 후보자를 이길 수 있었던 것도 스티븐 코비한테 '개인 코치'를 받은 덕이라는 것은 클린턴 자신이 인정하는 사실이기도 합니다.

맞벌이 부부가 우리나라보다 한 세대 앞섰던 미국의 시행착오에서 우린 어떤 교훈을 얻을 수 있을까요? 미국에서도 불과 1980년대까지만 해도 '시간이 금'이라는 산업 자본주의 사고방식에 거의 모두가 중독이 돼 있다시피 했습니다. 회사에서도 더 많이, 더 잘해야 성공이라고 밀어부치고, 가정에서도 더 많이 돈 벌고, 더 큰 집에서, 더 좋은 차를 타는 것이 행복인 줄 착각한 것입니다. 이렇게 한두 세대를 살아본 결과, 남는 것은 정신력의 고갈, 누적된 스트레스, 각종 만성병, 인간 관계 파괴, 허무감과 피로와 고독이라는 것을 깨닫고 새 사고방식(패러다임), 새로운 생활 철학을 찾게 된 것입니다.

많은 부모들이 자녀가 부모의 품을 떠난 후 너무나 크게 후회하는 것을 봅니다. 어릴 때 같이 시간 보내고 더 자상하게 돌보아주지 못한 것을 퍽 가슴 아프게 생각합니다. 돈은 나중에 벌어도 되지만 자녀는 한번 크면 그만이라는 것이지요. 미국에서는 지금 코비 박사의 가르침에 따라 새로운 가족주의가 유행하고 있으며, 이는 국가 정책에 반영되기도 합니다. 그가 가르치는 내용을 한마디로 줄인다면 "소중한 것과 급한 것을 분별하라"입니다.

스티븐 코비 박사는 세계 각국의 대기업 중역, 지도자 들을 만나본 결과 대부분 늘 시간이 부족하고, 늘 쫓기는 듯한 느낌을 갖고 있으며, 할 일은 많은데 의미를 못 찾는다는 공통점을 발견했다고 합니다.

요컨대 '바쁘다 바빠!'라는 말인데, 문제는 이런 말들을 꼭 대기업 간부들만 하는 게 아니라 우리 남편, 우리 이웃, 우리 자신이 입에 달고 산다는 것입니다. 그런데 우리가 잘살기 위해 점점 더 바쁘게 사는 만큼 과연 행복해지고 있나요? 아닙니다.

"엄마가 지금 바쁘니까 내일 얘기하자."

"하루 종일 바쁘고 피곤하게 보냈으니까 나 좀 혼자 내버려둬."

이렇게 하루, 이틀, 한 달, 몇 년이 지나면 남는 것은 무엇일까요? 바쁘게 사는 사람들은 바쁠수록 사실 '소중한 것'과 점점 멀어집니다. 그래서 허전함을 메우려고 더 빠르게 쳇바퀴를 계속 굴리며 삽니다.

그러나 자녀들은 부모님들만큼 급하지 않습니다. 좋게 보면 아이들이 어른들보다 '긴급성 중독'에 덜 오염되었다는 뜻이지요. 또 달리 보자면 앞으로 살아갈 날이 어른보다 더 길다는 뜻도 됩니다.

혹시 이혼, 이직, 이사 등 큰 변화를 앞두고 계시다면, 지금 이 순간에 자신에게 가장 소중한 것이 무엇이고 가장 시급한 것이 무엇인지 주위를 점검해 보세요. 그리고 소중한 자녀들을 참여시키세요. 이것이 임파워먼트입니다. 부모님에게 소중하고 급한 것을 자녀도 동감하고 '합의'해야 교육 효과가 있고, 변화를 창조해 낼 수 있는 에너지도 모입니다.

Q 최근에 이혼을 하고 혼자 초등학교 3학년 아들을 키우는 엄마입니다. 이혼 후유증도 크고 이사, 취업 등 신경써야 할 게 많아 저는 너무나 힘든데 아들은 게임에만 빠져 있어 화가 납니다. 아들이 어쩜 이렇게 이기적인지 어떤 땐 미워서 막 때려주고 싶어요.
A 아이가 마음껏 놀게 놔두세요.

아이도 괴롭겠지만 자기가 어쩔 수 없는 일이라 도피처가 필요할 거예요. 이혼은 어른들이 결정한 일입니다. 아이가 이혼의 상처를 덜 받게 하려면 어른들의 문제를 아이의 문제로 확대시키지 말아야 합니다. 아이의 능력으로 어찌할 수 없는 일에 대해 책임감을 느끼지 않도록 해주세요. 엄마가 화가 나지 않았을 때 일부러 대화할 시간을 마련해서 엄마가 요즘 힘든데 이러저런 일은 네가 좀 도와주면 고맙겠다고 아이가 할 수 있을 만한 일을 언제, 어떻게 도와 달라고 구체적으로 말하는 것이 필요합니다.

최근 이혼율이 급증하고 있습니다. 근래에는 우리나라 부부 세 쌍 중 한 쌍이 이혼을 하는데, 이는 아시아 국가 중 최고이며 OECD 국가 중에는 세 번째입니다. 이혼율 세계 최고인 미국(50%)에서는 이혼의 후유증에 대한 연구가 많이 되어 있는데 특히 부모의 이혼이 자녀에게 미치는 장기 영향에 대한 연구가 많기 때문에 자녀의 상처를 최소화시키는 처방도 널리 알려져 있습니다.

이 가운데 치유 효과가 가장 높다고 검증된 방법 중 하나는 부모의 불화나 이혼이 자녀의 책임이 아니라는 사실을 여러 번 반복해서 아이에게 말해 주는 것이라고 합니다. 아이들은 아직 사고방식이 자기중심적이라 매사를 자기와 연관짓습니다. 부모의 이혼도 자기가 뭘 잘못했기 때문이라고 생각하는 경향이 높다고 합니다. 그래서 나름대로 '내가 이렇게 하면 부모님이 다시 친해질까?', '저렇게 하면 한 집에서 엄마 아빠와 함께 살 수 있을까?' 하며 나름대로 궁리를 하고 시도를 해보다가 원하는 결과를 얻지 못하면 심한 무기력감과 우울증에 빠진다고 합니다.

이럴 때 부모 중 누구라도 "엄마, 아빠가 헤어지게 된 것은 네 탓이 아니다. 비록 우리가 헤어질 수밖에 없더라도 널 여전히 사랑하고 보호해 주겠다"고 분명하고 진실하게 말해 주면 상처를 훨씬 덜 받을 뿐 아니라 회복도 빠르다고 합니다.

자녀가 괴로울 때 위안으로 삼을 만한 도피처가 필요한데 좋은 친구, 독서, 음악, 운동, 일기쓰기 등은 퍽 건전한 대상입니다. 그러나 음식(폭식이나 거식), 술, 담배, 환각제, 섹스, 도박, 도벽, 가출 등 파괴적인 도피처는 위험합니다. 게임 중독은 이 중간 정도가 되겠습니다. 어느 정도 몰두해서 놀게 한 뒤에 엄마와 대화할 시간을 갖도록 분위기를 조성해 주고 여건이 된다면 같이 여행이나 산책을 하여 이야기 나눌 시간을 만들어야 합니다.

야단을 치거나 화를 내거나 하면 엄마는 스트레스만 더 쌓이고 아들에게도 돌이킬 수 없는 상처를 줘서 모자 사이만 더 멀어질 뿐입니다. 이혼한 자녀에게 가장 크게 영향을 미치는 사람은 동성의 부모라고 합니다. 즉 딸에게는 엄마가 중요하고 아들에게는 아빠가 중요하다는 뜻이지요. 아들에게 아빠의 험담을 하거나 아빠 때문에 엄마가 괴롭다는 말을 하는 것은 금지 사항 1호입니다. 정 괴로우면 (어른) 친구에게 하소연할지언정 자녀에게 이전 배우자의 나쁜 점을 말하지 않도록 스스로 다짐해야 합니다.

또 아이의 선택의지와는 무관하게 양쪽 부모에게서 염색체를 반씩 받았기 때문에 아이에게서 이전 배우자의 모습이나 특성이 눈에 띄게 마련입니다. 배우자가 사랑스러울 때는 자녀의 닮은 모습도 예뻐 보이지만 미울 땐 그동안 쌓였던 싫은 감정까지 보태서 몇 곱으로 미워 보이게 마련입니다. 스스로 이런 감정을 점검하여 자신의 감정에 따라 아이를 대하지는 않는지 솔직해야 합니다.

힘든 고비고비마다 '이혼을 통해 본인이 가장 원했던 바가 무엇이었나?', '앞으로 자신의 삶에서 무엇을 가장 원하는가'를 생각해 보면서 삶의 열쇠를 본인이 쥐고 있다는 사실을 기억하면 용기를 얻을 수 있을 것입니다.

Q 우리 아들이 초등학교 4학년인데 학교에서 지능 검사를 했더니 I.Q.가 87점이랍니다. 같은 반 아이들이 I.Q. 두 자리 숫자라고 놀린다네요. 아이도 무척 놀라고 실망하는 눈치입니다. 얘는 정말 머리가 나쁜가요?

A 모든 검사는 적어도 세 번은 해야 신빙성이 있습니다. 그날의 특수한 상황 때문에 점수가 잘못 나왔을 수 있습니다. 만일 두세 번 검사를 더 해봐도 결과의 오차가 별로 없다면 대기만성형으로 키워주시고 아이의 소질이 어디에 있는지 살펴주세요.

지능지수란 단지 '상대적 학습 속도'를 재는 것일 뿐입니다. 쉽게 말해 또래 평균 아이들이 습득할 내용을 상대적으로 얼마나 빨리 습득하느냐를 통계적으로 수치화한 것인데, 어릴 때 남들보다 빨리 산수와 글자를 깨우친다고 사춘기에도 계속 남보다 앞선다는 보장은 결코 없습니다. 대개 남보다 빨리 배우건, 늦게 배우건 사춘기 정도면 거의 같은 수준에 도달한다는 것입니다. 그러니 "어릴 땐 꽤 영특해서 기대를 잔뜩 했는데 왜 갈수록 멍청해지느냐?"고 탓하지 마십시오. 반대로 "어릴 때 하도 바보 같아 걱정했더니 제법이군"이란 말씀도 불필요합니다.

통계적으로 볼 때 어릴 때 영재였든 지진아였든 중·고등학교에 이르면 80%는 거의 같은 수준이 됩니다. 오히려 영재들은 여러 인간 발달 요소 중에 한두 가지만 빨리 계발하느라 인간 관계나 사회성, 운동 감각에서 훨씬 마이너스가 되어서 원만한 인성 발달을 못하고 마는 경우가 많다는 것이 게젤 연구소에서 70년간 연구한 결과입니다. 오히려 늦된 아이들을 재촉하지 않고 놓아두면 느긋하게 여러 기본 능력들을 나름대로 터득해서 나중에 큰 인물로 성장하는 경우가 종종 있습니다.

I.Q.에 관한 연구 중에 가장 널리 알려진 것이 일명 '캘리포니아 프로젝트'인데 어느 스탠포드 대학 교수가 'I.Q.가 높은 사람들이 과연 보통 사람보다 더 잘살까? 더 오래 살까? 더 행복할까? 더 건강할까? 더 이혼을 많이 할까? 더 자녀를 많이 낳을까?' 등의 의문에서 시작하여 3대째 진행하고 있는 방대한 연구입니다. 연구팀이 1920년대부터 아이큐 140 이상인 영재 2,400명을 선정하여 80여 년 동안 다각도로 관찰한 결과, 일생을 사는 데 I.Q.가 높다 하여 평균치 I.Q.를 가진 사람들과 다른 점은 거의 없더랍니다. 구체적으로 노벨상 수상자나 발명가는 한 명도 나오지 않았

고, 대인 관계, 결혼 행복도, 직업, 수입, 평균 수명, 건강, 창조력 등에서 평균치의 그룹과 통계적으로 유의미한 차이가 없더라는 것이 영재들의 일생을 지켜본 결론입니다. 결국 학습 능력이 인생의 전부가 아니라는 말이지요.

그러니 부모님들께서는 어릴 때 자녀의 I.Q.를 운운하며 너무 큰 기대를 하실 필요도 없고 너무 실망하실 필요도 없습니다. 문제는 지금, 이 시점에서 자녀가 밝고 건강하게 성장할 수 있도록 도와주며 아이가 잘 하는 것을 찾아주는 것입니다.

다시금 강조하지만 타고난 기질이나 특정 능력을 근본적으로 전혀 다른 것으로 뜯어고칠 수는 없습니다. 그러나 다양한 경험과 풍부한 교육 환경을 통해 어느 정도 '자기 조절'을 해서 환경과 조화롭게 적응시킬 수는 있습니다.

Q 우리 애는 공부만 빼고는 다 잘 합니다. 노래, 춤, 운동, 만화 그리기, 컴퓨터 게임…… 그런데 왜 공부만 못하는 것일까요?
A 혹시 '성적'과 '능력'을 혼동하고 있지 않으신가요?

박세리, 박찬호, 장영주, 장한나, 조수미, 조치훈, 황선홍, 차두리…… 모두 자랑스러운 한국의 인재들입니다. 이들이 모두 공부에만 매달렸다면 지금쯤 헛고생하면서 괴로운 날들을 보내고 있겠지요.

"행복은 성적순이 아니지만 능력 있는 사람이 행복하다."

얼핏 모순처럼 들리는 말입니다. 공부 잘 하는 게 꼭 행복을 보장하지는 않는다면서, 또 능력이 있으면 행복하다니 무슨 앞뒤 안 맞는 소리인가 하고 말입니다. 이 말이 모순으로 들린다면 '성적'

과 '능력'을 하나로 보는 고정관념 탓입니다. 공부를 잘 하는 것도 물론 능력이지만 공부란 단지 다른 무궁무진한 능력 가운데 한 가지일 뿐입니다.

　대인관계가 좋은 것, 남을 잘 설득하는 것, 남을 즐겁게 해주는 유머 감각이 풍부한 것, 춤 잘 추는 것, 전자 게임 잘 하는 것, 운동 잘 하는 것, 만화 잘 그리는 것, 노래 잘 부르는 것, 남 잘 도와주는 것, 집단을 잘 이끄는 것, 판단을 잘 하는 것, 문제 해결을 잘 하는 것, 정리정돈 잘 하는 것, 기발한 생각을 잘 하는 것, 용기 있게 앞장설 수 있는 것, 예측 판단을 정확하게 하는 것, 바둑 잘 두는 것, 시 잘 짓는 것, 남의 흉내 잘 내는 것…… 이런 모든 것이 다 능력입니다. 중요한 것은 20세기까지는 이런 능력이 별로 칭찬받을 만한 것이 아니었는데 21세기에는 이런 것도 다 능력으로 인정받고 그에 따른 보상도 받고 보람도 느낀다는 점입니다.

　이제는 시험 성적이라는 하나의 잣대만으로 인간을 평가하던 단일 능력주의 사회가 아니라 다능력 사회입니다. 이제 부모님들께서는 어떻게 하면 아이의 고유한 특성과 장점을 살릴 수 있을지를 고민하셔야 합니다.

　하지만 아직까지도 많은 부모님들이 공부 잘 하는 우등생 만드는 방법과 영재나 천재를 키우는 비법에 혹합니다. 부모님께서는 오로지 H형만이 인정받는 시대에서 자랐기 때문입니다. 이제는 달라져야 합니다. 우리 자녀가 비록 H형이 아니더라도 자신감을 가질 수 있는 시대가 왔습니다. 어쩌면 이미 우리가 다 알고 있는 것일지도 모릅니다. 알고 보면 너무나 평범하고 상식적인 이야기일 것입니다. 그만큼 상식이 통하는 시대가 왔다는 뜻이기도 합니다.

Q 아이가 어떻게 하면 공부를 잘 할 수 있을까요? 아무리 다양한 능력의 시대라 해도 일단은 성적이 좋아야 다른 능력도 빛을 발휘할 게 아닌가 해서 초조합니다.
A 학업 관리는 결과와 과정, 크게 둘로 보아야 합니다.

맞습니다. 아무리 놀면서 일하는 시대라 하더라도 기초 실력은 필요합니다. 성적 향상을 목표로 두신다면 점수로 환산되는 '결과'와 점수를 얻기까지의 '과정' 두 부분을 따로 관찰해 보셔야 합니다.

공부는 별로 안 해도 성적이 잘 나온다면 나름대로 핵심을 파악하는 요령을 터득했기 때문일 수 있습니다. 또는 일시적으로 커닝을 했거나 부정한 편법을 썼을지도 모릅니다. 반대로 노력을 많이 했는데 점수가 나쁘다면 학습 방법에 문제가 있거나 뜻밖의 실수를 했거나 선생님이 싫거나 심각한 고민거리가 있거나 등의 다양한 원인이 있을 수 있습니다. 그렇기 때문에 평소에 자녀의 공부하는 '과정'을 간과하다가 성적표 '결과'만 보고 상벌을 주면 효과가 없습니다.

학업 관리를 할 때 단기 목표와 장기 목표를 함께 설정하셔야 합니다. 단기 목표를 세울 때는 현재 잘 하고 있는 과목과 더 잘 해야 할 과목을 나누어 구체적인 목표를 정합니다. '공부 잘 해라'는 막연한 희망 사항입니다. 자녀들은 부모님의 이런 주문에 따르고 싶어도 뜻대로 되지 않아 스트레스만 받으면서 시간을 허비하게 됩니다. 반면 '수학의 방정식을 이해하고 어느 문제집 몇 쪽을 다 맞을 때까지 되풀이해서 풀어본다'는 것은 구체적인 단기 목표 설정입니다. 단기 목표는 꼭 실행할 수 있는 작은 단위로 쪼

개서 자녀와 부모님이 함께 눈으로 그 성과를 확인해 볼 수 있어야 효과적입니다. 진도와 점수표를 만들어 책상 앞에 붙여두어도 좋습니다. 그러나 장기 목표 설정은 이보다 훨씬 어렵습니다. 목표가 너무 멀고 높으면 성과가 바로 눈으로 보이지 않기 때문입니다. 이미 공부를 잘 하고 있는 자녀건 아직 학업에 취미를 못 붙인 자녀건 '장기적' 학업 관리는 평생 자기 관리의 핵심 요소가 될 것입니다. 어떤 직업을 갖든 폭증하는 지식과 정보를 따라가려면 평생 공부를 하지 않을 수가 없기 때문이지요. 그래서 최근에 개발된 '하버드 지능 프로젝트'를 보면 학습의 목표를 판단 근거의 개발, 문제 해결 능력, 상황 이해 능력 등에 두고 주력합니다. 단순 암기는 이제 컴퓨터에 맡기라는 뜻이지요. 중요한 것은 생각하는 과정과 판단 기준입니다.

교육의 대가들은 모두 기존의 학교 방식을 초월하라고 주장합니다. 그중 몇 명의 예만 들어볼까요? 음악 교육의 스즈키, 프랑스의 그래픽 아티스트 제이콥 에이검, 하버드의 창의력 개발 전문가 데이비드 파킨스, 수평적 사고를 개발한 영국의 에드워드 드 보노 박사 등. 이들은 한결같이 '능력'은 생활 속에서 숨쉬듯 터득해야 하며 그러기 위해서 부모님보다 더 훌륭한 교사는 없다고 합니다.

Q 아들이 영 자신감이 없어서 탈이에요. 매사에 소극적이고 뭘 시작도 해보기 전에 겁부터 냅니다. 어떻게 하면 자신감을 키워줄 수 있을까요?
A 아들의 장점을 발견해 주고 칭찬해 주세요. 자신감은 자기의 장점을 알아야 생깁니다.

마틴 셀리그만 박사에 따르면 부모나 교사가 단점을 고쳐주려 할 때 아이들은 위축감을 느끼면서 부정적인 태도를 갖게 된다고 합니다. 반대로 누군가 자신의 장점을 발견해 주고 인정해 줄 때 행복을 느끼고 자신감도 커지며 새로운 일에 도전해 보려는 용기가 생긴다고 합니다.

『승자의 심리학』으로 유명한 데니스 웨이틀리 박사가 연구한 바에 따르면 성공하는 사람들의 핵심 특성은 '자기를 사랑하고 존중하는 것'이라고 합니다.

여기서 웨이틀리 박사가 말하는 성공은 돈 벌고 명예를 얻는 외적인 잣대의 성공이 아니라 자기가 하고 싶은 일에서 뛰어난 능력을 키우고 만족하며 다른 사람에게 공헌도 많이 하는 것을 말하는 것입니다. 이런 사람들은 자기가 성공할 자격이 있다고 믿기 때문에 꿈을 키우고 노력을 하고 어려움에 부딪혀도 극복해 나간다고 합니다.

반대로 하는 일마다 실패하거나 시작도 안 하려 하거나 이것저것 시작했다가 끝내지 못하고 쉽게 포기하고 좌절하는 사람들은 그 원인을 캐보면 대개 자기에 대한 자신감이 없고 자기가 무능하고 무가치하다는 부정적인 신념으로 가득 차 있다고 합니다. 물론 이런 신념은 어릴 때 심어졌기 때문에 쉽게 뿌리뽑히지 않습니다. 어릴 때는 주위 어른들이 하는 말들을 반박하거나 물리칠 힘이 없어서 무비판적으로 마음에 담아둡니다. 그리고 그런 부정적인 신념은 크면서 점점 더 부정적인 행동으로 나타나고 결국 무능한 사람이 되는 것을 인정하게 됩니다.

자기존중감은 기본 생존력입니다. 자기에 대한 신념은 어떤 시련과 고통도 초월할 힘을 줍니다. 빅터 프랭클은 실존 심리학의 새 지평을 열어 세계 수많은 사람들에게 감명을 주었습니다. 그는 나치 통치 직전에 콜럼비아 대학 교수자리를 제안받을 만큼 촉망받는 심리학자였습니다. 그러나 그는 연로한 부모님을 두고 혼자만 잘살려고 미국에 갈 수 없다는 생각을 하고 독일에 남았습니다. 그리고 곧 히틀러의 유태인 말살 정책으로 나치의 포로 수용소(아우슈비츠)에 갇히게 됩니다. 거기서 그는 무엇을 했을까요? 팬티까지 벗기우고 할례받은 유태인임을 증명하는 치욕을 당하고, 생명처럼 아끼던 연구 원고뭉치를 압수당하고, 사랑하는 아내와 분리되어 생사 확인도 못하고, 이름 대신 죄수 번호로 불리고, 잠옷 같은 죄수복을 입고 강제 노동을 하면서 짐승도 못 먹을 열악한 음식으로 허기를 달래고…… 그야말로 인간의 존엄성을 다 빼앗긴 상태였습니다. 하지만 그는 절망하고 울부짖는 대신 자신이 지닌 '자기존중감'을 지켰습니다. 스스로 인간 존엄성에 대한 믿음을 버리지 않는 한 아무도 마음속에 있는 고상한 정신을 유린하지 못하리라는 신념으로 만 3년 동안 포로수용소를 견뎌냈습니다. 그뿐 아니라 그는 사람이 어떻게 아무것도 없는 상태에서도 인간다울 수 있는가를 반드시 살아서 증명하리라 마음먹었습니다. 그리고 그는 살아남았습니다. 똑같이 굶고 강제 노동을 했어도 '목적 의식'이 있는 사람은 살아남고 절망한 사람들은 병들어 죽거나 자살했습니다. 만일 자신의 장점을 믿지 못하고 자꾸 위축되려 한다면 더 큰 어려움을 극복한 사람들로부터 영감을 얻는 것도 도움이 됩니다. 빅터 프랭클처럼 어느 무엇도 자기의 능력과 꿈을 앗아갈 수 없다는 확신을 되찾아야 합니다. 자기 자신을 포기하지 않는 한 아무도 자기를 포기할 수 없다는 자기존중감을 살려야 자신감이 생깁니다. 자신감은 21세기 인재의 특성입니다.

Q 6학년 아들을 둔 주부입니다. 아들이 초등학교 5학년 때까지만 해도 '소신껏' 아이를 학원에 안 보내는 엄마로서 자부심을 가졌지만 막상 중학교에 보내려니까 주변 엄마들이 열린 학교가 중학교까지 연계가 안 되기 때문에 수업을 따라가지 못할 거라고 겁을 줘서 할 수 없이 학원에 보내기로 했습니다. 잘한 일인가요?

A 아이들은 다 다릅니다. 즉 같은 선생님, 같은 학원일지라도 아이에 따라 다른 결과를 얻는다는 뜻입니다. 다른 엄마들의 의견보다 먼저 우리 자녀의 특성부터 살펴보시기 바랍니다.

비슷한 경험을 하신 다른 학부모님의 사례를 소개해 보겠습니다. 김진애(38세) 씨는 최근 아들이 다닐 학원에 등록하고 집에 돌아오면서 이제까지 뒷골을 아프게 하던 '학원에 보내? 말아?'의 갈등에서 잠시나마 벗어났다고 합니다.

김진애 씨는 아들이 초등학교 5학년이 될 때까지만 해도 다른 집 아이들이 학원으로 뺑뺑이도는 것을 딱하게 여기면서 마음속으로 '우리 아들은 학원 의존형'으로 키우지 않는다는 자부심을 가졌다고 합니다. 그런데 막상 아이가 6학년이 되니까 내년에 중학생이 될 아들이 학교 공부를 제대로 따라가줄지 불안해지더랍니다. 요즘은 초등학교 성적표에 석차가 표시되지 않으니까 도대체 아들이 얼만큼 잘 하고 있는지 가늠하기가 어려워 불안감은 더 커졌지요.

그래서 처음엔 자존심을 눌러가며 다른 어머니들에게 정보를 한두 마디씩 귀동냥하기 시작했습니다. 여기저기서 영어는 기본이고 중학교 1학년 수학책을 벌써 다 뗀 아이들도 상당수라는 말을 듣자 이제껏 지켜오던 소신이 뿌리째 흔들리기 시작했다고 합니다. 그래서 이곳저곳 알아본 뒤에 겨우 학원 한 곳을 정해, 학원장의 설명을 듣고 보니 지금이라도 하루 빨리 학원에 보내야 아들이 중학교에서 뒤처지지 않겠다는 확신이 생겼습니다. 더 놀라운 것은 학원에서 실시하는 등급 테스트였습니다. 그동안 혼자서도 곧잘 한다고 믿었던 아들은 학원장이 내민 시험지에 나온 생소한 문제를 풀 엄두도 못 내더라는 것이죠. 결국 아들은 '엘리트반'이 아닌 '일반반'에 배치되었습니다.

김진애 씨는 아들이 벌써부터 2류나 3류 취급을 받는 것 같아 마음이 찢어지게 아팠다고 합니다. 그녀는 기필코 겨울 방학 안에 아들을 '엘리트반'으로 진입시켜야겠다는 각오를 단단히 하고 있습니다.

그런데 과연 학원에서는 성적 관리를 제대로 해줄까요? 과외나 학원은 고액일수록 효과가 높을까요?

지난 30여 년 동안 과외에 대한 논란은 그친 적이 없고, 2000년 4월 27일에는 헌법 재판소에서 '과외 금지는 위헌'이라는 판결을 내릴 정도로 한국적인 교육열이 해외 토픽감이 되고 있지만 해마다 자녀의 학년이 올라갈 때, 수능시험 전후, 방학 무렵이면 똑같은 실랑이가 집집마다 반복됩니다. 앞으로 수능이 쉬워진다고 해도 과외가 줄기는커녕 '수행평가 과외', '경시대비반', '내신 과외', '체육 과외' 등 변종까지 더 생겨나고 있다고 합니다. 교육부가 2002년 대학입시 개선안에 대해 설문 조사를 해보았더니 학부모의 38.4%, 교사의 38.8%가 앞으로 과외가 더 성행할 거라고 답했다고 합니다.

과외 효과. 좀더 체계적인 자료를 찾아보았더니 아주 아이러니컬한 연구 결과가 있었습니다. 1998년 서울 구정고 김진성 교장은 보충 수업의 효과를 조사해 본 결과 학생 78%, 교사 70%는 효과가 별로 없다고 하더랍니다. 그런데 이상하게도 학부모들은 95%가 효과가 있다고 답했다며, '배우고 가르치는 당사자들은 효과가 없다고 하는데 구경꾼은 효과 있다고 하는 웃지 못할 결과'라고 말합니다. 또 같은 조사에서 과외를 받기 전의 기대치는 높았는데(66.6%가 '과외가 학업 성적에 도움이 될 것으로 기대한다'고 응답) 막상 과외를 마친 학생들에게 같은 질문을 해보았더니 55.7%가 '성적에 변화가 없다', 4.4%는 '더 떨어졌다'로 응답했다고 합니다. 현대사회 연구소의 1992년 조사 결과로는 과외와 학원은 중학생의 경우 약 3%만이 효과를 보고 고등학생의 경우는 그나마도 효과가 거의 없다고 합니다. 좀더 면밀히 살펴보면 지능이 아주 높거나 낮은 학생에게는 과외 효과가 별로 없거나 역효과를 내고, 평균지능 (I.Q. 90~109)의 학생에게만 한정적인 효과를 낸다고 합니다.

저희 생각으론 P형(착실형)의 경우 핵심 사항과 지엽적인 설명을 가려내는 요령이 부족하기 때문에 요점 정리, 핵심 파악 등으로 성적을 올리는 눈치와 요령을 터득하게 하는 약간의 효과를 기대할 수 있겠습니다. 하지만 H형(성취형), O형(체제거부형), E형(내맘대로형)까지 자녀의 특성이나 의지와는 무관하게 학원에 보내고 과외를 시키는 이유는 뭘까요?

군중 심리 : 남들 다 하는데 우리 애만 안 시키면 낭패볼까 두렵다.

기대 심리 : 안 하는 것보다야 낫겠지(막연한 기대).

책임 전가 : 부모는 학원 보내줬는데도 공부를 못하면 아이나 학원 책임이다.

하지만 여기까지는 자녀가 초 · 중 · 고생일 때의 이야기입니다.

과외의 단기 효과에 대한 논란이란 뜻입니다. 일단 자녀가 대학에 들어간 다음부터는 전혀 다른 이야기가 전개됩니다.

　서울대학교의 교수들은 이구동성으로 말합니다. 서울대 공대의 경우 신입생의 약 40%가 강남 출신이고 과외를 많이 받고 들어온 학생들이랍니다. 처음에는 지적으로 세련되어 보이고 학습 태도도 좋아 보이는데 학년이 올라갈수록 추진력과 지구력이 떨어지고 특히 창의력은 백지 상태인 것 같다고 한탄합니다.

　'정보지식 사회를 이끌 한국 최고의 인재들이 이 모양이라니!'

　반면 지방 출신 학생이나 스스로 공부를 해온 학생들은 학업에 재미를 붙이고 특히 대학원 과정에서 두각을 나타낸다고 합니다. 대기만성형 인재들은 학원의존형보다 환경독립형(O형, E형)이 많다는 결론입니다.

　내신 등급이라는 단기효과를 노릴 것인가 대기만성이라는 장기 효과에 비중을 둘 것인가? 부모님의 선택에 달렸습니다.

2
중학생 자녀,
안전하게 사춘기 지나기

Q 엄마보다 친구를 더 좋아하는 딸에게 배신감을 느껴요. 우리 딸 혜진이가 중학교 1학년이 되더니 엄마하고 갑자기 멀어지는 것 같아요. 하루 종일 학교와 학원에서 친구랑 함께 있는 시간이 아마 다 합치면 16시간이나 될 거예요. 그런데 엄마인 저한테는 돈 달라는 얘기와 학교 잘 갔다오겠다는 말 한마디뿐, 집에 오면 자기 방에 들어가서 친구와 또 컴퓨터 통신으로 대화를 해요. 도대체 엄마인 나의 존재 가치는 뭘까 하는 참담한 기분입니다. 이렇게 친구한테 빠져 있어도 되나요? 그대로 두어야 할지, 컴퓨터를 없애버려야 할지, 아니면 제가 소일거리라도 찾아서 딸한테 무시당하는 쓰라림을 추스려야 할지요?

A 지금은 엄마가 기다려주셔야 할 때입니다. 혜진이는 지금 자기 성장 과업에 몰두해 있어서 엄마의 기분을 헤아릴 여유가 없습니다. 그냥 친구랑 하루 종일 말하면서 자기 내부에서 일어나는 온갖 감

정과 생각들을 끄집어내어 친구라는 거울에 비춰보느라 여념이 없습니다. 이때 혜진이를 믿어주고 기다려주면 혜진이가 성장하여 엄마를 이해해 주고 위로해 주는 사려깊은 딸이 될 것입니다.

혜진이 어머니의 아픈 마음이 절실히 전해집니다. 혜진이 어머니가 느끼는 이런 '쓰라린 소외감'은 아마 중학생 자녀를 두신 거의 모든 부모님들이 겪는 '통과의례'일 것입니다. 혜진이 어머니께서 정확히 파악하셨듯이 쓰라린 소외감의 핵심은 '엄마의 존재 가치가 뭘까?'에 대한 확신을 잃은 데서 오는 것입니다.

중학생 자녀가 엄마나 아빠보다 친구와 더 많은 얘기를 나누고 못다한 얘기들은 자기만의 비밀 일기장에 적어놓는 것. 이것은 지금 자녀가 자기 발견의 성장 과업을 아주 열심히 잘 수행하고 있다는 증거입니다.

자녀가 초등학교 때까지는 부모님의 영향력이 절대적입니다. 자녀의 입장에서도 부모님이 없으면 살지 못한다는 기본적인 두려움이 있기 때문에 하기 싫은 일도 시키는 대로 하는 척이라도 합니다. 그러나 중학생이 되면 두뇌에서 새로운 신호를 보냅니다.

"부모와 멀어져라!"

"너 자신이 되어라!"

이것은 생물학적으로 짜여진 시간표에 따라 성장 호르몬이 보내는 자연의 소리입니다. 인류가 진화할 수 있었던 것은 사람이 부모와 똑같은 일을 반복하지 않았기 때문입니다. 부모와 달라지는 분기점은 혼자서 걷고 뛰고 생각할 수 있는 대략 11세 이후입니다. 또한 이때는 자녀 스스로가 적극적으로 가족 밖에서 휴먼 네트워크를 형성해 가는 확장의 시기이기도 합니다.

그럼 왜 혜진이가 엄마나 아빠 대신 친구를 통해 자기 발견을 하느냐고요? 엄마와 아빠가 싫거나 미워서는 절대 아닙니다. 이제껏 엄마와 아빠는 혜진이를 보호하고 키워주는 역할을 잘 해오셨습니다. 그러나 지금 혜진이는 보호자 같은 '어른'보다 '거울' 같은 또래를 통해 자기 모습을 비춰보고 싶은 것입니다. 부모님께 말씀드리면 정답이 나오고 순식간에 해결책이 나오겠지만 혜진이는 자기 혼자서 문제를 조금씩 풀어보고 싶은 것입니다. 그리고 무엇보다 어른들이 혹시 "뭐 그런 시시한 것에 고민을 하니?" 비판할까 봐 두려울지도 모릅니다. 그러면 혜진이에게 엄마로서 해줄 일이 아무것도 없다는 뜻인가요?

절대 아닙니다. 이때야말로 엄마 아빠의 역할이 너무나 중요합니다. 부모님께서 해주실 수 있는 일은 크게 세 가지입니다.

- 자녀의 성장을 지켜봐주시는 것
- 기다려주시는 것
- 혼자 날아보는 연습을 시키되 자녀가 실수하거나 상처를 받았을 때 돌아와 기댈 든든한 둥지가 되어주시는 것

이런 튼튼한 구심점 역할은 이 세상에 엄마 아빠 외에 더 잘 해주실 분이 없습니다. 크게 보아 자녀가 부모 품을 떠날 때까지 20년간 부모 역할을 하신다면 그 첫 10년(유아·아동기)은 자녀를 부모와 되도록 가까이 있도록 품에 안아주는 시기, 나머지 10년(청소년기)은 자녀가 혼자 서는 연습을 하도록 되도록 품에서 놓아주는 시기라고 합니다.

혜진이 어머니, 이제 마음이 좀 놓이시나요? '아, 이제 혜진이가 어른이 되어가는구나' 하고 섭섭함보다 뿌듯함이 들지 않으세요? 혜진이와 종일 같이 지내는 친구는 혜진이의 생각이 영그는

데 큰 영향을 미칩니다. 따라서 다음과 같은 일을 엄마께서 도와주실 수 있습니다.

자녀의 친구에 대해서 더 알고 싶고 엄마도 만나보고 싶다는 의사 표현을 합니다.

"네가 그렇게 좋아하는 것을 보니 참 좋은 친구인가 보구나."

"그 친구는 무엇을 좋아하니?"

"우리 집에 놀러 와도 좋다. 너희가 좋아하는 음식 마련해 줄게 언제 집에 놀러올 수 있는지 물어봐."

물론 이때 친구에 대한 비판적인 질문은 절대로 삼가셔야 합니다. 자녀는 혹시 부모님이 자신의 친구를 못마땅하게 여기면 부모 편이 되기보다는 친구를 감싸주려는 입장을 취하게 됩니다. 결과적으로는 딸과 멀어지고 적대 관계가 되기 쉽지요. 자녀와 긍정적인 대화를 나눠보십시오.

햇볕 정책. 북한에 대한 정책이 아니라 부모님이 사춘기 자녀에게 구사해야 할 정책입니다.

Q 우리 큰아이는 학교 공부보다 책읽기를 더 좋아하는데 작은아이는 책을 통 읽지 않습니다. 독서는 꼭 필요한가요? 또 어떻게 독서 습관을 들여줘야 할까요?

A 아이가 좋아하는 만화나 잡지부터 시작해 보세요.

자녀가 중학생 시기를 무탈하게 잘 지내는 가장 좋은 방법은 좋은 책을 읽고 건전한 취미 생활을 하는 것입니다. 두말하면 잔소리인데 '어떻게' 해야 좋은 책을 많이 읽고 건전한 취미에 흥미를 붙이는가는 말처럼 쉽지가 않습니다.

최근 아동 심리학자들의 연구에 따르면 독서 습관은 이미 글자를 깨우치기 전인 두세 살에 형성된다고 합니다. 뉴질랜드의 저자이며 독서 전문가인 도로시 버틀러는 갓난아기 때부터 늘 아기 곁에 책을 두라고 합니다. 그러면 아기가 책 속의 그림에 시선을 집중하고 그림과 언어를 쉽게 파악하게 된다고 합니다. 이처럼 어릴 때 부모님께서 동화책을 많이 읽어주신 자녀는 커서도 계속 독서를 좋아하지만 혼자 읽을 때까지 그냥 둔 아이들은 독서에 취미를 붙이기가 어렵다고 합니다.

대입에 필요한 논술이나 자기소개서 등의 점수가 독서량에 비례한다는 것은 이미 검증된 사실입니다. 그리고 더욱 중요한 것은 대학에 들어간 후의 학업 능력에 독서 습관이 거의 결정적인 역할을 할 뿐 아니라 어떤 직업이든 크게 성공하는 사람은 책읽기를 즐기는 사람이라는 통계도 있습니다.

그렇다면 어릴 때 형성되지 않은 독서 습관을 중학생 때에 들일 수 있을까요? 물론 가능합니다! 절대 자녀의 독서 수준보다 수준이 높은 책을 강요하지 마십시오. 오히려 수준이 좀 낮더라도 자녀가 흥미 있어할 만한 책이나 잡지 또는 만화책부터 시작하는 편이 좋습니다. 독서 습관들이기 전문가인 매리 리온하트는 극단적인 처방으로 '닥치는 대로 읽게 하라!'고 주장합니다. 반대로 저명한 교육학자 벤자민 블룸 박사는 쓰레기 같은 삼류잡지나 저속한 만화책은 심성을 오염시키므로 좋은 책만 엄선해서 권해야 한다고 합니다. 선택은 부모님의 자유입니다만 어쨌든 자녀의 눈에 띄고 손이 닿는 곳에 책들이 여러 권 있어야 합니다. 자녀의 잠자리 머리맡에 유익한 책과 잡지를 놓아두어 자기도 모르는 사이에 책을 읽게 한 뒤에 책에 흥미가 좀 붙은 것 같으면 도서상품권을 건

네서 스스로 책을 사보게 하세요. 또 시내 대형서점 또는 마을 도서관에 데리고 가서 각자 자기가 보고 싶은 책을 사거나 빌려 오게 하는 방법도 좋습니다.

책읽기는 강요하면 오히려 역효과를 내므로 자연스럽게 책과 친해질 여건을 마련해 주는 편이 낫습니다. 요즘 유행하는 해리포터 시리즈는 초등학생부터 중고생에게까지 두루 인기가 있습니다. 이 책은 한번 빠져들면 술술 읽히지만 여러 권으로 된 시리즈기 때문에 이런 책에 재미를 붙이다 보면 집중력, 어휘력, 상상력이 자기도 모르게 향상됩니다. 일부 비평가들은 해리포터 시리즈가 황당무계한 공상소설이라 아이들에게 현실과 환상을 혼동하게 한다고 하지만 전세계 수많은 선생님들과 부모님들이 이 책을 계기로 책읽기에 흥미를 붙이는 아이들이 부쩍 늘었다고 긍정적인 반응을 보입니다. 놀이와 일의 구분이 없듯이, 만화책과 명작의 구분이 점점 희미해지는 시대입니다.

Q 딸이 중2예요. 집에 있을 때는 방문을 꼭 닫고 혼자 있으려 합니다. 짜증도 늘고 변덕이 심해졌어요. 친구한테는 인기가 많다는데 왜 집에 오면 혼자 있으려 할까요?
A 애벌레가 나비가 되기 전에 누에고치 안에 혼자 있는 기간이 필요합니다. 이를 자아 형성기라고 합니다. 성장의 신호로 받아들이세요.

부모님들은 자녀가 사춘기에 접어들면 대개 '도무지 모르겠다', '변덕이 죽 끓듯 한다', '종잡을 수가 없다'고들 하십니다.

게젤 연구소에서 수십 년 동안 수천 명의 청소년들의 성장 과정을 면밀하게 관찰하고 인터뷰해 본 결과 아이가 어른이 되어가는 패턴을 발견했다고 합니다. 0세부터 15세까지의 수천 명의 아동을 면밀하게 관찰한 결과가 열 권의 책으로 나왔는데 한마디로 요약한다면 성장한다는 것은 '아이에서 어른으로' 또는 '단순에서 복잡'한 방향으로 그냥 한 직선으로 곧장 뻗어가는 게 아니라 주기적으로 안정 상태와 불안정 상태를 반복하고, 외향성과 내향성을 반복하면서 지그재그 모양의 나선형을 이룬다는 것입니다.

이를테면 만 10세(초등학교 4, 5학년)쯤에는 '더 이상 이렇게 착할 수가 없다' 할 정도로 아주 안정되고 성실한 성향을 보이다가 11세(초등 5, 6학년) 무렵에는 갑자기 부모님 말씀에 일일이 대꾸하고 대드는 행동을 보인다고 합니다. 12세(초등 6, 중1) 정도에는 다시 안정적인 모습을 보이면서 이것저것 새로운 것을 시도해 보는 '자기 확장'을 하고, 만 13세(중1, 2) 정도에는 자기 내면의 세계에 빠져들어 소극적이고 사색적인 행동을 하고, 14세(중 2, 3) 정도에는 왕성한 외부 탐색을 하다가 15세(중3, 고1) 정도에 다시 내성적인 성향을 띠고, 고2 정도 되면 중심이 잡힌 평형 상태를 이룬다는 것입니다. 이런 주기적 패턴은 만 2~5세, 만 5~10세까지에도 거의 같은 양식으로 나타난다고 합니다.

다음은 아이가 어른으로 바뀌는 과정입니다.

- 부모님으로부터 멀어지기
- 자기 성격과 특성에 대한 인식(자아정체감) 형성하기
- 친구(이성과 동성 포함)에 대해 관심과 친밀감 형성하기

자녀가 중학생이 되면서부터는 그들만의 독립된 공간을 마련해 줄 필요가 있습니다. 당연히 자녀의 프라이버시도 존중해 주어야지요. 자녀의 소지품이나 책상 서랍을 허락 없이 뒤지는 일은 자

녀의 자아 형성에 크게 손상을 입힙니다. 자녀의 프라이버시를 존중해 주는 것은 자녀를 인격체로 대하는 기본 자세에서 비롯됩니다. 자녀의 의견을 묻고 존중해 주면 이 기간이 지난 뒤 자녀는 성숙한 모습으로 부모님과 아주 친하게 지낼 것입니다.

 **분석코너**

인생의 사계절

때로는 중학생이 된 자녀와 30대 후반~40대 초반인 부모님이 각각 인생의 계절 변화를 감당해 내느라 둘의 관계가 아주 멀어지기도 합니다. 부모님은 결혼 후에 아기를 갖고 돈 벌어 집 장만하고 아이 키우느라 땀흘리면서 자기를 돌볼 겨를 없이 부지런히 앞만 보고 뛰어왔습니다. 그러다가 자녀가 중학교에 가면 이제는 내 시간을 좀 갖고 나를 위한 투자를 하고 싶다는 욕망을 강하게 느끼지요. 아빠들은 30대까지 해오던 일에 계속 나머지 인생을 걸것이냐 새로운 도전이나 변화를 시도해 볼 것이냐 중대한 기로에 서기도 합니다.

가정을 하나의 시스템으로 본다면 엄마, 아빠, 자녀 삼각이 한 덩어리, 한 방식으로 똘똘 뭉쳐 지내다가 서로 각기 제갈길을 향해 뿔뿔이 흩어지는 것처럼 보이기도 합니다.

그러나 이 시기를 큰 눈으로 보면 각자 독립된 인간으로 자기 성장의 한계점을 가늠해 보려는 시도가 활발하게 이루어지고 있는 것입니다. 이 과정에서 가족이 서로 대화하고 존중하면 화목한 가정 속에 각자 더 큰 발전을 이룰 수 있으나 무시와 간섭과 무관심으로 일관하면 자기 길을 가기 위해 가정을 깨뜨려야 하는 대가를 치르기도 합니다.

Q 2년 전 남편이 암으로 세상을 떠났습니다. 그동안 저 자신의 감정을 수습하느라 딸아이의 심경 변화에 신경쓸 겨를이 없었는데 어느 날 보니까 딸이 죽고 싶다는 글을 일기장에 수없이 써놓았더군요. 인터넷 자살 사이트에도 자주 들어가는가 봐요. 어떻게 도와줘야 할까요?

A 가족의 죽음은 모두에게 극심한 상실감과 충격을 주지만 슬픔을 감내하는 방법은 제각각입니다. 지금 따님은 나름대로 상실의 애도 과정을 겪는 중인 것 같은데 위험수위가 높아 보이는군요. 다음 경고 신호에 5가지 이상 해당된다면 서둘러 전문가의 도움을 받으셔야 합니다.

우울증의 신호
- 슬프고 절망적인 감정에서 헤어나지 못한다.
- 좋아하던 친구와 연락을 끊는다.
- 혼자 있으려 한다.
- 사소한 일에도 짜증내고 신경이 날카롭다.
- 학교를 빠지거나 성적이 갑자기 떨어진다.
- 비정상적으로 계속 많이 먹거나 전혀 안 먹는다.
- 몸무게가 갑자기 많이 늘거나 준다.
- 잠을 지나치게 많이 자거나 못 잔다.
- 건망증이 심해지고 집중력이 떨어지며 사소한 일도 결정을 못 내린다.
- 자기 비난과 자책감에 빠진다.
- 두통이나 소화불량 등 신체적 불편함을 호소한다.
- 의욕이 없다.

- 많이 운다.
- 술을 마시거나 환각제, 흥분제 등을 복용한다.
- 자살 충동을 느낀다.

위에서 5가지 이상의 증상이 보름 이상 지속된다면 심각한 문제로 보고 대책을 마련하셔야 더 큰 비극을 막을 수 있습니다. 5가지 이하라도 평소 생활을 주의깊게 살펴서 얼마나 자주, 얼마나 오랫동안, 얼마나 심하게 우울증세를 보이는지를 기록해 둡니다. 누구나 이별, 사별, 고통, 실망을 겪으면 일시적 우울증을 보입니다.

 분석코너

우울증에 관한 통계

- 미국의 경우 청소년의 12%에게 병적 우울증이 있다고 합니다. (어린이 우울증은 3% 정도입니다.)
- 한번 심한 우울증을 앓은 사람은 5년 내로 다시 재발할 확률이 높다고 합니다.
- 우울증이 심각한 상태일 때도 66%가 그대로 방치되고 적절한 치료를 받지 못한다고 합니다.
- 15~24세의 자살은 미국 청소년의 사망 원인 중 세 번째로 높은 비율을 나타냅니다. (특히 백인 중산층에 많습니다.)
- 우울증은 심한 스트레스를 받을 때 더 잘 나타난다고 합니다.
- 우울증은 음식을 거부하는 거식증과 한꺼번에 마구 먹는 폭식증과 병행해 나타나기도 합니다.
- 가출 청소년의 80%가 우울증 증세를 보인다고 합니다.

다음은 자녀가 우울증에 시달릴 때 어머니가 하실 수 있는 방법들입니다.
- 전문가의 진단을 받습니다.
- 비슷한 경험을 해본 다른 부모님과 터놓고 얘기를 합니다.
- 도움을 줄 수 있는 가족, 친지, 선배, 전문가 들로 폭넓은 도움 네트워크를 만듭니다.
- 전문 서적을 통해 우울증의 원인과 증상, 치료 등에 대해 알아봅니다.
- 여러 가지 치료 방법(약물 치료, 상담 치료, 놀이 치료, 가족 치료 등)에 대해 알아둡니다.

Q 교수님의 장기 성공 전략에 대한 강연을 듣고 많은 것을 배웠습니다. 그런데 막상 집에 가서 아이들에게 실행해 보려니 구체적으로 어떻게 해야 할지 막연하더군요. 미국에서는 자녀 교육에 있어서 공부를 한국만큼 중요하게 여기지 않는다던데 그러면 어떤 점에 비중을 둡니까?

A 미국에서도 계층마다 인종마다 각양각색이긴 하지만 대체로 미국의 안정된 중산층이 중점을 두는 것은 첫째, 안전하고 다양한 경험의 기회를 제공해 주는 것, 둘째, 자녀 스스로가 자기 관리를 할 수 있게 하는 것, 셋째, 자기 성장을 책임질 수 있는 사람으로 클 수 있도록 도와주는 것, 이 세 가지로 요약됩니다.

미국과 한국의 교육관의 차이에서 빚어지는 갈등을 성공적으로 극복한 사례를 하나 소개해 드리겠습니다. 미국에 사는 어느 한국 교민 1.5세의 일화입니다.

지금 28살인 그 청년은 유치원은 한국에서 초등학교는 인도네시아에서 그리고 중학교부터는 미국에서 다녔습니다. 나라마다 문화가 다르고 가치관이 달라 꽤나 힘들었다고 합니다. 고등학교 때는 야구에 흠뻑 빠져 공부를 뒷전에 두는 바람에 부모님 속도 좀 썩였고, 고3 졸업반이 되어서야 미국에서 아무리 야구를 잘 한다한들 어려서부터 공만 던지던 힘센 흑인들과는 도저히 경쟁이 안 된다는 것을 깨닫고 어릴 때 잘 했던 공부 쪽으로 방향을 바꿨답니다.

그는 고3 때 성적이 좋지 않아 전문대에 입학한 뒤에 우수한 주립대 공대로 전학을 갔고, 장학금도 받았다고 합니다. 뒤늦게 철들어 한 공부라 훨씬 진지한 대학 생활을 할 수 있었다고 합니다.

뉴저지 주립 공대를 나온 뒤에 세계 최대의 다국적 식품기업인 나비스코에 엔지니어로 취직할 때의 일입니다. 대학원 장학금 전액을 주고 보수도 후한 아주 좋은 자리였는데, 면접 때 당연히 업무와 관련된 엔지니어링 쪽의 질문을 꽤나 까다롭게 할 줄 알았는데 질문은 딱 한 가지뿐이더랍니다.

"일하다 지치고 스트레스 쌓일 때 무엇을 하죠?"

준비했던 예상 질문과 너무 달라 생각할 겨를 없이 사실대로 대답했다고 합니다.

"학교 다닐 때 공부에 지치고 시험 스트레스를 받으면 체육관에 가서 땀으로 흠뻑 젖을 때까지 운동한 다음에 샤워하고 나서 피아노를 쳤습니다."

면접관이었던 부사장은 아주 흡족한 미소를 지었고, 그는 회사 장학금으로 MBA까지 마치고 지금도 그 회사에서 장래의 지도자로 손꼽히는 인재로 대접받고 있습니다.

'스트레스를 어떻게 푸느냐?'는 곧 '자기 관리를 어떻게 하느냐?'를 묻는 말입니다. 왜 고급 인력을 뽑을 때 자기 관리를 중요시할까요? 그 이유는 건강 악화와 스트레스가 회사 직원의 의료 보험료를 자꾸 높이는 큰 지출이기 때문입니다. 미시간 공대의 경우 교수들 월급 올려줄 돈이 없다는 총장에게 교수진이 항의했더니, "이 대학의 교수와 교직원에게 들어가는 의료 비용이 1년에 700만 달러나 된다"고 총장이 해명하더랍니다.

　앤드류 와일리 등 여러 의사들이 이미 임상 실험과 연구 결과를 통해 정신 상태와 육체적인 건강 사이에 뚜렷한 상관 관계가 있음을 증명했는데, 건강 문제도 크게 보아서는 자기 관리의 문제라고 볼 수 있습니다.

　요즘은 가족 문제도 일종의 자기 관리로 취급됩니다. 미국에서 대통령이나 주지사 등 굵직한 정계 인물이 되려면 이혼은 금기입니다. 일반인 사이에서도 조강지처와 늙도록 해로하는 사람을 존경하는 분위기가 형성되고 있습니다. 철없을 때 결혼한 배우자와 한 번 이혼하는 것까지는 이해해 주지만 엘리자베스 테일러처럼 일곱 번, 여덟 번 이혼하는 사람은 자기 관리를 못하는 문제 있는 사람이라고 여깁니다.

　따라서 미국의 부모님들은 자녀를 대신해서 반장 선거를 치러 주거나, 친구들을 선택하거나, 인생 목표를 세우거나 하면서 자녀 대신 보람과 치욕을 느끼지 않습니다. 자녀가 스스로 자기 관리를 할 수 있도록 도와주는 것을 최우선으로 합니다. 자기 관리를 하는 방법은 부모마다, 가치관에 따라, 생활 환경에 따라 다를 수 있습니다. 중요한 것은 자기 관리는 걸음마도 하기 전부터 이미 시작된다는 점입니다. 자기 관리는 성장의 일부로 평생 지속할 과제입니다.

그러므로 자녀가 어릴 때, 부모 품에 있을 때부터 가능한 여러 시행착오를 겪어보게 해야 합니다. 실수하면서 배울 수 있게 하고, 무엇보다 자립심을 키워줘야 합니다. 이성교제도 해보고 파티에도 가보고 하면서 감정 관리, 시간 관리, 체력 관리의 요령을 터득하게 하는 것입니다.

사춘기의 특성이 자기 한계까지 도전해 보고 싶어하는 것. 이것을 부모의 관심 속에 연습해 본 학생들은 어른이 돼서 시련에 부딪혀도 방황하지 않습니다.

Q 중학생 딸아이가 월드컵 스타 김남일 선수의 열렬한 팬이에요. 방에 그의 사진을 붙여놓고 잡지 기사를 스크랩하고 난리입니다. 친구들과 그의 연습장이나 집까지 가서 사인을 받아오겠다고 하는 걸 보니 솔직히 김남일 선수가 외국에 나갔으면 좋겠다는 생각까지 드네요.

A '오빠 부대'는 이성에 대한 관심과 호기심을 키워가는 데 비교적 안전한 방식입니다. 이 맹목적인 열정과 사랑을 정말 매일 만날 수 있는 남자한테 느낀다면 훨씬 위험하겠지요. '스타'는 말 그대로 저 높이, 저 멀리 있기에 안전합니다.

사춘기 때는 이성친구가 있기를 갈망하는 동시에 공부 때문에 교제를 미루거나 갈등하는 시기입니다. 그래서 실제로 누구를 사귀기보다는 어떤 이상형을 마음에 두고 공상 속에서 맘껏 사랑하기도 합니다. 여학생들 가운데에는 이성에게 바치는 '순정의 노트'를 간직한 학생이 많습니다. 깨알 같은 글씨로 시를 적어놓기도 하고, 긴 편지를 써놓기도 하고, 일기 형식으로 자기의 세세한 심경 변화와 일상사를 고백하기도 합니다. 남학생은 이런 순정의 흔적을 남기기보다는 백일몽과 상상 속에 이상형의 여성을 모셔 다놓고 혼자 사랑을 앓기도 합니다.

이 모두 청소년기에 겪는 지극히 정상적인 성장 과정입니다. 우리 부모님들은 까까중 고등학생이나 단발머리 소녀 시절 연애는 커녕 이성과 눈만 마주쳐도 큰일나는 줄 알고 자란 세대입니다. 그러나 생각해 보면 총각 선생님이나 환상적인 영화 속의 배우 등을 연정의 대상으로 꿈꾸며 자란 기억이 있을 것입니다.

중·고등학교 여학생들이 '오빠 부대'가 되거나 좋아하는 스타가 나오는 공개 방송을 보려고 학교를 빠지는 일이 있는데, 이때 부모님이 놀라거나 야단을 치시면 자녀와 졸지에 원수가 되어버립니다.

차라리 이때 이렇게 엄청난 에너지가 정말 만나서 사귈 가능성이 아주 희박한 '스타'에게 한바탕 쏟아지는 편이 훨씬 안전하다는 점을 다행으로 여기셔야 합니다. 실제로 매일 볼 수 있는 또래 남자친구, '오빠', '아저씨' 같은 사람이랑 '사랑에 빠지면' 물불을 안 가릴 수도 있으니까요.

'사랑을 위해서라면 죽어도 좋다.'

'그(녀)를 위해서라면 세상 끝까지 갈 수 있다!'

이렇게 믿는 순진한 청소년들의 가슴에 불이 붙으면 부모님이라도 소방수 역할을 못할 지경이 됩니다. 자녀가 이 홍역 같은 '열병'을 안전하게 치르도록 도와주시려면 역설적으로 자녀가 열광하는 '스타'에게 부모님도 호감을 가져보세요. 자전거가 오른쪽으로 기울어질 때 몸도 같이 오른쪽으로 틀어주면 신기하게도 넘어지지 않으며 균형을 잡을 수 있는 것과 같은 이치입니다. 으악, 도저히 힙합 바지 입고 이상한 춤을 추는 J.T.L.을 좋아하실 수 없다고요? 자녀와 함께 그들을 보면서 비판하지 않는 것만으로도 자녀는 고맙게 여길 것입니다.

Q 중3 딸이 지방에 있는 외국인 학교에 다니기 때문에 기숙사 생활을 합니다. 외국인 학교라 좀 자유분방한 것 같고 기숙사 생활을 하니까 부모로서 통제의 한계를 느낍니다. 미국 남자아이를 좋아한다는데 혹시 너무 급속도로 가까워지지 않을까 걱정이 됩니다. 무조건 안 된다고 해봤자 효과가 없을 것 같은데 딸아이에게 어떤 말을 해줘야 할지 모르겠어요.

A 자녀에게 이성 교제의 환상과 현실의 차이를 분명히 알려주시는 게 좋습니다. 직접 말로 하기 어렵다면 편지나 전자 메일을 이용하는 것도 좋은 방법이지요.

- 환상: 미국 남자들은 여자를 아끼고 존중해 준다.
  현실: 미국인도 천차만별이다. 미국에서도 데이트 중 성폭력을 당하는 예가 많다.
- 환상: 첫눈에 반하는 것이 참사랑이다.
  현실: 쉽게 불붙는 사랑은 흥분되고 강력하나 지속성이 없다. 진실한 사랑(우정)은 좋은 포도주처럼 세월 속에서 익어간다.
- 환상: 사랑하면 당연히 섹스도 해야 한다.
  현실: 사랑을 잃지 않으려고 섹스를 하는 것은 조건부 거래일 뿐이다. 정말 사랑한다면 서로가 성숙할 때까지 기다려

줄 수 있어야 한다.
- 환상 : 질투는 사랑의 표시이다.

  현실 : 질투는 소유욕, 지배욕, 미성숙함의 표시이다. 인격을 존중하고 믿어주는 것이 사랑의 표시이다.
- 환상 : '싫다'는 '좋다'의 역설적 표현이다.

  현실 : 싫으면 싫은 것이다. '안돼요돼요돼요' 같은 애매한 표현으로 상대를 혼란시키지 마라.

성 관리는 자기 관리의 중요한 부분입니다. 이성 교제의 상대가 한국인이든 외국인이든 자기 몸에 대한 존중감을 잊어서는 안 됩니다. 미국에서도 중고생들에게 1대1 관계보다 그룹 활동 속에서 여럿이 지속적으로 친구 관계를 유지하는 편을 권장합니다. 이때 부모님들이 자녀의 그룹 활동을 지지해 주고 도움을 주면 자녀들이 건강한 호기심과 에너지를 적절하게 발산하면서 균형 있게 자랄 수 있습니다.

단, 일시적이고 일방적인 짝사랑이라면 자녀가 고민을 털어놓을 때까지 그냥 두십시오. (대개는 스스로 감정을 정리하고 현실감을 회복할 능력이 생깁니다.) 그러나 실제로 교제를 하다가 실연을 당해서 학업이나 다른 학교 활동에 지장이 있다면 자녀와 대화를 나눠 보시는 게 좋습니다. 이때 부모님의 실연담을 말씀해 주시는 게 자녀에게 큰 위로가 되기도 합니다. 중요한 것은 성장해서 더 좋은 사람을 만날 수 있다는 희망을 주는 것입니다. 결코 상대를 비방하거나 자기가 못나서 채였다는 절망감을 주어서는 안 됩니다.

자녀의 성 관리는 자기 관리이자 인간 관계 기술을 키워가는 훌륭한 연습이며 필수 과정입니다. 청소년 때 하는 것이 힘들기는 하지만 이때를 슬기롭게 지나가면 어른이 되어서 훨씬 수준 높은 이성 교제를 할 수 있고, 안정감 있는 인간 관계를 형성해 나갈 수 있습니다.

"머리 꼭대기에 피도 안 마른 녀석이!" 하면서 야단치는 것은 20세기 방식이고, "상대가 너를 동등한 인격자로 존중해 주는 것 같니?" 하고 묻는 것이 21세기 방식입니다. 이성에게 온 전화를 부모님이 끊어버리는 것은 구시대 방식이며 자녀에게 큰 모욕감을 줍니다. 이성 교제도 다른 여러 경험과 마찬가지로 성장의 연습으로 보는 것이 네트워크 시대의 부모 역할이라 하겠습니다.

부모님이 궁극적으로 원하시는 것은 자녀가 자기 능력을 잘 키워 참된 배우자를 만나서 안정되고 행복한 가정을 꾸리는 것이 아닙니까? 이것은 하루 아침에 부모님이 골라준 배우자에게 시집 장가를 간다고 이루어지는 일이 아닙니다. 앞으로 자녀는 대학이나 직장에 가서 만날 사람들이 많고 이 순간에도 인터넷만 접속하면 무제한의 사람들과 만날 수 있습니다. 자녀가 누구를 만나는지 일일이 통제하고 감시한다는 게 불가능한 일이 된 것이지요. 차라리 조금씩 연습한다는 자세를 갖는 게 모두에게 도움이 됩니다.

이성 교제를 할 때 자녀가 실수를 하는 것은 당연합니다. 실수를 허용해 주시되 물릴 수 있는 실수와 되돌릴 수 없는 실수를 분별해서, 행동하기 전에 자율적으로 선택할 기회를 주셔야 합니다. 예를 들어 짝사랑하다가 그만두는 것은 돌이킬 수 없는 과오는 아닙니다. 그러나 불장난 같은 사랑으로 원하지 않는 아기를 낳게 된다면 평생 씻을 수 없는 상처와 짐을 안게 됩니다. 이 둘의 차이를 자녀와 '논술형'으로 터놓고 대화할 필요가 있습니다. 중학생은 몸은 어른이지만 경험상으로는 아직 미숙아입니다. 이 둘의 차이를 자녀 자신은 잘 모릅니다. 그래서 인생 선배로서 부모님의 지혜와 경험담이 소중한 것입니다.

자녀가 사귀는 사람을 부모님도 알고 친해지려고 노력하는 마음이 출발점입니다.

Q 우리 찬일(중2, 남)이는 먹는 걸 너무 좋아해요. 키는 안 크고 살만 찌는데 어쩌지요?
A 균형 있게 영양을 섭취한다면, 많이 먹는다고 굳이 말리실 필요는 없습니다.
단, 욕구 불만, 불안, 무료함을 음식으로 해소하는 것이 아닌지는 살펴볼 필요가 있습니다.

초등학교 6학년부터 중학교 3학년까지는 신체가 급격하게 성장하기 때문에 식욕도 왕성해집니다. '먹는 게 너무 좋다'는 걸 노골적으로 표현하는 때지요. 간식을 찾고, 단것을 좋아하며, 학교 갔다 집에 들어오는 순간부터 '배고파 죽겠다!'고 냉장고 문을 열어 먹을것을 찾습니다.

중학생들은 가장 좋아하는 음식으로 고기를 꼽고, 햄버거, 피자, 감자 튀김, 스파게티 등 서양 음식을 즐겨 먹으며, 순대, 어묵, 떡볶이, 라면 같은 신토불이 간식도 좋아한다고 합니다. 음료수로는 콜라, 주스, 우유 등을 좋아하고 맛이 '밍밍한' 보리차 같은 것보다는 새콤달콤하고 자극적인 탄산 음료를 좋아합니다.

다른 어느 시기에도 그렇지만 특히 중학생 시기의 영양 섭취는 성장에 아주 중요한 부분을 차지합니다. 불행하게도 먹을것이 흔해진 요즘, 아이들에게서 심각한 영양 불균형 상태가 나타나 큰 문제가 되고 있습니다. 그런데도 많은 부모님들이 '요즘같이 먹을게 흔한 세상에 굶어 죽으랴' 하는 생각으로 자녀가 먹는 음식에 신경을 별로 안 씁니다.

얼마 전 숙명여대 식품영양학과 한영실 교수는 동아일보 취재팀과 함께 서울 C여중 1학년 5반 교실을 찾아 중학생의 점심을 영양학적으로 살펴본 결과를 한마디로 '충격적'이라고 표현했습니다.

"학생들의 영양 불균형이 심각하다는 것은 짐작했지만 이 정도일 줄은 몰랐습니다."

이 학급 30명 중 아침을 거르고 등교한 학생이 14명, 도시락을 아예 싸오지 않은 학생도 9명이나 되었다고 합니다. "엄마가 피곤해서, 출근하느라 바빠서, 또는 반찬이 마땅찮아서 사먹으라고 했다"는 것이 학생들의 설명. 도시락을 가져온 21명의 식단도 형편없어서 햄버거를 가져온 학생이 1명, 나머지는 동그랑땡, 꼬마돈가스 같은 인스턴트 식품이 대부분이었고 집에서 재료를 가지고 조리한 반찬은 김치와 달걀부침이 전부였는데 그것도 3명뿐이었다고 합니다. "부모들이 자식 공부에 쏟는 정성의 10분의 1만 도시락에 쏟아도 이 지경은 아닐 것입니다"라고 한 교수는 우려합니다.

패스트푸드와 정크푸드의 본고장인 미국에서도 이미 1970년대 말부터 '불량한 음식이 불량한 행동을 유발한다'는 연구 결과가 많이 소개되었습니다. 특히 렌던 스미스 박사는 인스턴트 식품에 들어 있는 설탕, 포화기름, 색소, 식품 첨가물 등이 청소년의 몸에 들어와서 일으키는 '화학 반응' 때문에 아이들이 산만하고 공격적이며 부주의한 행동을 보이는 예가 많다고 지적합니다.

또 불량 식품을 많이 먹으면 살이 찌고 피부가 거칠어지거나 얼굴에 여드름이 많이 나게 되어, 그렇잖아도 몸이 변하는 데 예민한 청소년들에게 심각한 고민거리를 하나 더 안겨주는 꼴입니다. 요즘 의학계에서는 청소년기에 나타나는 여러 알레르기성 질환이 음식과 밀접한 관계가 있다고 판단하고 있습니다. 패스트푸드에는 비타민, 칼슘, 미네랄 등이 모자라고, 지나치게 짜고 달고 기름지기 때문에 영양에 심각한 불균형을 초래할 수 있습니다.

부모님은 학원과 숙제와 성적에 신경쓰시는 것만큼 자녀들이 올바른 식습관을 형성할 수 있도록 노력을 기울이실 필요가 있습니다. 집에서 간식 만들 시간이 없다고 한탄만 하지 마시고, 과일을 넉넉히 사두고, 당분과 카페인이 많이 든 탄산음료 대신 보리차를 끓여 놓는 것 등의 쉬운 일부터 시작하십시오. 그리고 아이들이 식사를 통해 충분한 영양분을 섭취할 수 있게 해주시고 가능한 간식으로 배를 채우거나 끼니를 때우지 않도록 해주시는 것이 좋습니다.

중학생 때는 거의 음식 불평을 하지 않습니다. 어려선 음식을 심하게 가려 먹고 입이 짧던 자녀도, 언제 그랬더냐 싶게 무서울 정도로 먹기도 합니다. 이렇게 왕성한 식욕을 길거리에서 파는 불결하고 불량한 음식으로 충족시키지 않도록 해주세요. 청결하고 건강한 음식으로 신체 발달을 이루어야 어른이 되어서도 건강을 유지할 수 있습니다.

Q 딸의 체중이 늘어 고민이에요. 오늘 중3 딸 민진이와 목욕탕에 다녀왔는데 그동안 설마하던 걱정이 적나라하게 눈앞의 현실로 확인되어 마음이 무겁네요. 드디어 15살 민진이의 체중이 엄마와 똑같다는 사실! 물론 딸이 저보다 키가 3cm 크지만 그래도 40대

> 인 엄마와 몸무게가 같다니! 제 눈에도 민진이의 허리와 허벅지가 너무 굵어 보여요. 어떡하죠? 오늘부터 함께 다이어트를 하잘까요?
>
> A 체중에 대해서는 딸이 엄마보다 더 민감할 거예요. 상처 주는 말씀은 피하고 식습관을 살펴주세요.

사춘기에는 부모님보다 자녀 자신이 체중과 외모에 더 민감한 때입니다. 이때 누구보다 부모님의 말 한 마디가 자녀의 마음에 큰 상처를 줍니다.

"뚱보야, 그만 좀 먹어라."

"저렇게 틈만 나면 자니 살이 찌지!"

"어머, 저 다리통 좀 봐!"

"얘가 엄마보다 더 큰 사이즈로 옷을 입어요!"

"숏다리라 청바지가 안 어울린다."

이 밖에도 눈이 작다느니, 눈썹이 못생겼다느니, 입술이 너무 두껍다느니, 외모에 대한 지적을 하시는 경우가 있는데 별뜻 없이 하시는 말씀 같지만 아주 잘못된 습관입니다. 당장 오늘부터 외모에 대한 불평이나 지적은 삼가셔야 합니다. 자녀를 인격적으로 대한다는 게 말은 쉽지만 실천하기는 굉장히 어렵습니다.

사실 자기 자신을 완전히 사랑하는 사람은 남의 결점이 눈에 들어오지 않는다고 합니다. 자녀의 결점이 눈에 잘 띄는 이유는 부모 자신이 싫어하는 면이 자녀에게서 발견되기 때문이라는 설이 있습니다. 아니면 친가나 시가 쪽에 싫은 사람 모습이 보이기 때문이기도 합니다. 결국 자기가 극복하지 못한 열등감과 미운 감정을 자녀에게 전가한다는 뜻입니다.

고슴도치를 예뻐해줄 사람은 고슴도치 엄마뿐입니다. 자녀가 과체중인 것 같으면 다음과 같은 점을 살펴 실질적인 도움을 주시는 것이 효과적입니다.

첫째, 자녀가 자주 먹는 음식이 어떤 건지 살펴보세요. 고지방, 고당분이 농축된 음식은 조금 먹어도 지방이 축적되기 쉽습니다. 케이크 한 조각 먹는 것이 사과 다섯 개 먹는 것보다 더 열량을 많이 낸다는 사실을 알려주시고, 간식은 되도록 집에서 만들어주시고, 과일과 야채를 충분히 먹이세요. 콜라나 요구르트는 한 잔만 마셔도 밥 한 그릇만큼 열량을 내면서 배는 전혀 부르지 않으므로, 냉장고에서 쉽게 꺼내 먹을 수 있는 음료수는 보리차나 생수로 준비하세요. 방과 후 학원 가는 중간에도 아이스크림이나 인스턴트 군것질 대신 집에서 마련한 샌드위치 등을 먹을 수 있게 하십시오.

둘째, 자녀가 규칙적으로 식사할 수 있도록 신경을 쓰셔야 합니다. 대개 체중으로 고민하는 학생을 보면 아침에는 늦잠 자느라 음식을 거르고, 낮에는 아침에 못 먹은 양을 채우느라 군것질을 하며, 밤늦게까지 깨어 있다 보면 배가 출출해서 또 간식을 먹습니다. 그래서 결국 시도 때도 없이 이것저것 먹다 보면 식사 시간엔 입맛이 없어 제대로 된 식사를 못하게 됩니다. 영양이 균형잡힌 도시락을 넉넉히 싸줘서 올바른 식습관을 들여주면 체중은 줄면서도 지구력이 늘어 '속 빈 강정'이 되지 않습니다.

셋째, 몸을 많이 움직일 수 있는 기회를 만들어주세요. 걷고 뛰는 등 몸을 많이 움직이게 되면 자연히 균형잡힌 몸매가 됩니다. 탄력 있고 건강한 몸은 신체적, 심리적 지지 기반입니다. 원시인은 하루 평균 15~20km를 걸었다지요. 가족이 함께 등산하거나 산책하는 습관을 가져보는 것은 어떨까요?

> Q 중2 딸이 요즘 너무 멋을 부려요. 아침에 머리치장으로 시간을 허비하는가 하면, 교복 치마를 짧게 고쳐 입고 연한 색이지만 립스틱을 바를 때도 있습니다. 제가 야단을 치니까 집 밖에 나가서 머리 모양을 바꾸거나 입술을 칠하는 것 같아요. 손톱, 발톱에도 매니큐어를 바르고 목걸이까지 하고 다니니 날라리같이 보여서 야단을 쳐도 소용이 없습니다. 어떻게 버릇을 고쳐줄까요?
> A 자녀의 옷차림이나 머리 모양이 마음에 드시지 않을 때 화내지 마시고 "엄마 눈엔 별로 좋아 보이지 않는다" 정도로 짧고 담담하게 말씀해 주세요.

"겉멋부리기란 자신이 진정 누구인가를 모를 때 하는 짓이다"라는 말이 있습니다. 중학생 때는 분명히 부모나 기성 세대의 틀을 벗어나서 '자기'가 되려는 시도를 하는 때입니다. 그러나 아직 자신이 없기 때문에 또래의 유행에 민감하고 또래의 평가에 신경을 씁니다. 부모님 생각에는 괘씸할 정도로 부모님 말씀보다 친구들의 의견을 따르는 것 같습니다. 하지만 부모님 말씀을 전혀 안 듣는 것은 아닙니다.

많은 부모님들이 중학생 자녀와 다투는 문제가 바로 '겉멋부리기'인데 안 하는 척이라도 하는 아이가 있는가 하면 일부러 더 부모님한테 대드는 자녀도 있습니다. 부모님 눈에는 공부나 성적, 인생에 아무 도움이 안 될 것 같은 쓰잘데없는 겉모양에 자녀가 많은 시간과 돈을 들이는 것이 화나고 속상합니다. 그러나 외모에 잔뜩 신경을 쓰는 때도 잠깐입니다. 부모님도 장발, 미니스커트,

나팔바지, 통바지, 통기타에 환호했던 청소년기를 기억하시나요? 홍역도 치를 때 치르는 게 좋지 어른이 되어 치르면 목숨을 걸 만큼 심각한 것처럼 자녀가 '자기 되어보기' 실습을 하는 것도 중학생 때 하는 것이 중년기에 하는 것보다 오히려 덜 위험할 것입니다.

미국의 한인 교민 중에는 이민 와서 먹고살기 바빠 애들을 돌보지 못하고 있다가 어느 날 갑자기 변해버린 사춘기 자녀의 모습을 보고는 당황해서 야단을 치고 자녀를 때리기까지 하여 경찰에 잡혀간 사람도 있습니다. 자녀로서는 자기가 조금씩 변하고 있을 때는 본 체도 안 하다가 느닷없이 방 검사를 하고 자기 물건을 내동댕이치거나 화를 내니 부모님에게 충격을 받고 실망할 수밖에 없습니다. '저 정도밖에 감정 표현을 못 하시나……' 하고 말입니다.

자녀의 옷차림을 나무라지 마시고 시대가 요구하는 옷차림이 무엇인가를 알아보시기 바랍니다.

중학생. 이제 부모님의 품안에 안기기를 거부하니까 이제 다 컸나 보다 하고 방심하다가는 부모님과 자녀 둘 다 큰 상처를 입을 수 있는 시기입니다. 사실 겉멋부리기는 일시적인 성장 과정일 뿐, 심각한 문제는 아닙니다. 그러나 겉멋부리기로 사춘기 자녀와 티격태격하다가는 오히려 가출, 도벽, 이중 성격, 폭력, 원조교제 등 더 큰 문제를 일으킬 수 있으니 관심있게 지켜봐주시되 아량을 베푸는 게 더 낫다고 봅니다.

Q 중3 아들아이를 여름 방학 동안 영어 캠프에 보냈더니 거기서 여자친구를 사귄 것 같아요. 핸드폰 사용료도 엄청 나오고 밤에 채팅까지 하며 학원 근처에서 자주 만나는가 봐요. 아이가 말을 꺼

낼 때까지 모른 척하자니 불안하고 답답합니다. 하지만 지레짐작만으로 여자아이랑 놀지 말라고 성급히 야단칠 수도 없어 어떻게 할지 모르겠어요. 어쩌죠?

A 정직이 최선입니다. 엄마가 우려하는 바를 아들에게 직접 말씀해 보세요. 이 점에 대해 아빠가 아들과 대화할 수 있는 기회도 필요합니다.

이성 교제에 대해서는 공격이 최선의 방어라는 말이 있듯이 모른 체하고 속으로 궁금증을 키워나가면 아들도 자꾸 숨기게 됩니다. "이런저런 게 염려스러운데 네 생각은 어떠니?" 하면서 대화를 먼저 시작하시는 편이 좋습니다.

부모가 교제를 알고 있고 인정해 주면 교제는 건전한 쪽으로 이루어지지만, 반대로 무조건 안 된다는 식으로 야단치면 아이들은 교제 사실을 숨기게 되고 나중엔 돌이킬 수 없는 사고를 낼 수도 있습니다. 차라리 부모님이 아는 시간에 아는 장소에서 만날 수 있도록 여건을 만들어주는 편이 훨씬 안전합니다. 집에 놀러 오게 하는 방법도 좋고, 함께 데리고 피자 가게나 영화, 연극, 음악회 구경을 가시는 것도 좋습니다.

부모님 눈에 '질이 안 좋은' 아이 같으면 더더욱 이런 방법을 쓰셔야 합니다. 자녀는 자기의 친구에 대한 부모님의 평가에 굉장히 신경을 쓰기 때문에 넌지시 부모님이 좋아하지 않는다는 정도만 표현해도 그 친구에 대한 태도를 바꿀 수 있습니다. 그러나 노골적으로 야단을 치거나 친구를 경멸하는 언행을 하시면 자녀는 그 친구를 방어하고 감싸주고 싶은 충동을 느끼게 되어 부모님의 뜻과는 정반대의 일이 벌어지기도 합니다.

기본적으로 이성 친구에게 전화가 왔을 때 부모님 마음대로 전화를 끊거나 메일을 확인하고 지워버리시는 것은 자녀의 신뢰감과 존경을 잃어버리는 지름길입니다. 자녀는 자기의 인격이 심하게 무시당했다고 여기기 때문에 반사적으로 부모님에 대한 존경심과 신뢰감을 버리고 자기 방어에 골몰하게 됩니다.

동성 친구에 대해서도 중학생 때의 친구 사귀기란 '자녀가 자기 탐구와 자기 확장을 하는 연습 과정'이라는 점을 이해하셔야 합니다. 아이들은 인간 관계에서 실수를 하게 마련입니다. 실수는 실패가 아니라 완성을 위한 연습이라고 보고 기회를 주는 편이 자녀의 성장에 도움이 됩니다. 물론 어떤 친구를 사귀는가에 따라 자녀의 학교 생활, 성적, 외모, 관심, 흥미가 달라지기 때문에 중학생 자녀의 친구 사귀기는 부모님께서 많이 신경을 쓰실 부분입니다. 다만 자녀가 노골적으로 '부모에게 조종당한다'는 느낌이 들지 않게 하고, 단 둘만 만나기보다 여럿이 함께 놀 수 있도록 분위기를 조성해 주세요.

혹시 여유가 되면 집 안팎에 자녀 친구들이 놀러와서 즐거운 시간을 보낼 수 있는 놀거리나 활동을 마련해 주고, 집이 작으면 함께 영화 구경을 간다거나 공원에 가는 것도 좋습니다. 중학생 남자 아이들은 축구, 농구 등 운동할 기회를 찾고 대개 캠핑 등을 좋아합니다. 이때 엄마, 아빠가 넉넉한 간식거리를 제공해 주고 관심을 보여주는 것은 자녀와 자녀 친구들의 사랑과 존경을 받는 아주 좋은 방법입니다. 아까 말씀드렸듯이 이 시기에는 잘 노는 것과 잘 먹는 것이 함께 어우러져 있는 때입니다. 부모님 기준으로 "우리 어릴 땐……"이라는 말씀을 되풀이하지 마시고 요즘 청소년들이 좋아하는 것에 부모님이 맞추시는 지혜와 아량이 필요합니다.

Q 딸아이가 방을 지저분하게 어질러놓는 습관이 있어요. 월요일 아침에 정아가 학교 간 뒤에 집을 치우려고 방문을 열어볼 때마다 속이 확 뒤집어집니다. 침대는 레슬링한 것처럼 쑥대밭이고, 양말짝, 벗어놓은 모양 그대로 앉아 있는 청바지, 머리 고무줄, 반쯤 먹다 시들어빠진 사과, 초콜릿 껍데기, 요구르트 빈 병, 만화책과 잡지…… 도무지 발디딜 틈이 없습니다. 어떻게 고쳐줘야 하나요?
A 방 어지럽히는 것을 정신 상태와 연관지어 야단치지 마세요. 방을 지저분하게 쓰는 것은 사춘기의 다른 심각한 문제에 비해 그다지 긴급하거나 중요한 일이 아니거든요.

일주일에 하루 정도 온가족이 다같이 대청소할 때 자기 방도 치우도록 '분위기'를 조성하는 것이 도움이 됩니다. 매주 하기가 어려우면 한 달에 두 번 정도로 양보해도 괜찮고요. 어떤 부모님들은 방 치우면 용돈을 준다고 '미끼'를 주어 정리 정돈하는 습관을 들이려고 하는데, 이것은 부모님 자유입니다만 얼마나 지속적인 효력이 있을지는 미지수입니다.

책임감이라는 '정신 연령'이 어느 정도 성숙해야 방 치우는 것도 스스로 하게 됩니다. 중학생 때는 생활의 주요 부분이 친구와 노는 것, 먹는 것, 그리고 겨우 공부와 숙제 정도입니다. 자기 방 치우는 것은 우선 순위에 들어가지도 않고 또 그렇게 심각한 일도 아니라고 생각하지요. 방이 너무 지저분해서 방의 기능을 못 하게 되면 할 수 없이 자녀가 스스로 '자기 필요에 따라' 치우게 됩니다. 그러니 다른 일로도 부딪칠 일이 많은데 방 치우는 문제까지 덧붙여 사춘기에 접어든 자녀와 '원수'가 되지 않는 게 현명하다는 것이지요.

"아이고, 방이 꼭 돼지우리 같구나!"

이런 부정적인 말씀은 자녀와 사이를 더 나쁘게 만들 뿐 방 치우는 습관을 들이는 데는 아무 도움이 안 된다고 합니다. 어떻게 할까요? 자녀와 다투지 않고도 자녀가 스스로 방을 치울 수 있게 도와주는 요령이 몇 가지 있습니다. 세 가지만 말씀드리겠습니다.

첫째, 작은 단위부터 시작해서 아이가 조금씩 방을 치우게 하세요. 한꺼번에 방을 다 치우라 하지 말고 오늘은 옷만 치우라든가, 책상만 정돈하라든가 하는 식으로 쉽게 할 수 있는 일부터 시키십시오.

둘째, 자녀가 쉽게 정리 정돈을 할 수 있도록 간접적인 도움을 주세요. CD를 꽂는 예쁜 상자나 책장, 빨래 담는 큼직한 바구니 등을 주어서 스스로 정리할 수 있도록 하는 게 좋습니다. (자녀 대신 치워주는 것보다 지속적인 효과가 있습니다.)

셋째, 방이 돼지우리 같더라도 너그럽게 용납해 주세요. 방 어지르는 것은 '자기 공간'에 대한 사춘기 특유의 자기 표현이라고 대수롭지 않게 넘어가실 수 있어야 합니다.

사춘기에는 이성 문제, 감정 관리, 진로 문제 등 부모님께서 정말 염려해야 할 중요한 문제가 많습니다. 방 치우기는 그에 비하면 정말 사소한 일입니다. 그냥 놔두어도 저절로 자기 주변을 정리할 때가 올 테니, 느긋하게 바라봐주세요. 부모님도 마음이 훨씬 편해질 겁니다.

3
고등학생 자녀, 이렇게 교육하면 성공한다

Q 고1 딸을 둔 엄마예요. 딸과 말만 했다 하면 싸움으로 번집니다. 엄마 말을 우습게 듣는 것 같아 고함을 치게 되고 딸은 제 말 속의 허점을 끄집어내 공격을 하니, 어떤 땐 속이 부글부글 끓더라도 차라리 말하지 않고 못 본 척해 버립니다. 어떻게 해야 소위 '대화'라는 걸 할 수 있는지 좀 가르쳐주세요.

A '못 본 척' 하고 속을 끓이다가 터져나올 땐 쌓였던 감정이 폭발하기 때문에 딸의 입장에서 보면 하찮은 일로 엄마가 과잉반응을 하는 것처럼 보입니다. 그러니 서로 방어와 공격, 즉 전쟁으로 돌입하게 되는 것입니다. 효과적인 대화의 핵심 요소는 경청(열심히 들어주는 것)과 공감(상대를 인정해 주는 것) 두 가지입니다.

아래는 실제 있었던 일인데 평소 자녀와 자주 다투던 어머니가 이 일을 계기로 '대화'를 할 수 있게 되었다고 합니다. 먼저 고1

여학생이 저한테 보낸 메일을 소개하겠습니다.

비가 내려서 5월치고는 싸늘했던 오늘 아침, 엄마가 걸치라고 준 얇은 겉옷을 입었다는 것 때문에 오늘 교무실에서 봉변을 당했어요. 나보다 먼저 잡혀온 애가 신나게 맞는 동안 한쪽에서는 1학년 여자애가 세 명의 선생에게 집중 공격을 당하고 있었어요. 엉거주춤 서 있는 내 곁으로 어떤 인자하게 생긴 선생님이 다가와 어깨를 두드리며, "무조건 잘못했다고 하고 공손하게 굴어. 그러면 돼"라고 말씀하셨어요. 하지만 '왜 입었냐?'는 질문에 솔직하게 "입는 애들이 많기에 입어도 되는 줄 알았다"고 말했지요. 그리고는 따귀를 맞았어요. …… 이런 글을 쓰는 나 자신이 참 비참합니다.

자녀가 학교에서 이런 일을 당하고 집에 왔을 때 어떤 반응을 보일까요? 집에 들어오는 순간 흥분해서 떠들지도 모르고 아니면 화난 얼굴로 자기 방문을 쾅 닫고 들어가버릴지도 모릅니다. 부모님은 이럴 때 어떻게 해야 할까요?

"아니, 어디서 이 따위 버르장머리야!? 학교 갔다온 게 무슨 큰 벼슬이라고 유세냐?"

만약 이렇게 비난과 비꼬는 말로 대한다면 자녀는 마음의 문을 더 꽉 닫아버릴 것입니다. 부모님도 궁금하겠지만 우선 자녀의 반응을 지켜보면서 자초지종을 듣는 게 순서입니다.

"뭔가 굉장히 화나는 일이 있었나 보구나."

부모님이 자기의 심정을 알아차려준다는 것만으로 대화의 문이 열리기 시작합니다.

"오늘 춥다고 겉옷 하나 걸쳤다가 경치고 왔어. 엄마가 입으라고 했잖아. 엄마 땜에 벌서고 따귀 맞고. 창피해 죽겠네. 그깟 일로 난리치는 학교 확 때려치울까 봐."

이렇게 토막토막 내뱉는 말에 일일이 대답을 해주어야 할까요? 아니면 부모님도 머리에 떠오르는 대로 맞대꾸를 해야 할까요? 자녀를 나무라야 할까요? 아니면 자녀 편을 들어주어야 할까요? 아마도 부모님들의 반응은 다음의 세 가지 정도일 것입니다.

반응 1: 꼴 좋다. 평소에 오죽 밉보였으면 겉옷 하나 걸쳤다고 벌을 받겠냐!

반응 2: 그깟 일로 학교 때려치운다면 열 번도 더 그만뒀겠네. 참아라, 참아. 참는 자에게 복이 오느니라.

반응 3: 아니, 그런 무지막지한 선생들이 다 있나! 내 당장 교장한테 항의 전화를 해야겠다. 아이고, 불쌍한 내 새끼.

이 세 반응은 문제 해결에 도움이 안 될 뿐 아니라 오히려 수습이 더 어려워지게 문제를 확대시킬 수도 있습니다.

반응 1은 자녀를 무조건 비난하고 이번 일뿐 아니라 평소까지 그랬을 것이라고 추측하고 일반화해서 심판하는 말투입니다. 가뜩이나 상처가 불에 덴 것같이 쓰라린 자녀에게 뜨거운 물을 부어 더 아프게 하는 격입니다. 상처를 줄 의도는 아니겠지요?

반응 2는 무조건 '좋은 게 좋은 것'이라는 식으로 덮어두는 게 상책이라는 부모님의 가치관을 주장하는 것입니다. 자녀는 화가 잔뜩 나 있는데 부모는 '별것 아니다'라고 축소, 은폐하려는 듯한 인상을 줍니다. 자녀는 하소연해 봤자 속이 시원하기보다 오히려 더 답답함을 느낄 것입니다.

반응 3은 얼핏 보면 자녀의 편을 들어주는 것 같지만 정작 문제를 근본적으로 해결할 각오와 준비 없이 말로만 때우기 쉬워, 차라리 안 하느니만 못한 말입니다. 자칫 아이들로 하여금 모든 선생님을 우습게 보게 하거나 대책 없는 반항심만 조장할 수도 있습니다.

이 문제의 핵심은 자녀가 매를 맞고 안 맞고가 아니라 이 일을 어떻게 느끼고 처리하느냐입니다. 효과적인 대화를 원하신다면 우선 자녀의 말을 경청하고 공감해 줘야 합니다.

효과적인 대화의 예

딸: 오늘 춥다고 겉옷 하나 걸쳤다가 경치고 왔어. 엄마가 입으라고 했잖아. 엄마 땜에 벌서고 따귀 맞고. 창피해 죽겠네. 그깟 일로 난리치는 학교 확 때려치울까 봐.

어머니: 정말 창피하고 속상했겠구나(공감). 엄마도 그 정도로 야단맞을 줄은 상상도 못했는데(경청).

딸: 글쎄나 말이야. 엄마도 몰랐으니 엄마 탓도 아니고, 내가 오늘 재수가 없었나 봐. 하필 그 시간에 그 장소에서 그 선생하고 마주치다니.

어머니: 모르고 갑자기 당한 일이니 얼마나 놀라고 기분이 상했겠니?(공감)

딸: 소리나 안 지르면 덜 창피하지.

어머니: 그래, 참 창피했겠구나(공감).

딸: 뭐 딴 데서 스트레스 왕창 받다가 학생들한테 분풀이하는 것 같더라.

어머니: 그래, 선생님들도 꼭 네가 미워서 그런 건 아니었을 거야(경청).

딸: 생각해 보니 선생님들도 참 힘들 거야. 수업 시간에 지치지, 아이들 떠들고 말 안 듣지, 내가 봐도 좀 너무한다 싶은 애

들도 많거든. 학생들이 모두 원수같이 보일 때도 있겠지.
어머니: 네가 선생님 처지에서도 생각할 수 있구나(경청).
딸: 그래요. 까짓 추우면 추운 대로 교복만 입고 다니지 뭐. 엄마랑 얘기하고 났더니 속이 시원해졌어. 생각해 보니 별것 아닌 일인데, 뭘. 아이 배고파. 먹을것 없어요?

딸이 이런 결론에 다다를 동안 어머니는 제안, 충고, 훈계, 판단, 비난은 한마디도 하지 않았습니다. 경청과 공감을 해준 것이 전부입니다.

어머니께서 경청과 공감만 해주었는데도 딸이 머리끝까지 화났던 감정을 가라앉히고 자기존중감을 회복할 수 있었습니다. 더 나아가 상대방의 처지를 헤아려줄 아량까지 생기니 전화위복이 아닐 수 없습니다. 앞으로 세상을 살면서 더 큰 상처를 받을 때를 대비하여 자기 회복 능력을 갖추는 좋은 계기가 되었을 것입니다. (단, 자녀가 자기 방어 능력이 없고 아직 판단력이 없는 유치원생이라든가 초등학교 저학년일 때는 다른 방법을 써야 합니다. 부모님께서 좀더 적극적으로 진상을 알아보고 자녀의 신체적, 정서적 안위를 살펴주셔야 합니다.)

자녀가 고등학교에 들어가면 자연히 부모로부터 독립하려는 욕구가 커집니다. 이때 친밀한 관계를 유지하는 길은 무엇보다 대화입니다. 이때 대화란 90% 듣기와 10% 말하기부터 시작해야 하고 특히 평소 자녀와 부모님이 별로 말을 많이 나누지 않던 사이라면 더욱 그렇습니다.

머리가 큰 자녀는 부모님 말을 안 듣는 것 같지만 겉으로만 그럴 뿐 속으로는 부모님은 어떤 생각을 하는지 알고 싶어한다고 합니다. 그러나 노골적으로 말하면 "간섭하지 말라"고 합니다. 이래서 청소년기는 마음은 아이, 행동은 어른 사이에서 비틀거린다는 것입니다. 이때 중요한 것은 진지하고 솔직한 태도를 유지하시는 것과 자녀의 말을 중간에 끊지 말고 끝까지 들어주는 것입니다.

상담심리학의 대가 칼 로저스는 문제의 답은 문제를 안고 있는 당사자가 가장 잘 안다고 했습니다. 다만 표현을 못하거나 비뚤어지게 표현할 뿐이라고 합니다. 속상할 때, 고민할 때 그냥 무비판적으로 경청해 주는 친구 하나만 있어도 말을 하다 보면 문제의 윤곽이 뚜렷해지고, 곁가지와 본가지가 구분되는 경험을 해보신 적이 있으실 것입니다. 자기 식대로 성급하게 결론과 해답을 척 내주는 친구는 고맙지 않습니다. 오히려 무시당했다는 기분만 들지도 모릅니다.

자녀도 마찬가지입니다. 비판을 두려워하지 않고 속마음을 털어놓을 수 있으면 문제는 반 이상 풀린 것이나 다름없습니다. 부모님이 해결책을 척 꺼내놓지 마시고 자녀가 나머지 해결책을 찾아볼 여지를 남겨두십시오.

Q 고2 아들인데 아직 장래 희망이 뭐냐고 물어도 모른다고 하고, 어느 대학 무슨 과에 가고 싶은지 물어도 모른다고 합니다. 이렇게 목적도 희망도 없이 허송세월하는 것 같아 옆에서 보기 안타깝습니다. 자기 말로는 고3 때부터 맘 잡고 공부할 거니까 걱정하지 말라고 합니다. 그냥 둬도 괜찮을까요?

A 목적이 없이 무조건 공부하기란 눈 감고 길 걷는 것처럼 효과가 없습니다. 목표가 설정되어야 공부도 재미있고 가속도가 붙습니다. 함께 진로부터 정해보시는 게 우선일 듯합니다.

지금 고2가 아직 진로를 못 정했다면 어쩌면 당연한 일입니다. 기껏해야 인생 1/4도 못 살았는데 3/4을 어떻게 살지를 모른다는 것은 당연하잖습니까? 또 언제 우리 학교나 사회가 청소년들에게 하고 싶은 것을 마음대로 찾아 해보라고 적극 권장하던 때가 있었습니까? 진로를 찾기 시작할 때는 지금입니다.

대개 고2 때까지는 좀 여유가 있다고 생각합니다. 본격적인 공부는 고3 때 할 거니까 좀더 놀자고 생각하기도 합니다. 하지만 저희는 반대로 생각합니다. 고3 때보다 진짜 공부는 고2 때 하는 것이 좋다고 생각합니다. 이유는 이렇습니다. 고3이 되면 심리적으로 '막판'이라는 초조감을 안게 됩니다. 그래서 재미가 없어도 시험에 나올 만한 것이면 보고 아니면 흥미를 거둬버립니다. 이것은 공부가 아닙니다.

책을 보다 "아하!" 하고 느끼고, 더 알고 싶어져서 관련된 것을 더 찾아보는 것이 공부입니다. 성적을 잘 받기 위해 하는 공부보다 실력을 쌓기 위해 하는 것이 진짜 공부입니다. 자기 목표를 세워 목표를 향해 하나씩 추구해 나가는 희열과 성취감을 느끼는 게 공부입니다.

고3 때는 이렇게 '진짜' 공부를 할 시간적, 심적 여유가 너무 없습니다. 아직 고1, 2 학년이라면 청춘을 걸어볼 가치가 있는 일에 열중하는 것이 낭만입니다. 고3은 낭만이 없습니다. 삭막한 현실에 적응할 때이기 때문입니다.

고2 때는 장기 계획과 단기 계획을 병행하기에도 아주 좋은 시기입니다. 부모나 선배, 스승과 토론을 해서 설득을 당하기도 하고 자기 주장을 펴서 상대를 설득할 시간도 있습니다. 무엇보다 자기 자신을 설득할 여지가 많은 때입니다.

그런데 문제는 고2치고 이런 '깨달음'을 얻는 학생이 별로 없다는 것입니다. 그러니 막상 부모님께서 고2 때가 진짜 공부다운 공부를 할 때라는 말을 믿는다 해도 그런 생각조차 안 하는 자녀에게 어떻게 그 뜻을 전달할지가 골칫거리입니다. 그냥 1년 더 놔두면서 기적이나 요행을 바랄 수는 없습니다. 확신이 서면 정확하고 유용한 정보로써 설득을 하셔야 합니다.

캘리포니아 주립대(UCLA) 인간 두뇌 연구소의 연구 결과에 따르면 한 인간이 배우고, 기억하고, 창조하는 가능성은 거의 무한대라고 합니다. 이 분야의 세계적 권위자인 이반 예프레모프 박사는 "일생 동안 우리는 두뇌 잠재력의 극히 일부분만 사용합니다. 제대로만 활용한다면 평균인도 40개의 언어를 배울 수 있고, 브리태니커 백과사전의 A부터 Z까지 다 기억할 수 있으며, 수십 개 대학에서 가르치는 수백 개의 과목을 다 배울 수가 있습니다"라고 자신있게 주장합니다. (이 말을 믿기 어려우시면 50년 전 아이들과 요즘 아이들이 알고 있는 정보의 차이를 비교해 보세요.)

그런데 왜 그 무한한 잠재력을 풍부하게 계발하고 사용하는 사람이 극히 드물까요?

필요를 느끼지 못하기 때문입니다.

능력을 믿지 못하기 때문입니다.

꿈이 없기 때문입니다.

목표가 확실하지 않기 때문입니다.

실패와 좌절을 두려워하기 때문입니다.

자기가 그런 일을 할 만한 가치가 있다고 믿지 않기 때문입니다.

'뇌본시대'를 맞아 선진국들은 두뇌의 능력과 개발에 대한 연구를 활발히 하고 있습니다. 이제까지 미사일, 원자폭탄, 로케트, 잠수함, 자동차, 컴퓨터 등 '기계'를 개발하던 것보다 더 엄청난 인력과 재력을 '인간' 능력 개발 연구에 투자하고 있습니다. 이제 겨우 그 빙산의 조각들이 조금씩 드러나고 있지만 어쨌든 중요한 것은 우리 자녀 한 명 한 명이 지닌 잠재력과 가능성이 엄청나다는 것입니다. 이 잠재력을 일깨우는 것은 '자기가 하고 싶은 일을 찾는 것'에서부터 출발합니다.

Q 고3 아들이 학교를 자퇴하겠다고 합니다. 숨막히는 학교 분위기를 못 견디겠대요. 원래 기계에 관심이 많아 공고에 가고 싶다고 했는데 공고는 인문계 고교보다 분위기가 안 좋은 것 같아 인문계에 보냈더니 성적도 하위권이고 친구도 별로 없더니 결국 고3 올라가자마자 자퇴를 하겠다는군요. 어떻게든 달래서 졸업장이라도 받게 하는 게 낫지 않을까요?

A 원래 본인이 공고를 원했다면 손재주와 3차원적인 공간 지각 능력이 뛰어날 거라고 생각됩니다. 다시 말해 손으로 만들고 고치고 하는 능력이 논리나 언어 쪽보다 더 발달되어 있을 거라는 뜻입니다. 일단은 정확하게 아들의 적성과 강점을 알아야 합니다. 또 아들에겐 자퇴 후엔 뭘 하겠다는 계획이 있는지 물어보시고 자퇴를 함으로써 치를 대가와 얻을 점을 부모님과 함께 리스트로 만들어 비교할 수 있도록 하세요. 먼저 적성검사를 해서 아들의 강점을 찾는 것이 급선무겠습니다.

고3 수험생이 입시라는 체제를 인정하고 제도권 안에 있을 때는 어느 대학에 갈까 하는 정도의 단기 대책에 집중해도 됩니다. 그러나 아예 입시를 포기하거나 공부를 거부하거나 대학 갈 마음이 없다면 어떻게 할까요?

　부모님이 아무리 안타까워하신들 고3이면 '머리가 큰' 자식입니다. 때리면 덤빌 수 있고 집을 나갈 수도 있습니다. 타이르면 훈계와 잔소리로 여겨 귀를 꽉 막아버릴 것입니다. 협박? 회유? 선물 공세? 다 늦었습니다. 그러면 그냥 손놓아야 하나요? 아닙니다. 이럴 때 장기 대책이 필요합니다.

　장기 대책에는 목표 설정, 동기 부여, 마음 바꾸기, 습관 바꾸기, 환경 바꾸기 등 여러 가지 방법이 있을 수 있습니다. 중요한 것은 부모님이 자녀와 눈높이를 맞추고 솔직하고 진지하게 자녀를 대하시는 것입니다. 다시 강조합니다. 화를 내시거나 울며 호소하시거나 네 마음대로 하라고 으름장 놓으시는 것 등은 얻는 것보다 잃는 것이 크다는 사실을 명심하십시오.

　일단 고3 자녀가 공부와는 거리가 멀고 목표 없이 방황하거나 자포자기한다면 작은 그림보다 큰 그림을 보셔야 합니다. 한 달, 1년 후의 모습이 아니라 5년, 10년, 아니면 20년 후의 모습을 그려봅시다.

　먼훗날 우리 자녀가 어떤 모습으로 살게 될까요? 지금 대학에 못(안) 간다고 싹이 노란 것은 아닙니다. 더 큰 가능성이 있을 수 있으니 '대기만성'에 희망을 두고 장기 투자 쪽으로 방향 전환을 하세요. 그러나 큰 그림을 그리기는 눈앞에 보이는 목표를 추구하는 것보다 훨씬 어렵습니다. '안 보이기' 때문입니다. 안 보일 때 할 수 있는 가장 좋은 일은 '믿음'입니다. 자녀를 믿어주세요. 가능성과 잠재력을 믿어주세요.

　자녀의 특성을 파악하고 장점에 주력한다면, 자녀가 대입과 수능에 관심이 없다 하더라도 그들이 더 크고 높은 목표를 꿈꿀 수 있도록 격려하고 용기를 북돋울 마음의 여유가 생길 겁니다. 백남준 씨는 법대에 가라는 부모님의 말씀을 어기고 음악과 미술 쪽에 뜻을 두었다지요. 그때 당시로 보면 '부잣집 아들 하나 망쳤구나' 했을 것입니다.

하지만 2000년 2월 미국에서 대대적으로 백남준 전시회가 열렸고 앞으로 몇 년 안에 경기도에 백남준 기념관이 개관될 거라고 합니다. 우리나라에서는 그를 아직도 그저 '괴짜 예술인' 정도로 보는 분들이 많은데 서양에서는 피카소와도 견주기가 아까워 레오나르도 다빈치 급으로 평가하고 있습니다.

자녀가 뜻이 너무 크거나 아직 뜻을 찾지 못했거나 그 밖에 여러 가지 이유로 방황하고 있다면, 부모님께서는 먼 미래를 바라보고 자녀를 믿어주셔야 합니다. 큰 그림을 찾으려면 자녀가 무엇을 잘 하는가, 무엇을 좋아하는가를 잘 살펴보아야 합니다. 데니스 웨이틀리 박사는 15~16세(고1, 2) 때 적성검사를 하는 것이 좋다고 하지만 고3도 늦은 때는 아닙니다. 존슨 오코너 연구 실험실에서 개발한 적성 검사는 자신도 모르는 적성을 잘 발견해 준다고 합니다.

큰 그림이란 뜻을 크고 높게 한다는 뜻도 됩니다. 올해 수능이 아니라면 내년을 기약해도 좋고 자녀가 '준비될 때'를 기다릴 각오도 해야 합니다. 세상이 바뀌었습니다. 18살에 대학을 못 가도 10년 후, 20년 후에 얼마든지 갈 수 있습니다. 현재 미국 대학생의 45.6%가 25살 이상의 '노학생'들입니다. 때로 75세, 82세 할아버지, 할머니도 있습니다. 재미있는 것은 늦깎이 학생들이 18~22세 학생들보다 평균 성적이 10% 더 높다는 것입니다. 큰 그림은 멀리 보아야 보입니다.

보통 '동기 부여'와 '마음가짐'이 성공을 좌우한다는 말을 많이 합니다. 그런데 여기 빠진 것이 있습니다. 엔진을 켜고 페달만 밟는다고 차가 움직이는 것은 아닙니다. 아무리 핸들을 꺾어 방향을 틀어도 차는 안 움직입니다. 능력이 필요합니다. 적성이 맞아야 합니다. 적성을 소질이라고도 할 수 있습니다. 이런 개인의 특성을 무시한 채 동기 부여만 한다고 발전할 수는 없습니다. 적성을 모른다면 방향 설정도 무의미합니다.

'고3 때 무슨 적성 검사?' 하고 늦었다 생각하지 마십시오. 사실 부모님도 자신의 적성을 모르고 계실 수도 있습니다. 적성 검사를 개발한 존슨 오코너는 사람들이 왜 같은 일을 하더라도 어떤 사람은 즐겁게 생기가 나고 어떤 사람은 얼굴을 찌그리며 마지못해 하는가를 유심히 살펴본 결과, 즐겁게 일하는 사람은 적성에 맞는 일을 하는 사람이고 끌려가는 염소처럼 비참한 태도로 일하는 사람은 적성과 상반된 일을 하는 사람이라는 것을 발견했다고 합니다.

존슨 오코너 연구 재단에서 개발한 (직업) 적성 검사는 문항이 너무 많아서 이 지면에 실을 수가 없습니다. 그러나 웬만한 학교 상담실이나 심리측정 기관에 가시면 문제지를 구하실 수 있습니다. 자녀와 함께 부모님도 이번 기회에 자신의 적성을 찾아보시면 인생 후반부를 좀더 '깨인 상태'로 신나게 사실 수 있는 계기가 될 것입니다.

존슨 오코너 적성 검사에 나타나는 적성 항목 중 19가지만 나열해 보겠습니다.

 분석코너

존슨 오코너 적성 검사의 19가지 적성

1. 다른 사람과 어울리기를 좋아하는 외향성/혼자 일하기를 선호하는 내향성
2. 숫자와 상징 부호를 사용하는 일을 잘 함
3. 창조적 상상력과 생각을 키우는 일을 좋아함
4. 공간에 3차원적인 입체를 시각화하는 능력이 뛰어남
5. 작은 사건들을 모아 결론을 유출하기를 좋아함
6. 한 가지 생각을 분석하여 작은 부분으로 나누어 생각하는 것을 좋아함
7. 손가락을 유연하게 사용하는 것(미술, 공예 등)을 좋아함
8. 작은 도구를 정확하게 사용하는 능력이 뛰어남
9. 주의 깊게 살피는 능력이 뛰어남
10. 눈으로 본 모형이나 디자인을 쉽게 기억하는 능력이 뛰어남
11. 소리를 잘 기억하고 음악 듣기를 좋아함
12. 음정 구분을 정확하게 하는 능력이 뛰어남
13. 리듬 감각이 뛰어남
14. 같은 음정을 각각 다른 악기로 소리냈을 때, 그 소리를 듣고 어떤 악기인지 분별하는 능력이 뛰어남
15. 동시에 여러 가지를 기억할 수 있는 능력이 뛰어남
16. 상대적인 비율과 전체적인 비율을 분별할 줄 아는 능력이 뛰어남
17. 낯선 단어나 언어를 쉽게 배우는 능력이 뛰어남
18. 앞으로 일어날 일에 대해 미리 신중하게 생각하기를 좋아함
19. 색감을 구분하는 능력이 뛰어남

물론 모든 능력이 다 뛰어난 사람은 이 세상에 없습니다. 중요한 것은 자신이 좋아하고 잘 하는 일을 찾아 그에 대한 능력을 기르는 것입니다. 아들이 잘 하고 좋아하는 일을 찾을 수만 있다면 자퇴 자체는 별로 심각한 문제가 아닙니다.

Q 애 아빠가 의사라 아들도 의사가 되었으면 싶은데 아들은 싫다고 합니다. 해저탐험가가 되고 싶대요. 공부는 상위권이라 의대 진학은 문제없을 것 같은데 엉뚱한 일을 하고 싶다니 어떻게 하면 좋을까요?

A 의사도 해저탐험을 할 수 있습니다. 그런데 해저탐험은 비용이 굉장히 많이 드니까 무언가 다른 일을 해서 비용을 조달해야 할 거예요. 르네상스시대입니다. 이걸 하면 저걸 못 한다는 이분법은 구시대 사고방식입니다. 둘 다 조화롭게 할 수 있는 방법을 설득해 보세요.

불행하게도 어떤 사람은 평생 자기가 원하는 일을 해보지 못하거나 인생 중반기가 되어서야 자기가 정말 좋아하는 일은 따로 있었다는 걸 깨닫습니다. 어느 미국 여성은 부모의 뜻에 따라 변호사가 되었는데 평소 엄청난 스트레스에 시달렸다고 합니다. 어느 날 '내가 스트레스 받지 않고 즐겁게 하고 싶은 일이 뭘까?' 하고 가만히 생각해 보았더니 선물 가게를 하면 즐겁겠다는 생각이 들더랍니다. 어려서부터 남 즐겁게 해주는 것도 좋아하고, 예쁘고 아기자기한 물건들 모으는 것도 좋아하고, 거기에 꼼꼼한 성격이라 장부 정리도 잘 하고…… 그래서 20년 동안 머물렀던 변호사 자리를 박차고 일어나 3년 전에 선물 가게를 차렸습니다. 물론 그녀가 변호사로 일할 때보다 돈을 좀 덜 벌지는 모릅니다. 그러나 "매일 남의 이혼 소송을 처리하느라 늘 머리 아프고 스트레스 받던 것에 비하면 선물 가게 하면서 사람들이 예쁘고 실용적인 물건을 고를 수 있게 도와주는 것이 백 배 행복하다"고 합니다. 매일 가게에 나올 때마다 노래를 부르고 싶은 마음이라는 그녀는 진작 자기가 하고 싶은 일을 하지 못하고 20년 동안 고생하며 먼 길을 돌아온 게 후회스럽다고 합니다.

자녀의 진로를 결정할 때 무엇보다 중요한 것은 아이가 어떤 일을 할 때 행복을 느끼느냐입니다. 혹시 부모님의 잣대와 욕심 때문에 자녀의 소중한 꿈을 짓밟고 있지는 않으신지 잘 생각해 보세요.

Q 첫딸이 고3이 되니 엄마도 고3 병에 걸린 기분입니다. 이렇게 매일 스트레스를 받으며 1년을 어떻게 견뎌낼까 걱정이 됩니다.
A '불안은 현재와 미래 사이의 간격' 이라는 말이 있습니다. 앞으로를 걱정하시기보다 지금 당장 해주실 수 있는 작은 일부터 시작한다면 좀더 여유를 가지실 수 있을 겁니다.

"산에는 인삼이 있고 바다에는 해삼이 있고 한국에는 고3이 있다."
"인삼, 홍삼보다 고3이 제일 비싸다."
한국 사람이라면 누구나 이런 농담을 단박에 알아듣습니다.
고3. 어떤 부모님이든 자녀가 고3이 되면 망치로 가슴을 치는 듯한 불안을 느낍니다.
실은 고3이 되기 전 고2 늦가을 무렵부터 불안감이 밀물처럼 엄습해 온다고 합니다. 그러다가 겨울 방학이 끝나고 드디어 자녀가 고3이 되면 스트레스 호르몬이 펑펑 분비되기 시작합니다.

부모도 그렇지만 고3 본인도 마찬가지입니다. 1년만 잘 버티면 뭔가 행운이 올 듯한 예감이 잠시 스치다가도 '만약 떨어진다면……?' 하는 의문이 생기면 가슴이 답답하고 비스듬 누워 있던 위장이 똑바로 서고 머리가 멍해집니다.

올 봄에 고3이 된 진희에게 물었습니다.

"고3이 되니까 어떠니?"

"겁나죠."

"뭐가 가장 겁나는데?"

"그냥 고3이라는 게 무섭고, 앞으로 고생할 게 무섭고, 아무튼 불안해요."

"부모님들은 네가 고3이 되니까 변하시는 것 같으니?"

"그럼요."

"어떻게?"

"말끝마다 고3이 뭐하는 짓이냐고 하시지요. 우리도 아는데 자꾸 그러니까 듣기 싫어 죽겠어요."

"선생님들은?"

"장난이 아니죠. 전투 태세로 돌변하셨어요."

"그래?"

"그럼요. 한 명이라도 대학에 더 넣으면 선생님들이 뭐 상을 받는다나요."

"친구들은 어때? 고3이 되었다는 변화를 언제 가장 크게 느끼니?"

"고3이 되니까 갑자기 쉬는 시간에도 공부하는 애들이 많아졌어요. 수업 중에도 웃고 떠들던 친구들마저 그렇게 공부에 매달리니까 학교 가면 숨이 막힐 것 같아요."

고3 학생들에게 개별적으로 질문해 보았습니다.

"엄마나 아빠가 어떻게 대해주면 좋겠니?"

"떨어지든 붙든 크게 상관하지 말고 최선을 다하라는 말씀을 해 주셨으면 좋겠어요."

인문계 고3 진희의 말입니다.

"대학 못 가도 잘될 수 있다는 용기를 주시면 더욱 고맙겠구요."

실업계 고3 영선이의 말입니다.

"제가 공부 안 할 때도 머리 식히는 거지 대학을 포기한 건 아니라는 믿음을 좀 가져주셨으면 해요."

고3 남학생 형준이의 말입니다.

덧붙여 이 셋이 다같이 원하는 건 맛있는 것 많이 해주시는 것이라고 합니다. 그야말로 물심양면 지원을 해 달라는 뜻입니다.

저희는 한국의 고3병이 나쁘지만은 않다고 봅니다. 절대적인 기준으로 본다면 꿈많은 사춘기 시절을 불안에 떨면서 책상에 엉덩이 붙이고 책만 보는 것이 안쓰럽습니다. 그러나 상대적인 관점에서 봅시다.

미국 고3들은 주로 파티하면서 1년을 보냅니다. 대학 원서를 고2 가을에 보내니, 고3 초쯤에는 적어도 한두 대학에서 합격 통지를 받습니다. 그래서 고2의 나머지 기간은 대학으로 뿔뿔이 헤어지기 전에 친구들과 우정을 다지는 갖가지 파티를 하며 보냅니다. 친구 집에 모여 놀다가 잠까지 자는 슬럼버 파티, 댄스 파티, 프롬이라 부르는 쌍쌍 파티, 비디오 파티, 팝콘 파티, 생일 파티, 졸업 축하 파티, 그냥 이름도 없는 파티, 파티, 파티……

장래를 걱정하는 부모님들은 이때 자녀에게 본인이 진학하고자 하는 대학을 미리 방문하게 해서 최종 결정하는 데 도움이 되게 하거나, 여행, 운동, 봉사 활동 등으로 고3 시간을 '알차게' 보내게 합니다. 그래도 놀기 바쁘고, 노는 데 필요한 돈 버느라 햄버거 가게, 주유소 등에서 일하기 바쁜 게 미국의 평범한 고3들입니다.

이에 비하면 젊을 때 한두 해 극기 훈련하는 셈치고 입시 공부하는 모습이 오히려 대견하지 않습니까? 싫지만 참고 해보는 것. 웬만한 수도승보다 고3 학생이 잠을 덜 잘지도 모릅니다. 수도, 즉 마음 닦는 경지로 말할 것 같으면 고3 자녀를 둔 부모님들은 성직자 같은 생활을 합니다. 고3 부모님들의 40%가 자녀의 수험 기간 중에 성생활을 삼간다는 통계가 있습니다. 어느 나라에 자녀의 교육 때문에 성생활까지 자제하는 부모님들이 있겠습니까?

자녀가 고3이 되면 새벽 기도, 100일 기도, 300일 불공, 365일 미사 등 교회, 절, 성당에 어머니들의 엄숙하고 애절한 염원이 가득 찹니다. 이 기간 동안에는 되도록 사악한 생각을 멀리할 것입니다. 이혼도 미룰지 모릅니다. 짐작컨대 고3 자녀를 두고 이혼하는 부모님들은 아주 피치 못할 사정을 빼고는 거의 없을 듯합니다. 그러다가 자녀가 대학에 잘 들어가면 감사함에 그냥 살고, 대학을 떨어지면 자녀가 더 방황할까 봐 참고 살겠지요. 이혼이 반드시 나쁘다는 뜻은 아니지만 낮은 이혼율이 자녀와 가정과 사회의 안정에 기여하는 바가 큰 것은 이혼율 50%인 미국에서 이미 검증된 사실입니다.

온 가족이 한 가지 공통 관심사를 갖는 것은 가족 치료에서 권하는 가정 건강요법 중 한 가지입니다. 온 가족이 발걸음 소리도 죽이고, 텔레비전 음량도 줄이면서 고3 딸이나 아들을 배려하고 관심을 보여주는 것입니다. 이런 배려를 언제 누구에게 베풀어보겠습니까? 이런 특권을 언제 다시 누려보겠습니까?

고3 병은 나쁜 것만은 아닙니다. 물론 무척 고달픈 시간이지만 인생 전체로 본다면, 가정 전체로 본다면, 사회 전체로 본다면 입에 쓰나 몸에 좋은 보약일지도 모릅니다. 너무 과용하지만 않는다면 말입니다.

Q 고3 딸이 성적은 항상 상위권인데 원하는 대학에 못 갈까 봐 불안해 합니다. 원래 소심한 성격인데 고3이 되니까 더 불안해 하네요. 불안감을 줄여주는 방법은 없을까요?
A 불안은 막연한 두려움입니다. 눈에 보이는 도표로 성적 변화를 스스로 확인해 볼 수 있게 해주시고, 하루에 단 10분씩이라도 호흡과 명상의 시간을 갖게 하는 것도 효과가 있습니다.

　소심한 수험생일 경우 시험에 대한 불안감을 혼자 감당하기 어려울 때가 있습니다. 부모님께서 코치 역할을 맡으시거나 자녀가 가장 믿고 따를 만한 사람을 찾으시는 것이 좋습니다.
　성적은 일종의 '관리'입니다. 관리를 잘 하면 불안감으로 소모되는 에너지를 훨씬 더 발전적으로 쓸 수 있을 겁니다. 성적을 그래프로 그려 매달 진전되는 과목, 후퇴하는 과목, 제자리걸음하는 과목으로 분류해서 필요한 과목에 중점을 두는 전략을 짤 수도 있습니다. 이때 시간과 효과를 고려해서, 같은 시간을 들이고도 전혀 효과가 없을 듯하면 효과 있는 과목에 집중 투자를 하는 것도 좋습니다. 결국 자녀의 적성에 맞는 것일수록 잘 하고 좋아할 테니 대학에 들어간 후에도 그 과목을 공부한 것은 도움이 됩니다.
　성적을 관리하실 때 유의할 것은 실수에 초점을 맞추지 말고 성취와 발전에 초점을 맞추라는 점입니다. 실수를 줄이면 성적이 향상되는 것은 당연합니다. 그러나 "또 실수했구나. 어쩔려고 그렇게 덤벙거리냐?", "이번에는 성적이 00등 떨어졌구나!", "큰일났다, 내신 성적이 나빠서……" 따위의 부정적인 말을 하면 자녀는 점점 더 자신감이 없어지고 불안감만 커집니다.

데니스 웨이틀리 박사는 지난 30여 년 동안 미 축구 대표팀, 올림픽 선수팀, 우주비행사 훈련팀, 대회사 중역개발팀에게 '승자가 되기 위한' 자문과 훈련을 해왔습니다. 웨이틀리 박사는 축구팀이 연습하는 모습을 보면 대략 다음 해 우승할지 못할지를 예측할 수 있고 그 예측은 상당히 승률이 높다고 합니다. 승자의 팀은 성공에 초점을 두고 패자 팀은 실수에 초점을 둔다는 것입니다. 승자팀은 이제껏 경기한 비디오 녹화 중에서 최고의 장면들과 우승에 감격하는 장면들만 따로 편집해서 틈날 때마다 선수들이 함께 본다고 합니다. 그러면 선수들의 심상에 자연히 우승의 희망이 새겨지고 그 기대에 부합하는 고된 노력도 마다하지 않으니 다음 해에 또 우승을 한다는 것입니다. 이런 '긍정의 힘'을 믿지 않는 코치들은 각 선수들이 잘못한 점을 자꾸 상기시키면서 야단치고 벌을 준다고 합니다. 선수들은 또 실수를 할까 봐 두려워지고 위축되어 막상 필드에 나가서도 최상의 기량을 발휘하지 못한다고 합니다.

미국이 올림픽 금메달을 휩쓰는 것이 단지 잘 먹고 체력 관리를 잘 해서만은 아닙니다. 마음의 법칙을 과학적으로 지도하는 코치, 몸을 단련하는 코치, 선수들의 꿈과 땀이 빚어내는 합작품인 것입니다.

우리 자녀의 방에도 상장을 걸어놓거나 용기와 희망을 주는 격언을 적어놓거나 노력하여 성취한 위인의 사진을 걸어두는 것이 좋습니다. 우리 마음은 여린 것 같으면서도 참 단단합니다. 그래서 늘 꾸준히 반복해야 새겨집니다. 마음에 새길 심상은 밝고 긍정적이고 진취적인 것이 좋지 않습니까?

Q 수험생에게 좋은 음식은 어떤 게 있나요?
A 일반인에게 좋은 음식이면 수험생에게도 무난합니다. 다만 두뇌를 혹사하고 만성피로에 젖어 있을 테니까 아미노산이 풍부한 단백질, 복합 탄수화물, 비타민, 무기질, 충분한 물 등을 공급해 주는 게 좋습니다.

미국 미시간 공대에서 대학교 1학년생에게 일요일마다 쓰게 하는 자기평가서 체크 리스트에 나오는 항목입니다.
- 좋은 음식을 알맞게 규칙적으로 먹었다.
- 운동을 정기적으로 했다.
- 잠을 충분히 규칙적으로 잤다.

대학에서 좋은 성적을 얻기 위해서 학생들이 반드시 해야 하는 10가지 항목 중의 세 가지입니다. 좋은 성적을 얻기 위해서는 공부를 열심히 할 뿐만 아니라 효과적으로 해야 하는데 좋은 음식, 운동, 잠은 필수 조건이라는 뜻이지요. 미국 대학생들보다 더 열심히 공부하는 한국 고등학생에게도 이는 똑같이 적용된다고 생각합니다.

아미노산이 풍부한 고급 단백질은 육류보다는 두부, 콩류, 생선 등에 많이 있습니다. 그런데 특별히 돼지고기나 소고기를 아주 좋아한다면 기름기를 제거하고 주는 것이 좋습니다.

탄수화물은 단당류가 많은 사탕, 과자, 케이크, 초콜릿보다는 다당류인 과일, 고구마, 통밀빵, 인절미로 섭취하는 게 좋습니다.

설탕이 많이 들어 있는 단당류 음식은 몸에 금방 흡수가 되기 때문에 소화 시간이 짧습니다. 미처 소모되지 못한 당분은 글리코겐이라는 지방으로 간에 축적이 되고 위장은 빨리 비기 때문에 금방 배가 고파집니다. 그러나 복합 탄수화물인 다당류는 우리 몸에 흡수되기까지 시간이 오래 걸리기 때문에 당분 흡수가 고르게 됩니다. 혈당이 고르게 유지된다는 말과 같은데 그러면 끈기, 즉 지구력이 생깁니다.

지방 섭취는 되도록 줄이는 게 좋습니다. 왜냐하면 수험생들은 지속적으로 스트레스를 많이 받기 때문에 아드레날린 등 호르몬의 영향으로 심장에 부담이 갑니다. 또 고콜레스테롤과 고지방 음식을 먹으면 혈관에 축적되기 쉬워 일시적으로나마 고혈압과 심장병 증상을 보일 수 있습니다. 더구나 두뇌 소모량은 크고 책상에 앉아 있는 시간이 많으면 소모되고 남은 열량이 체지방으로 축적됩니다. 특히 여학생들은 이때가 한창 피어나는 18세 무렵이기에 살찌기에 딱 좋습니다. 여기에 튀김, 아이스크림, 초콜릿 등 고지방 음식까지 먹으면 체중이 늘어 그것 자체로도 스트레스를 더 받을 수 있습니다.

싱싱한 야채와 제철과일을 먹는 것으로 비타민과 미네랄을 공급할 수 있지만 따로 종합 비타민제를 복용하는 것도 괜찮습니다. 비타민을 약으로 먹는 것의 효과에 대해서는 의학계에서도 의견이 분분하긴 하지만 적당히 먹는다면 해보다는 득이 될 확률이 높습니다.

물을 하루 8~12컵 마시도록 하는 것도 잊어서는 안 됩니다. 물은 신체의 신진대사, 세포 교체, 변비 방지 등에 절대적으로 필요합니다. 한두 컵 정도는 주스나 우유로 대치해도 되지만 나머지는 반드시 깨끗한 물을 마셔야 세포를 '청소'할 수 있습니다.

수험생은 스트레스를 많이 받고 운동이 부족해서 변비나 위장병에 걸리기 쉽습니다. 변비에는 섬유질이 많은 야채와 과일, 충분한 물을 섭취하는 것이 좋습니다.

카페인이 많이 든 커피와 홍차, 녹차, 코코아, 콜라 등은 되도록 마시지 않는 게 좋습니다. 그러나 이미 커피에 '인이 박힌' 상태라면 하루에 한두 잔 정도만 마셔야 합니다. 갑자기 커피를 끊으면 머리가 심하게 아픈 증세를 보이는데 이것은 카페인 금단 현상입니다. 카페인을 끊으면 왜 머리가 아픈지 정확한 이유는 아직 밝혀지지 않았으나 콜라도 계속 마시다 갑자기 안 마시면 이런 금단 현상이 일어난다고 합니다. 커피의 카페인은 소변을 자주 보게 하는 이뇨 작용을 하기 때문에 필요 이상으로 몸의 수분을 빼앗기도 합니다. 또 잠을 쫓기 위해 커피를 마시는 학생들이 있는데 졸릴 때 꼭 잠을 깨고 싶으면 카페인에 의존하기보다 시원한 바람을 쐬고 오는 것이 자연스러운 이치가 아닐까 합니다. 이럴 때 부모님이 함께 산책을 해주시면 자녀에게 위안도 되고 부모와 자녀 사이의 유대감도 깊어질 것입니다.

빈혈, 저체중, 식욕부진, 소화불량 등 원래부터 건강에 이상이 있다면 체력 소모가 많은 고3 때 보약을 먹는 것이 도움이 될지도 모릅니다. 믿을 만한 의사나 한의사에게 의견을 물어보시는 게 좋고, 보약을 먹을 당사자의 의향도 묻는 게 좋습니다. 체질적으로 한약 냄새를 못 견뎌하는 사람도 있습니다. 그런 학생에게 보약이라면서 매일 아침마다 한약을 한 봉지씩 마시라 하면 고문당하는 기분이라 더 짜증스러울 수가 있습니다. 이런 학생은 차라리 영양가 있는 음식이나 비타민을 주는 것이 좋습니다. 반대로 부모님한테 고3인데 남들처럼 보약 한 첩 지어주는 성의도 없다고 섭섭해

하는 학생도 있습니다. 개인마다 천차만별이니 약을 짓기 전에 본인의 의견을 존중해 주는 것이 보약의 가치를 높이는 길입니다.

Q 아들이 재수생인데 공부보다 운동을 더 좋아합니다. 운동할 시간이 아까워 말려도 운동을 해야 정신 집중이 된다고 합니다. 운동은 대학에 들어가고 나서 해도 되지 않을까요?
A 운동은 자신감 향상, 정신 집중, 우울증 방지에 뛰어난 효력이 있습니다. 재수생은 자칫 유혹에 빠지거나 무기력감을 느끼기 쉽습니다. 어쩌면 대학 들어간 후보다 지금이 더 운동이 필요한 때일지도 모릅니다.

어떤 부모님들은 운동하다 아예 운동에 재미붙여 공부를 멀리 하면 어떻게 하냐고 운동을 절대로 못하게 하지만 반대로 공부만 하다가 병드는 것보다 훨씬 바람직한 모습입니다.

다만 운동에 너무 빠져 공부를 못하는 일이 없도록 '정기적'으로 즐겨 할 수 있는 운동을 권합니다. 등산, 테니스, 탁구, 농구, 수영 등 땀이 나는 운동은 효과적입니다. 어려운 수학 문제를 풀다가 꽉 막힐 때 땀내고 뛰다 들어와 다시 풀면 아주 쉽게 풀리는 경우도 있습니다.

반대로 운동을 전혀 안 한다면, 공부할 때 30분이나 한 시간마다 일어나 가볍게 허리를 돌리거나 굽혔다 펴는 맨손 운동을 하면 디스크 예방도 되고 머리도 산뜻해집니다. 격하지 않게 가볍게 운동하면서 피로를 푸는 것이 컴퓨터 게임을 하면서 피로 푸는 것보다 바람직하겠지요.

특히 스르르 졸음이 올 때는 가벼운 신체 운동이 아주 효과적입니다. 수학, 과학, 암기 등을 할 때는 좌뇌를 주로 쓰는데 피곤하면 뇌세포의 뉴론 사이에 흐르는 전파가 약해지고 속도도 떨어집니다. 운동을 하면 잠시나마 뇌가 휴식을 취할 수 있고 뇌에 산소가 공급되므로 운동 후에는 상쾌한 기분으로 다시 공부를 할 수 있는 것입니다.

운동을 하여 탄력 있는 근육이 몸에 고루 발달되면 여러 가지로 심신 건강에 아주 유익합니다.

첫째, 자기 몸에 대한 자신감이 생기며 특히 남학생의 경우는 긍정적인 자아 개념을 가질 수 있습니다.

아무리 공부를 잘 해도 핏기 없는 핼쑥한 얼굴에 뼈만 앙상하거나 교복이 터질 듯이 비만하다면 열등감에 빠지기 쉽습니다. 작은 일이나 하찮은 말에도 상처를 잘 받는 사람들은 대개 자기 신체에 대한 자신감이 결여된 사람입니다. 건강한 몸과 건강한 정신은 서로 긴밀하게 연관되어 있습니다.

둘째, 탄력 있는 근육질의 몸은 열량 소모를 균일하고 지속적으로 해주기 때문에 피로를 덜 느낍니다. 같은 키에 빼빼 마른 학생, 뚱뚱한 학생, 근육이 잘 발달한 학생, 이렇게 셋이서 달리기를 하면 누가 가장 먼저 지칠까요? 뚱뚱한 학생입니다. 이 학생은 체중이 정상인보다 많이 나가는 만큼 무거운 모래 주머니를 지고 뛰는 것과 마찬가지고, 체면적이 크기 때문에 한 걸음 뗄 때마다 심장에 드나드는 혈액량도 많아서 그만큼 부담을 느끼게 됩니다. 두 번째로 지치는 사람은 마른 학생입니다. 마른 학생은 몸이 가벼워서 과체중인 학생보다는 체력 소모가 적지만 기본적으로 체력이 약합니다. 가장 오래도록 달릴 수 있는 학생은 적당하게 근육이 발달한 학생입니다. 근육은 단백질이라서 산소를 공급해 주면 칼로리를 지속적으로 소모하기에, 덜 힘들게 느껴지는 것입니다.

특히 걸상에 앉아 있는 시간이 긴 학생들은 허리 근육이 튼튼해야 합니다. 그러면 디스크에 걸릴 확률이 줍니다. 척추 뼈를 지탱하는 근육이 약하면 뼈가 제자리를 이탈하여 디스크가 생기기 쉬우니까요.

셋째, 운동을 하면 좋은 점이 또 있습니다. 운동은 스스로 스트레스를 푸는 자연 치료제입니다. 적당한 운동을 하면 두뇌에서 도파민, 세로토닌, 엔돌핀 등 호르몬이 분비되는데 이들은 스트레스를 낮추고 기분을 좋게 하는 효과가 있습니다. 우울증 치료와 방지에도 운동이 좋다는 것은 바로 운동을 하면 이런 호르몬이 자연 생성되기 때문입니다.

Q 딸이 지금 재수 중인데 잠이 너무 많아요. 4당 5락이라는데 이번에도 또 대학에 못 들어갈까 봐 걱정이에요. 커피를 진하게 타줘도 방에 들어가보면 쿨쿨 자고 있을 때가 많아요. 얼만큼 자는 게 적당한가요?
A 잠은 양보다 질이 중요합니다. 자는 시간이 많아도 불안한 마음으로 토끼잠을 잔다면 아무리 자도 피로가 풀리지 않습니다.

흔히들 4당 5락이라고, 하루 4시간 잠자면 대학에 붙고 5시간 자면 떨어진다면서 잠 많이 자는 것을 시간 낭비라고 봅니다. 그러나 실제로 1994년도에 서울대 영문과 학생들을 상대로 한 조사를 보았더니 고3 때 4~5시간 잔 학생은 겨우 8%뿐이고, 6시간 이상 잠을 잔 학생이 51% 정도였습니다. 나머지는 5~6시간 정도 잤다고 합니다. 잠을 잘 자야 효과적으로 공부할 수 있습니다. 물론

차 안에서 잠깐 눈을 붙이는 것도 좋습니다.

최근 미국에서 잠에 대한 연구가 활발한데 성공한 사람들일수록 질 높은 잠을 깊게 충분히 잔다는 결과가 나왔습니다. 8시간 자자는 사람의 업무 효율이 6시간 자자는 사람보다 높다는 통계도 있습니다. 어른도 그러하거니와 청소년기에는 성장에 필요한 수면을 위해 잠이 오는 호르몬이 많이 분비된다고 합니다. 청소년기에 잠을 충분히 자지 못하면 키가 잘 안 자랄 수도 있지만 더 중요한 것은 집중력이 떨어지고 짜증이 잘 난다는 것입니다.

잠자는 자녀를 꼭 깨워야 할 때는 되도록 부드럽게 깨워야 깬 뒤에 기분이 상쾌합니다. 사실 부모님들도 아침마다 자녀를 깨우는 게 고역일 것입니다. 깨우자니 안쓰럽고, 안 깨우자니 지각할 테고……. 자녀가 아침에 스스로 일어나지 못하고 부모님이 깨우셔야 한다면 되도록 조용한 음악을 틀어주거나 부드러운 손길로 흔들어 깨우는 것이 좋습니다.

성적은 바닥을 맴돌면서 매일 늦잠만 자는 고3 딸아이가 미워서 빗자루로 때려서 깨우던 엄마가 있었습니다. '하루 시작을 상쾌하게 해야 건강과 성공이 온다'는 강연을 듣고 다음 날부터 귀에다 소곤대며 "우리 공주님 일어나세요" 하고 노래부르듯 살짝 깨웠더니 처음엔 무슨 계략인 줄 알고 화들짝 놀라던 딸이 이제는 아침에 미리 눈떠서 방긋 웃으며 엄마가 들어오시기를 기다린다고 합니다. 작은 변화지만 이런 하루하루가 인생에 얼마나 큰 전환기를 가져올는지는 아무도 모릅니다.

사람마다 잠자는 패턴이 다를 수가 있다는 것도 인정해 주세요. 어떤 사람은 초저녁에 파리약 맞은 파리처럼 맥을 못 추고 눈꺼풀이 무겁게 내려앉는가 하면 어떤 사람은 새벽 2, 3시까지 또렷또

룻하다가 아침에는 물먹은 솜처럼 못 일어납니다. 잠자는 패턴은 생활 습관 탓도 있지만 그보다는 타고난 체질이 미치는 영향이 더 크다고 합니다.

그리고 잠이 올 때 푹 잘 수 있도록 환경을 조성해 주는 것도 수면 효과를 높이는 방법입니다. 초저녁 잠이 많은 자녀를 학원에 보낸다면 새벽반을 택하는 것이 학원비 투자를 잘 하시는 것입니다.

먹기와 잠자기의 상승 효과도 눈여겨볼 만합니다. 뭘 먹어서 배가 부른 채로 잠이 들면 소화시키느라 위장을 비롯한 모든 장 기관이 쉴 새 없이 밤새 일을 하게 됩니다. 그렇게 해서 영양이 축적되면 '먹이를 찾으러' 일찍 일어날 필요가 없기에 늦잠을 자게 됩니다. 일찍 자고 늦게 일어나게 되는 것이지요. 그러나 잠자기 두 시간 전에 식사나 간식을 모두 끝내면 아침에 상쾌한 기분으로 일어날 수 있습니다.

아침 잠이 많은 체질이라면 되도록 늦게 일어나도록 두세요. 저녁에 잠이 안 올 때 미리 학교 갈 준비를 다 해놓으면 아침에 준비하는 시간을 줄일 수 있습니다. 아침 잠이 많은 체질은 신진대사도 해가 중턱에 떠야 슬슬 작동을 시작하기 때문에 아침밥 생각이 안 납니다. 그러니 들어가지 않는 아침밥 먹이느라 고생하는 대신 점심과 간식을 넉넉히 싸주는 게 좋습니다.

주어진 상황 안에서 가능한 자녀의 체질이나 특성을 고려해 주면 자녀들도 왠지 대접받고 있다는 기분이 들어 자기존중감을 갖게 됩니다. 반대로 부모의 기준에만 맞추라고 강요하면 새끼줄에 목 매여 끌려가는 염소같이 처량한 기분이 듭니다. 그래서 버럭 화를 내며 부모에게 대들게 됩니다. 사람이 자존심에 상처를 받으면 화를 내게 되거든요.

잠. 원수로 보지 마시고 자녀의 생명과 정신 건강을 지켜주는 약으로 봅시다. 부득이 부모님들마저 학원 시간과 학교 시간에 맞추다 보니 토끼잠을 자야 한다면 돈 주고도 할 수 없는 극기 훈련을 하신다고 생각하십시오. 잠 자체가 문제가 아니라 잠을 원수로 보느냐 친구로 보느냐에 따라 잠의 효과가 달라진다는 것을 기억하세요.

 분석코너

수면 주기

혹시 자녀가 늦잠을 자거나 초저녁부터 꾸벅꾸벅 졸고 있다면 부글부글 속 끓이지 마시고 이렇게 생각해 보세요.
'미국에서 태어났더라면 이팔청춘을 만끽할 나이인데 한국 땅에 태어나 생고생하는구나…… 쯧쯧.'
측은지심. 자녀와 부모님이 서로를 적으로 보지 않고 동지로 바라보게 하는 접착제입니다.
잠자는 시간만큼이나 중요한 것은 수면 주기입니다. 잠든 후 깰 때까지 대개 사람들은 얕은 잠(3.5~7.5Hz의 주파수)과 깊은 잠(3.5Hz 이하의 주파수) 사이를 주기적으로 반복합니다. 잠자는 사람을 유심히 보면 눈꺼풀이 미세하게 움직일 때가 있는데 이것을 렘 상태라 하며, 대개 이때 꿈을 꿉니다. 델타 상태의 깊은 잠에 들었을 때의 신체는 혼수 상태에 빠진 사람의 상태와 거의 비슷하다고 합니다. 그럴 때 누가 일부러 깨우면 몹시 짜증이 납니다. 생리적으로는 잠자는 동안 손상된 세포들이 재생 작용을 하는데 잠을 방해하면 노화가 빨리 일어나고 신체 리듬에 지장을 줍니다. 한창 싱싱할 나이에 눈 밑에 거뭇한 그림자가 드리워지기도 합니다.

Q 고2 딸아이가 감정 기복이 심해서 병원에 갔더니 조울증이라고 합니다. 조울증은 왜 생기나요?

A 조울증은 기분이 고조될 때는 걷잡을 수 없이 떠들고 흥분하고 즐거워하다가도 저조기가 되면 죽고 싶을 정도로 심한 우울증에 빠지는 감정의 양극화 현상입니다. 집안에 조울증 성향이 있는 사람이 없나요? 몇 가지 경고 사인을 주시하시되 일시적인 것이라면 사춘기 특유의 감정 불안정으로 보아도 되겠습니다.

    조울증의 원인으로는 크게 유전설과 생화학설 두 가지가 있습니다. 유전설에 따르면 부모나 형제 중에 심한 정서 장애가 있는 사람은 그렇지 않은 사람보다 10배 정도 정서 장애가 생길 확률이 높다고 합니다. 또한 일란성 쌍둥이는 72%, 이란성 쌍둥이는 14% 정도 동시 발병률을 갖는다고 합니다. 그러니 조울증은 유전 탓이 크다는 것이지요.

    생화학설은 조울증이 두뇌의 생화학이 불균형해져서 나타난다고 보는 견해입니다. 따라서 생화학설을 따르는 조울증 치료는 전기 충격이나 화학 약제로 불균형을 바로잡아주는 것에 주력합니다. 예를 들어 이미프라민 같은 항우울제는 뇌세포의 신경전달 물질인 노르에피네프린과 세로토닌을 활성화시켜서 뇌세포 시냅시스를 자극하여 우울증을 제거하는 것입니다. 고혈압 치료제인 리서파인은 혈관을 확장하고 근육을 이완시키는데, 부작용으로 우울증을 일으키기도 한다고 합니다. 다시 말해 화학적 약물 때문에 우리의 감정이 달라진다는 것입니다. 자살한 사람들의 소변에는 5-HIAA라는 척수 물질이 보통 사람보다 훨씬 적게 나타나는데, 이로써 두뇌에서 세로토닌을 생성하는 뉴론이 작동을 잘 하지 않으면 자살 충동이 커진다는 것을 알 수 있습니다. 그러나 개를 묶어놓고 지속적으로 전기 충격을 가하면 아예 도망갈 것을 포기하고 학습된 무기력감에 빠지는데 이때 개의 두뇌에도 세로토닌이 생성되지 않는 것으로 보아서 생화학적 불균형도 결국은 환경의 영향을 크게 받는다는 것을 알 수 있습니다.

원래 사춘기는 감정 기복이 심할 때라고 합니다. 이런 감정 기복은 청소년기의 특성이니까 크게 염려하실 필요가 없습니다. 되레 감정이 오르락내리락할 때마다 "왜 변덕이냐? 신중하지 않고. 호들갑스럽긴…… 쯧쯧" 하면서 비난을 하면 감정이 활활 타는 불에 기름을 붓거나 얼음을 덮는 것과 마찬가지입니다. 그냥 그러려니 여유롭게 두는 것이 낫습니다. Let it be! 철이 들어야 스스로 감정을 조절할 수 있습니다.

같은 상황을 어떻게 판단하고 인식하는가에 따라 세상이 다르게 보입니다. 이 분야의 선구자인 베크 박사에 따르면 "인식을 바꾸면 감정이 달라진다"고 합니다. 같은 상황이라도 비극으로 보는 사람과 희극으로 보는 사람은 감정도 그만큼 다르고 몸의 생리적 반응도 다르다는 것입니다. 그래서 실수를 너그럽게 봐주라는 말이 자꾸 나오는 것입니다. 실수를 실패가 아니라 성공을 향한 연습으로 보는 사람은 우울증에 빠질 겨를이 없습니다. 또 도전하기 바쁘니까요.

다른 모든 병과 마찬가지로 조울증도 때를 놓치지 않고 조기 진단하고 조기 치료해야 효과가 큽니다. 집에서 해주실 수 있는 일은 따스한 말, 위로와 용기를 주는 말, 희망과 꿈을 심어 주는 태도 등입니다. 운동도 조울증의 훌륭한 자연 치료제입니다. 그리고 공부하는 방의 조명을 밝게 해주고 가능한 낮에는 햇볕이 잘 드는 곳에 공부방을 마련해 주는 것도 우울증 방지와 치료에 도움이 됩니다.

Q 고3 아들이 시험 공포증이 있어요. 평소엔 잘 하다가도 중요한 시험 때는 꼭 말도 안 되는 실수를 한다든가 배탈이 납니다. 자꾸만 화장실에 가고 싶다고 해서 커닝을 의심 받을 때도 있어요. 수능도 잘 못 볼 것 같다며 벌써부터 걱정을 하네요. 신경안정제를 먹여야 할까요?

A 공포와 불안의 차이점을 이해하셔야 합니다. 심리학에서는 공포와 불안을 다르게 구분하거든요.

- 공포는 개, 뱀, 비행기 타는 것, 물 속에 들어가는 것 등 뚜렷한 대상에 대한 두려움입니다. 불안은 뭔지 모를 대상에게 뭐라 꼬집어 말할 수 없는 느끼는 막연한 두려움입니다.
- 공포는 대상이 한정되어 있습니다. 불안은 대상이 광범위합니다.
- 공포는 공포의 대상이 없어지는 순간 사라집니다. 불안은 대상이 뚜렷하지 않기 때문에 그냥 가만히 있어도 두려움을 느낍니다.

고3이 느끼는 두려움이 공포인지 불안인지를 구분하셔야 자녀에게 도움을 주실 수 있습니다. 시험지만 보면 심장과 맥박이 빨라지고 눈이 캄캄해지고 머릿속이 텅 비는 것 같다면 그건 시험 공포증입니다. 대개 이런 증상은 행동 치료의 일종인 단계적 예민성 둔화 방식이나 시각화 방식 등 간단한 심리 치료로 비교적 쉽게 치료할 수 있습니다. 신경안정제보다 부작용이 없고 약물 의존

성도 생기지 않기 때문에 안전한 치료 방법입니다.

　반면 불안감은 이렇게 간단한 방법으로 없애기는 좀 어렵습니다. 불안은 뿌리가 좀더 깊고 여러 복합 요인이 얽혀 있을 수 있기 때문입니다. 그러나 불안을 줄일 수는 있습니다. 불안에 휩싸여 순기능보다 역기능적인 행동을 하는 것은 줄일 수 있습니다. 불안은 본인이 자신과 상황을 어떻게 보느냐에 따라 줄일 수도 있고 늘릴 수도 있습니다. 다시 말해 마음먹기에 달린 것입니다.

　시험을 잘 못 보면 내 인생이 끝장이라고 믿으면 불안감은 점점 더 커질 것입니다. 하지만 시험은 하나의 과정일 뿐이라고 생각하면 불안감이 줄어듭니다.

　일류대학에 못 가면 모든 사람들이 날 비웃을 거라고 생각하면 불안감이 커집니다. 하지만 일류대학에 못 가도 날 모르는 사람은 상관 안 할 것이고 날 사랑하는 사람들은 여전히 나를 사랑할 거라고 믿으면 불안감이 줄어듭니다.

　숨을 천천히 들이마시면서 몸을 이완 상태로 한 뒤에 이 말을 완전히 믿고 의심 없이 받아들이는 훈련을 하면, 긴장감과 불안을 떨쳐내는 데 크게 도움이 됩니다. 잠들기 직전과 아침에 눈떴을 때는 뇌의 주파수가 α 상태 8~12Hz인데 이때 이렇게 자기 암시를 하거나 명상을 하면 불안감을 줄이는 효과가 큽니다.

　프로이드는 불안은 대개 부모에게 거부당할 것에 대한 두려움에서 비롯된다고 보았습니다. 시험을 못 보면 부모님이 실망하고 미워할까 봐, 나아가 다른 사람들이 흉보고 멸시할까 봐 두려운 것입니다. 따라서 불안의 가장 좋은 치료 방법은 '있는 대로 받아들여 주는 것(수용)'입니다. 그것은 조건부가 아닌 무조건적인 수용입니다. 비난이 아닌 따스한 위로입니다. 의심이 아니라 확고한 믿음입니다.

끝으로 부모님 자신이 시험에 대해 몹시 불안해 하지는 않는지를 점검해 볼 필요가 있습니다. 때로 자녀의 정서는 부모의 거울일 경우가 있으니까요. 부모님의 불안이 자녀의 불안감보다 높다면 기도, 명상, 운동, 봉사 활동 등을 통해 부모님부터 안정을 찾으시는 게 좋습니다.

Q 실업고에 다니는 고3 딸이 자기가 반에서 제일 키가 작고 못생겼대요. 이렇게 못난이로 태어난 건 엄마 탓이라며 성형 수술을 해 달라고 해요. '과거 있는 여자는 용서해도 못생긴 여자는 용서할 수 없다'는 유행어처럼 일단 예쁘고 봐야 취직도 잘 되고 좋은 신랑감도 구할 수 있다는데 성형 수술을 해줘야 할까요?
A 자학은 어떤 성형외과 의사도 못 고칩니다. '남이 어떻게 보느냐'보다 '내가 나를 얼만큼 존중하느냐'가 더 우선입니다.

자학은 자기존중감과 자신감의 문제이므로 이 문제부터 해결하지 않으면 아무리 외모를 가꾼다 해도 아무 소용이 없습니다. 코 고치면 눈이 불만이고, 눈 고치면 턱이 불만이고, 가슴, 허벅지, 다리까지 다 고쳐도 부족한 점만 마음에 걸리고 결국 자기를 사랑하지 못할 테니까요. 스스로 사랑하지 않는 사람을 남인들 존중할까요?

자신을 있는 그대로 받아들이지 못하면 현실마저도 왜곡하여 아무에게도 마음을 열지 못합니다. 이것을 로링 우드먼은 '갇힌 자아'라고 부릅니다.

자학에 빠지지 않으려면 마음 속에서 끝없이 들려오는 부정적인 소리를 물리쳐야 합니다.

'세 축 기법'이라는 자기존중감 향상법을 하나 소개해 드리겠습니다. 이 방법은 자녀 스스로 실천할 수 있지만, 부모님께서 도와주시면 더 빨리 효과를 볼 수 있습니다.

먼저 자학의 뿌리가 어디서부터 어떻게 형성되었는지를 살펴보아야 하는데, 대개 고질적인 자기 비판이 지나쳐 매사를 비뚤게 보는 버릇이 오랜 기간 형성되었을 것입니다. 특히 이런 사람들에에는 남들도 자기를 싫어할 거라는, 거부에 대한 두려움이 큽니다. 부정적인 자기 비판은 매사를 부정적으로 보는 왜곡된 시각과 관련됩니다. 다음은 매사를 부정적으로 보는 인지적 왜곡의 9가지 특성입니다.

- 지나친 일반화: 모든 사람은, 아무도, 결코, 언제나, 매번…… 따위 말을 쓰는 버릇
- 단정적인 이름 붙이기: 공부는 따분한 것, 선생들은 구닥다리, 아빠는 실패형 따위로 어떤 한 면만을 경직되게 보는 버릇
- 선택적 여과: 다양한 경험 중에서도 유독 부정적인 것만 골라 보는 습관
- 극단적인 사고방식: 완벽하지 않으면 쓸모 없는 인간이라고 생각하는 등 매사를 흑백, 선악, 성공-실패, 주인-종, 성자-죄인 따위로 이것 아니면 저것으로 양분해서 보는 습관
- 지나친 자기 비난과 자책감: 날씨나 사고 같이 자기와 무관하게 벌어지는 일까지도 자기 탓으로 여기고 심한 자기 비난을 하는 습관
- 매사를 자기와 연관짓기: 세상 모두가 자기를 부정적인 눈으로 주목하고 있다고 믿는 습관

- 지레짐작하기: 미리부터 나쁜 결과가 벌어질 것을 짐작하고 미리 포기하거나 좌절하는 버릇
- 통제 오류: 아무것도 자기 뜻대로 되는 일이 없다고 믿는 극도의 무기력감
- 감상과 이성의 혼동: 슬픈 영화를 보거나 비만 와도 감상에 빠져 자기 인생이 비극적이라고 우울해지는 습관

자학의 원인을 알았다면, 이제 세 축 기법을 시작해 볼까요?

첫 번째로 할 일은 고질적인 자기 비판의 소리를 적어봄으로써 그 정체를 드러내는 것입니다. 이를 첫 번째 축에다 적는데, 이것을 '자기 진술'이라고 합니다.

두 번째로는 이것이 어떤 인지적 왜곡인지 규명해 봅니다. 이것을 두 번째 축에다 적습니다.

세 번째는, 강한 말로 인지적 왜곡을 논박하여 자신감을 높이는 말로 바꾸어봅니다.

예를 들어보겠습니다.

〈사례1〉

1축—자기 진술: 나는 키가 작고 못생겼으니 모두들 나를 무시하고 흉볼 거야.

2축—왜곡 규명: 지나친 일반화.

3축—논박: 그렇지 않아! 내가 키는 작아도 유머 감각이 있고 컴퓨터 도사라고 날 부러워하는 애도 있어. 내 친구들은 내가 키가 작건 못났건 날 좋아하는 걸.

〈사례2〉

1축—자기 진술: 난 못생겨서 취직도 못 할 거야. 내 앞날은 캄

캄할 따름이야. 비전이 없어.

2축—왜곡 규명 : 지레짐작하기, 통제 오류.

3축—논박 : 아니야. 내가 잘 하는 것도 있잖아. 아직 나의 실력을 발휘할 기회가 없었을 뿐이야. 21세기는 인터넷 시대라서 꼭 얼굴을 마주보고 일하지 않아도 내 능력만큼 일할 수 있고 능력을 인정받을 수 있어.

위에 든 예 말고도 자신이 무가치하다고 느껴질 때면 자기를 튼튼하게 지켜줄 수 있는 강력한 반박이 효과적입니다. 글로 쓰거나 마인드맵을 그려보면 더욱 강한 신념을 가질 수 있을 것입니다.

Q 고2 딸의 책가방에서 담배를 발견했어요. 우리 아이는 절대 담배 같은 건 피우지 않을 거라고 믿었는데 믿음이 와르르 무너진 기분이에요. 어떻게 해야 할까요?

A 딸과 직접 대화를 나누는 게 좋습니다. 단, 딸의 가방을 허락없이 본 것에 대해서는 먼저 사과를 하세요.

학생들에게 물어보면 고3 남학생은 85% 이상, 여학생은 40% 정도가 담배를 피운다고 합니다. 과장된 숫자일 수도 있고 그 이상일지도 모르지만 아무튼 부모님이 모른다고 해서 담배를 안 피울 것이라고 믿지는 마시기 바랍니다. 자녀의 가방이나 옷 주머니에서 담배를 발견하셨다면 어떻게 하시겠습니까? 대개 고3 자녀를 한번 겪어본 부모님들은 '모른 체하는 게 상책'이라고 충고합니다. 하지만 이것은 부모님의 평소 생활 신조나 자녀의 상황에 따라 각자 판단하실 문제입니다.

주의할 점은 아무리 담배 피우는 것이 못마땅하더라도 절대로 큰 소리로 야단치거나 길게 훈계하시지는 말아야 한다는 것입니다. 일단 자녀의 소지품을 뒤져서 담배가 나왔을 때 야단을 치면 허락 없이 다 큰 자녀 소지품을 뒤졌다는 것 때문에 부모님이 떳떳한 입장에 서지 못합니다. 자녀에게는 불쾌감, 불신, 반발, 민망함이 앞서 어떤 말씀도 순하게 들리지 않게 됩니다. 이럴 때는 솔직히 미안하다고 먼저 사과를 하거나 아니면 그냥 모른 체 넘어가는 편이 낫습니다.

엄마와 아빠의 가치관이 달라서 이 문제로 자녀 앞에서 부부 싸움을 하시는 것도 별로 좋지 않습니다.

엄마: "오죽 스트레스가 쌓이면 담배를 피우겠어요. 시험 끝나면 담배도 끊을 테니 놔두자고요."

아빠: "여자애가 벌써부터 담밸 피우면 볼장 다 본 거 아니요!? 저런 정신 상태로 대학에만 가면 대수요?"

하지만 자녀의 담배 문제로 부부 싸움을 하게 된다면 그건 다른 부분에서도 부부가 가치관 차이로 갈등하고 있기 때문입니다. 그러므로 자녀에게 무어라 말씀하시기 전에 엄마와 아빠 두 분이 먼저 의견의 일치를 보는 게 순서입니다. 이 문제로 다투는 것은 작게 해결할 수 있는 문제를 크게 확대해서 한꺼번에 감당할 수 없는 여러 복잡한 문제로 번지게 할 수도 있습니다. 문제를 꺼내기 전에 이 문제를 말함으로써 무엇을 해결하려고 하는지를 먼저 생각하시는 게 좋습니다. 얻을 게 없다면 시험이 끝날 때까지 잠정적으로 기다려주는 것이 나을지도 모릅니다.

담배가 몸에 해롭다는 걸 모르는 사람은 없습니다. 그러나 우리 시험 제도가 비상식적인데 자녀에게 상식적인 얘기를 한다는 것 자체가 자녀에게는 모순으로 들릴 것입니다. 그렇다고 자녀가 담배 피우는 것을 알면서도 시치미 떼는 것도 쉽지는 않습니다. 꼭 얘기하고 싶으면 부모님이 담배 피우는 것을 알고 있다는 것을 넌지시 암시하는 정도가 좋습니다. 다시 말씀드리건대 긴 설교나 훈계는 역효과만 낼 뿐입니다.

Q 고1 아들이 가출을 했어요. 학원비를 타가지고 친구들이랑 다 써버린 것을 알고 제가(아빠) 몇 대 때렸더니 다음 날부터 집에 안 들어오는 거예요. 아이 엄마가 교문 앞에서 기다렸다가 아들더러 집으로 들어오라고 사정을 했더니 고3 형이 때릴까 봐 무서워서 안 가겠다고 그러더래요. 큰아들은 모범생인데 작은아이가 늘 이렇게 말썽이랍니다. 어떻게 해야 부모 말을 잘 들을까요?

A 아이를 변화시키려 하기 전에 부모님부터 변하십시오. 매 대신 대화로, 큰형과 비교하기보다 작은아이의 장점을 찾아주고 한편이 되어주는 것이 시급합니다. 가족을 시스템으로 본다면 현재 댁의 가정은 엄마-아빠-큰아들이 한쪽에 모여 있고, 작은아들 하나만 떨어져 있는 불균형한 그림이 그려집니다. 아들은 지금 누군가 자기 편이 되어주길 갈망하고 있을 것입니다.

우선 아빠가 아이를 때린 것에서부터 실마리를 풀어나가 볼까요? 고1이면 '머리가 큰' 자녀인데 매로 부모의 뜻이 전달되겠습니까? 시대에 너무 뒤떨어진 방법을 쓰신 것 같습니다. 앨빈 토플러의 『권력이동』을 참고로 해봅시다. 토플러는 농경시대 사람 다스리는 법은 폭력이고, 산업시대에는 금력(돈)이고, 정보시대에는 설득이라 했습니다.

쉽게 말해 농경시대에는 때려서 말을 듣게 했다는 것이지요. 아

259

니면 감옥에 넣거나 신체의 일부를 잘라내기도 했습니다. 사마천은 역적 모함을 받아 궁형(거세 당하는 형)을 받았고, 사도세자는 뒤주에 갇혀 죽었습니다. 농경시대 방식입니다.

산업시대에 사람 다스리는 것은 뭐니뭐니 해도 돈입니다. 용돈을 더 주거나 비싼 선물을 사주는 것으로 부모의 뜻대로 이끌려고 합니다. "이번에 올백 맞으면 자전거 사주마", "닌텐도(컴퓨터 게임 소프트웨어) 사주마", "컴퓨터 업그레이드 해주마" 뭐 이런 식입니다.

정보시대에는 어떻게 하나요? 설득이라. 설득이란 때리지 않으니 점잖고, 말로 하니 돈이 안 들어 좋은 것 같은데 막상 '설득'을 하려면 어떻게 해야 할지 막막합니다. 설득은 마음과 머리를 움직여 행동을 바꾸는 것입니다. 마음은 감동을 받아야 움직이고, 머리는 정보와 지식으로 '아하, 그렇구나!' 하고 깨달아야 변하게 됩니다.

앨빈 토플러의 3단계를 인간 발달 단계와 비교해 볼 수 있습니다. 말귀를 아직 못 알아듣는 아기가 불 근처에서 놀거나 전기 코드에 젓가락을 찔러넣는 등 위험한 행동을 한다면 때려야 합니다. 체벌입니다. 체벌은 말귀가 안 통할 때까지입니다. 말귀는 알아듣지만 아직 판단력이 없는 초등학교 때는 물질적 보상으로 행동을 바꿀 수 있습니다. "숙제 다 하고 나면 아이스크림 사준다" 하는 식입니다. 그러나 자녀가 중학생이 되면 그때부터는 설득을 해야 자녀가 '성장'합니다. 매가 무서워 피하거나 보상이 탐나서 말 잘 듣는 순종형은 장차 비굴한 인간으로 자랍니다. 어떤 부모님도 자녀가 비굴한 사람이 되기를 원하지는 않으실 겁니다.

설득 방법을 대략 중학교 정도부터라고 한 것은 인지 발달상

12~13세부터는 어른과 같은 방식의 '추상적 사고 능력'이 형성되기 때문입니다. 인지 발달 심리학자의 거장 피아제 박사에 따르면 추상적 사고 능력은 13살짜리나 80세 노인이 똑같다고 합니다. 물론 이것은 생물학적인 얘기입니다. 마치 기능상으로는 13살짜리나 80 노인이나 생식 기능을 갖춘 기본은 같다는 말과 같습니다.

그러나 중요한 것은 추상적 사고 능력을 '갖추었다'는 것과 '한다'는 데에는 큰 차이가 있다는 것입니다. 자동차가 있다고 다 운전을 할 수 있는 것은 아니지 않습니까? 어떻게 운전하는지를 배우고 연습해야 운전을 하는 것입니다. 어쨌든 중학생부터는 어른 수준으로 생각할 수 있으니까 설득이 가능합니다.

네 가지 설득의 기본 원리가 있습니다.

- 설득 통로를 정해야 합니다.
- 정직해야 합니다.
- 근거를 제시해야 합니다.
- 적시에 해야 합니다.

커뮤니케이션 전문가에 따르면 설득에는 두 가지 통로가 있다고 합니다. 핵심 통로와 주변 통로입니다. 설득하고자 하는 핵심을 당사자한테 직접 제시하는 것은 핵심 통로를 이용하는 방법이고, 주위 사람이나 요소들을 동원해서 원하는 것을 전달하는 방법은 주변 통로를 활용하는 것입니다. 가출한 아들과 직접 대화 방법을 찾는 것은 핵심 통로이고, 선생님이나 친구의 도움을 구하는 것은 주변 통로입니다. 아들과의 대화도 자꾸 연습해야 잘 됩니다. 인내심을 갖고 아들의 이야기를 먼저 들어주시면 아들도 마음을 열 것입니다.

Q 아들이 고2인데 공부를 통 안 해요. 아들이 성적표 받아오는 날이면 항상 집에 한바탕 소동이 일어납니다. 아이 아빠는 평소에 일에 바쁘기 때문에 성적표만 보고 엄마가 뭘 했냐고 호통을 치고 전 아들을 야단치고 아들은 동생에게 싸움을 걸고⋯⋯ 좀더 교양 있는 집안 분위기를 만들 수는 없을까요?

A 미국에서도 요즘 교육열이 높아져서 부모의 태도가 자녀의 학습 효과를 얼마나 높이는가에 대한 연구 결과가 많이 나와 있습니다. 결론은 세 가지 요소를 갖추어야 한다는 것인데, 바로 '부모의 말투부터 바꿔라', '팀워크를 이루라', '이룰 수 있는 목표를 제시하라' 입니다.

"왜 하필 성적표는 꼭 방학하는 날 나눠주신담⋯⋯."
부모님께서도 학생 시절 이런 원망을 해보셨던 걸 아직도 기억하시는지요? 성적표를 받아 위풍당당하게 부모님 앞에 보여드릴 수 있는 학생은 전교 1등 한 명뿐일 것입니다. 반에서 1등 해도 전교 석차가 2등이면 애석해 하실 부모님 모습이 역력하니까 기죽은 모습은 반에서 꼴찌하는 학생과 별 다를 바 없을지도 모릅니다.
안타깝게도 21세기를 사는 오늘의 자녀들도 성적표를 받을 때 졸아드는 마음은 부모님이 어렸을 때와 크게 다르지 않습니다. 부모님 자신이 과거 공부를 잘 했든 못 했든 현재 자녀의 성적표를 받아드는 순간 여러 감정이 교차합니다. 일반적인 부모님의 반응을 유형별로 살펴 보겠습니다.

• H형 자녀의 부모: 역사 과목 점수가 제일 많이 떨어졌구나. 그 어려운 수학, 과학은 98점이나 맞으면서 그냥 외우기만 하면 되는 역사 따위를 92점 맞아? 다음엔 올백 맞도록 해봐. 전교 1등

한 애는 역사도 잘 하지? 내신 1등급이 되려면 싫은 과목도 무조건 다 잘 해야 하는 거야.

• O형 자녀의 부모: 얌마, 너 맨날 일본 만화 보고 힙합에만 빠져 있더니 꼴 좋다. 반에서 겨우 20등 해서 서울에 있는 대학 문전에나 갈 줄 알아? 오늘부터 만화고 뭐고 다 압수다. 너 어릴 땐 머리가 좋더니 왜 날이 갈수록 그 모양이냐?

• P형 부모: 아이고, 답답해. 좀 요령 있게 공부해 봐. 옆집 아무개는 판판 놀다가 시험 전날 벼락치기를 해도 너보단 성적이 좋잖아. 그렇게 책만 들이파도 겨우 35등이니 머리가 안 돌아가는가 보다. 차라리 공부에 소질 없으면 장사나 해라. 너 같은 머리론 대학 가봤자 시간 낭비, 돈 낭비야. 맹꽁이 같으니라고. 공부도 눈치 코치가 있어야 한다니깐…… 쯧쯧.

• E형 자녀의 부모: 어쭈? 이번에는 꼴찌에서 둘째네? 꼴찌의 영광은 누구한테 넘겨줬어? 근데 얌마, 수학 19점이 뭐냐? 눈 감고 찍어도 25점은 돼야 할 것 아냐? 누굴 닮아서 이렇게 지지리 못났을까? 너 같은 자식 둔 게 창피하다 창피해. 꼴에 겉멋은 들어가지고 머리를 노랗게 물들이더니 머릿속도 탈색된 거 아냐?

자녀의 성적표는 자녀의 현재 학교 생활과 앞으로의 가능성을 한눈에 보여주는 척도입니다. 그러나 성적표는 과정보다는 결과만 알려줄 뿐입니다. 부모님께서 자녀의 성적이 올라가기를 원하신다면 결과에 대해 지적하시는 것은 효과가 없을 뿐 아니라 역효과를 낼 뿐입니다. 특히 위의 예처럼 부정적인 말씀은 사춘기 자녀한테는 독약입니다.

부모님께서 자녀가 더 잘 하시기를 원하신다면 과정을 살펴야 합니다. 미국의 내셔널 학습 연구센터에서 공부를 즐겁게 하고 뛰어나게 잘 하는 학생들을 수만 명 조사한 결과 그들의 부모에게서 다음 세 가지 공통점을 발견했다고 합니다.

첫째, 긍정적인 태도

둘째, 팀워크

셋째, 목표 설정

우선 동기 부여를 하려면 부모임의 말투부터 긍정적으로 바꾸셔야 합니다. 더 잘 하려면 더 잘 하고 싶은 기분이 들어야 합니다. 경멸, 훈계, 비판의 말을 듣고 더 잘 하고 싶은 마음이 생길 리가 없지요. 잘 하려면 잘 할 수 있다는 확신을 가져야 합니다. 믿음을 주는 말, 희망을 주는 말, 용기를 주는 말이 자녀의 마음을 더 잘 해보고 싶은 쪽으로 움직입니다.

둘째, 공부를 잘 하려면 부모님과 자녀가 한편이 되어 팀워크를 이루어야 합니다. 부모는 공부를 '시키는' 사람, 자녀는 '끌려가는' 사람은 팀워크가 아닙니다. 주인과 노예 관계일 뿐이지요. 엄마, 아빠, 자녀, 그리고 선생님이 한 팀이 되어 힘을 실어주면서 자녀의 강점을 칭찬해 주고 약점을 보완해 주어야 변화가 생기기 시작합니다. 백짓장도 맞들면 낫다는 평범한 진리는 자녀의 학습 관리에도 예외가 아닙니다.

셋째, 이룰 수 있는 목표를 정하고 상과 벌을 확실하게 하세요. 아무리 전교 1등과 명문 대학이 부모님의 목표라 해도 자녀에게 그 목표를 이룰 수 있다는 신념이 없으면 그림의 떡입니다. 자녀가 '나도 할 수 있다'는 믿음을 가질 수 있도록 목표를 낮추거나 몇 개의 작은 목표로 단계를 만들어주어야 합니다. 열 길 넘는 담장을 뛰어넘으라고 재촉하기보다 사다리를 걸쳐주라는 뜻입니다. 오늘부터 숙제, 복습, 시험 공부를 규칙적으로(하루에 한 시간

씩이라도) 하고 지난번 성적표에서 개선할 수 있는 과목 하나만이라도 정해서 얼만큼 더 잘 할 수 있는지 이룰 수 있는 실현 가능한 목표를 정하셔야 합니다. (힌트: 부모님의 기대를 현실적으로 낮추시는 것도 자녀가 노력하는 자세를 갖게 하는 데 큰 도움이 됩니다.)

이미 효과가 검증된 위 세 가지 원칙—긍정적인 말씀, 자녀와 함께하는 팀워크, 성취할 수 있는 목표—에 비추어 자녀의 성적표에 대한 부모님의 반응을 다시 적어보겠습니다.

- H형 자녀의 부모: 수학, 과학은 98점. 지난번보다 더 잘 했구나. 아무래도 과학 쪽에 적성이 맞는가 보다(긍정).

국사는 92점이라. 아빠도 사회, 역사, 지리 같은 외우는 과목은 별로였단다. 그쪽은 엄마가 강하니까 엄마한테 비결을 여쭤보렴(팀워크).

역사 교과서 좀 가져와볼래? 음, 이번 여름 방학엔 백제의 역사 유적이 많은 공주, 부여 지방을 견학해 볼까?(팀워크)

그 대신 다음 역사 점수는 최소한 93점은 넘어야 한다, 알았지? (목표 설정)

- O형 자녀의 부모: 반에서 20등이라, 중위권은 되는구나(긍정).

어디 보자. 영어, 국어는 80점대인데 수학이 72점이라…… 초등학교 때는 수학을 곧잘 했는데 이제 어려워지는가 보구나. 이번 여름에 학원에 다녀보겠니? 아니면 옆집 대학생 형한테 개인지도를 받아볼래? 엄마와 아빠는 요즘 수학이 너무 어려워서 너를 가르쳐줄 수가 없단다. 그렇지만 네가 원하면 뒷바라지는 해줄게(팀워크).

그리고 만화랑 힙합은 올 여름 방학은 하루에 두 시간으로 제한

한다. 수학 점수가 80점대로 올라갈 때까지 말이야(목표 설정).

네가 조금만 노력하면 80점을 맞을 수 있을 거야. 엄마, 아빠 너의 능력을 믿어(긍정).

그런데 네가 노력을 안 하면 더 잘 할 수가 없지. 수학 점수가 80점으로 올라가면 네가 원하는 새 전자기타를 사주기로 약속하마(목표 설정).

• P형 자녀의 부모: 이번에는 25등이니까 지난번보다 2등 올라갔구나. 잘했다(긍정).

다른 애들도 다 열심히 노력하니까 2등 올라가기도 꽤 힘들었을 거야(긍정).

영어, 수학보다 역사, 지리 등 외우는 과목은 더 잘 했구나(긍정).

어떤 과목이 제일 재미있니? 어떤 과목이 아무리 해도 잘 안되고? 전과목 잘 하기가 힘들면 네가 가장 좋아하는 과목에 주력하는 방법을 찾아보자(팀워크).

넌 어렸을 때부터 찰흙 빚어서 뭐 만드는 걸 좋아했으니까 도예과 같은 데 가도 좋고. 이번 방학 때 이천 도자기 마을에 가볼까?(팀워크)

그래도 방학 동안 숙제랑 일기는 전처럼 꼬박꼬박 쓰는 것 잊지 말아라(목표 설정).

• E형 자녀의 부모: 지난 학기에는 결석이 7번이었는데 이번 학기에는 지각 두 번에 결석 한 번만 했구나(긍정).

성적 올라간 것보다 출석률 좋아진 게 더 기쁘다(긍정).

아무리 놀더라도 학교 밖에서 노는 것보다 학교 친구들이랑 노는 게 더 낫지 않겠니? 네 생일날에는 친구들 다섯 명쯤 집에 초대할래? 엄마랑 아빠랑 성의껏 맛있는 것 장만해 줄게(팀워크).

그리고 방학 동안 동아리 모임은 우리 집에서 하렴(팀워크).

괜히 밖으로 돌아다녀봐야 돈 들고 피곤하잖니. 집이 넓진 않아도 엄마 아빠가 간섭 안 할 테니 너희 기량을 뽐내봐(팀워크).

그 대신 방학 숙제는 다 하는 거다. 매일 숙제와 일기 쓴 것 엄마와 아빠가 검사한 다음에 놀기로 약속하자(목표 설정).

Q 일류 학군에 넣으려고 분당에서 강남으로 이사를 갔더니 아들 씀씀이가 커지고 신발, 가방, 옷 등 메이커 아니면 거들떠보지도 않아요. 남들도 다 그런다며 돈 쓰는 것을 대수롭지 않게 여기는 것 같아 속상합니다.

A 한 달에 일정액의 용돈을 주어 소지품을 스스로 사게 하면 돈에 대한 개념이 섭니다.
돈 관리는 21세기 자기 관리의 중요한 요소입니다. 비싼 운동화 한 켤레를 사려면 두어 달 용돈을 저축해야 한다는 식의 개념을 터득하는 것은 어쩌면 일류학군에서 성적 올리는 것만큼 중요한 인생 공부가 될 것입니다.

일한 만큼, 능력만큼 월급이 달라지는 연봉제는 아빠들만의 현실이 아닙니다. 아이들이 앞으로 살아갈 세상은 경쟁시대입니다. 미국에서는 아이들에게 용돈을 거저 주지 않고 잔디깎이, 휴지통 비우기, 신문 들여놓기 등 집안일을 거들도록 일을 시킨 뒤 그 대가로 돈을 줍니다. 그렇다고 아이들이 일을 잘 하는 것도 아니고 일하는 즐거움을 느끼는 것도 아닙니다. 단지 억지로라도 하면 용돈이 생기니까 그 돈으로 자기가 사고 싶은 장난감 사고 자기 맘대로 쓰기 위해 하는 것입니다.

저희는 아이들이 고등학생이 될 때까지 부모님이 뭐든 알아서 사주는 것도 문제지만, 또 마땅히 거들어야 할 집안 일을 미국식으로 대가를 주고 시키는 것도 바람직하지는 않다고 봅니다. 아이들은 본래 자기가 좋아하는 사람을 도와줄 때 기쁨을 느끼게 되어 있습니다. 그리고 대가 없이 하는 일의 더 고차원적인 기쁨을 알기까지는 세월이 필요합니다. 이런 순수함을 처음부터 돈으로 주고받는 '거래'로 물들이지 않았으면 좋겠습니다.

어쨌든 무조건 부모님이 알아서 다 사주는 것보다는 용돈으로 스스로 필요한 물건을 사보며 돈 관리하는 방법을 가르쳐주는 것은 중요하다고 생각합니다.

 분석코너

용돈을 이런 식으로 주는 건 금물!

1. 아이의 필요에 따라 주는 게 아니라 어른이 기분내킬 때 준다.
2. 아이의 연령과 상관 없이 어른의 경제 수준에 맞게 준다(수십억 재산가가 다섯 살짜리 아들에게 십만 원짜리 수표 주는 예 등).
3. 헛약속을 하거나, 약속을 지키지 않는다. ("내일 줄게" 하고 잊어버리는 것).
4. 다른 집 아이보다 많이 줘야 한다고 믿는다.
5. 현실에 맞지 않게 인색하다(대학생에게 크게 생색내면서 한 달에 만 원을 주는 등).
6. "나는 왕년에……" 따위로 용돈을 줄 때마다 훈계를 늘어놓는다.
7. 부모는 아낌 없이 돈을 쓰면서 자녀에게는 돈 없다고 용돈을 안 준다.

용돈을 관리하는 연습은 독립된 성인이 되는 데에 꼭 필요한 생존 능력입니다. 그러면 언제부터 얼마씩 용돈을 주어야 할까요? 사실 이 문제에 대해서는 심리학자나 육아전문가들 사이에서도 정설이 없을 정도로 의견이 분분한 터라 꼭 이렇게 해야 좋다고 한 가지를 주장할 수가 없습니다. 그러나 공통점으로 '용돈을 이런 식으로 주면 자녀를 망칠 확률이 높다'는 처방은 있습니다.

위에 나열한 몇 가지 금기 사항을 고려하여 우리 자녀에게는 언제 어떻게 용돈을 주는 것이 좋은지 나름대로 기준을 정하시는 게 좋습니다. 그리고 자녀에게 물어서 서로가 만족할 방법을 찾는 것이 중요합니다. 아이들은 돈을 많이 줄수록 일시적으로는 좋아하지만 용돈에 대한 고마움은 점점 반감된다는 것을 잊지 마시기 바랍니다.

다음의 예는 돈 관리를 제대로 못 배운 아들이 대학에 들어간 이후 계속 부모의 돈을 자기 돈처럼 써서 고민하는 어떤 어머니의 사례입니다.

지방 소도시에 사는 김 여사(50세)는 외아들이 대학 3학년인데 돌연 중퇴를 하고 집에도 안 들어오고 외지에서 하숙을 하면서 돈만 부쳐 달라고 한답니다. 전화요금을 제때에 내지 않아 전화도 끊긴 상태이고 신용카드를 마구 써서 엄마가 매달 아버지 몰래 아들의 신용카드 대금을 물어주기 바쁘다는 것입니다.

이 부인은 남편이 변호사로, 한 달에 천만 원 이상을 버는 부유층입니다.

아들에게는 엄마가 주는 용돈 60만 원이 '쥐꼬리'같이 여겨질 것입니다. 신용카드를 써도 어머니가 물어주실 거라는 확고한 믿음이 있으니 자기 돈 쓰는 데에 책임을 느끼지 않습니다. 어떻게 하면 좋을까요?

　자녀와 만나서 한계를 설정하고 대책을 마련하는 게 지름길입니다. 그리고 아버지 몰래 어머니가 뒷감당을 하는 것은 아들에게 '자기 잘못이 어머니 책임'이라는 인상을 주게 됩니다. 부부가 함께 다 알고 있다는 것을 전제로 하고 아들과 대책을 마련해야 합니다. 학교를 그만둔 것과 돈 쓰는 것이 무관한 것 같지만 실은 아주 깊은 상관 관계가 있을 수 있습니다. 소위 돈 쓰는 맛을 알게 되면 공부가 시시하게 느껴집니다. 반대로 공부가 재미없으니 돈이나 쓰면서 놀자는 마음이 들기도 합니다.

　부모님이 경제적으로 너무 쪼들려서 자녀에게 충분한 뒷바라지를 못해 주는 것도 안타까운 일이지만 반대로 부모님이 아주 풍족한 수입이 있을 때 자녀에게 궁핍 절약을 가르치는 것은 훨씬 더 어려운 일인지도 모릅니다.

　돈은 자본주의시대에 어떤 일을 하는 '매개체'입니다. 이 매개체가 없으면 활동 반경이 줄고 만나는 사람이 달라지고 관심 대상이 변할 수 있습니다. 그러나 이것이 반드시 나쁜 것만은 아닙니다. 돈이 없으면 자기가 한정된 자원을 가지고 무엇을 할 것인가 초점을 뚜렷이 할 수 있는 이득이 있습니다. 총알이 세 발밖에 없으면 목표를 향해 쏠 때 신중해질 수밖에 없는 이치입니다. 옆에 총알을 잔뜩 쌓아놓으면 아무데나 총을 쏘아대도 불안하지 않을 것입니다.

　또 돈이 있고 없음에 따라 만날 사람이 달라진다면 돈 없을 때도 기꺼이 만날 사람만 아는 것이 더 진실한 인간 관계를 맺을 수 있는 길입니다.

　대개 잘살다가 하루 아침에 알거지가 된 사람들의 말을 들어보면 비슷한 말을 합니다.

"돈 있을 때는 찾아오는 사람이 그리도 많더니만 돈 떨어지니 발길도 끊더라."

빠르면 대략 초등학교 4~5학년 때부터 돈 관리를 가르쳐 줄 수 있습니다. 늦어도 중학교 때는 자기 용돈을 언제 얼만큼 쓸지 돈에 대한 '감각'과 책임감을 갖게 해주실 필요가 있습니다. 자기 용돈 관리를 책임 있게 하는 연습이 되어 있다면 대학에 가든 직장을 갖든 결혼을 해서 살림을 꾸려나가든 부모님께서 염려하실 일이 별로 없을 겁니다.

좀 어려운 얘기지만 자녀에게 절약의 습관을 가르치려면 부모님이 절약하셔야 합니다. 돈이 없으면 오히려 쉬울 일이 요즘 여유 있는 집에서 자녀 한둘만 키울 때는 참으로 실행하기 어려워서 마치 수도자 같은 고행입니다. 근검 절약이 힘들다면 적어도 어려운 사람을 돕는 봉사 활동을 통해 돈의 값어치를 느낄 수 있게 해주는 것도 도움이 됩니다.

무엇보다도 돈이 함부로 쉽게 벌리는 게 아니며, 한정된 돈을 계획에 맞춰 쓰는 능력은 무엇보다 중요한 것임을 체험하게 해주는 것이 좋습니다. 이를테면 중학생에게 5천 원을 주고 자기네가 주말에 먹을 간식거리를 사오게 해본다든가, 여름 피서 여행의 예산을 잡아보게 해서 실제와 자기네의 머릿속 계산의 오차를 깨닫게 해본다든가, 학교 동아리 활동에서 회비를 관리하는 연습 등도 시행착오를 겪으면서 돈에 대한 현실감과 책임감을 갖게 하는 좋은 경험이 됩니다.

그리고 일정액을 용돈으로 주는 방법도 있습니다. 이때 초등학생 때는 1주일에 한 번, 중학생 때는 2주에 한 번, 고등학생 때는 한 달에 한 번으로 점차적으로 용돈의 주기를 늘여가는 것이 효과적입니다. 왜냐하면 대개 처음 용돈을 받으면 하루 이틀에 다 쓰기 쉽기 때문입니다.

　용돈의 액수는 부모님과 자녀가 상의해서 서로가 동의할 만한 액수를 정하는 게 좋습니다. 그러나 같은 또래 친구들이 얼마 받는가를 참고로 해서서 그보다 너무 적거나 너무 많으면 조정해야 합니다. 가끔 아주 돈이 많은 아이를 '봉'이나 '물주'로 삼는 못된 친구들도 있으니까요.

　그리고 용돈을 주실 때 집 치우거나 집안일 거든다는 조건을 걸고 주시는 경우도 있고, 성적과 비례해서 주신다는 부모님도 있습니다. 이것은 부모님의 가치관의 문제입니다만, 저희 생각으로는 집안일은 돈 받고 거들기보다는 부모님을 돕는 순수한 기쁨을 느끼는 차원으로 해야 할 것 같습니다. 부모님도 자녀에게 해주시는 숱한 봉사를 모두 돈으로 따지지 않듯이 말입니다. 이 점은 서양 부모님들이 너무 타산적이지 않은가 합니다. 성적과 관련해서 용돈 주시는 것도 공부는 학생의 마땅한 임무이고 결국 자기가 좋아서 해야 할 일인데 돈이라는 외부적 보상 체계로 길들이는 것은 별로 바람직하지 않다고 생각합니다. 박사 학위 정도 되면 집 한 채를 준다 해도 본인이 하기 싫으면 못 할 일입니다. 자녀가 크게 되기를 바란다면 외부의 조정보다 자기 내부의 욕구가 생기게 하는 것이 좋습니다.

 분석코너

주5일 근무제가 되면……

앞으로 우리나라도 다른 OECD 선진국들처럼 주5일 근무제가 확산될 전망입니다. 이미 은행은 2002년 7월부터 시행에 들어갔고 격주제로 토요일마다 쉬는 회사도 점차 늘고 있습니다. 따라서 초·중·고 학생들도 대학생들처럼 금요일까지만 학교에 가게 될 것입니다.

이럴 경우 부모님은 두 가지를 대비하셔야 합니다.

첫째, 토요일, 일요일에 자기 용돈을 번다고 아르바이트하는 자녀가 생길 것입니다.

둘째, 자기가 번 돈을 쓸 소비 활동이 늘 것입니다.

돈을 자기 마음대로 벌어도 될 것인가, 어떤 일을 하면서 벌도록 할 것인가, 자기가 번 돈은 자기 마음대로 써도 된다는 주장에 어떻게 대처할 것인가를 미리 대비해 놓으실 필요가 있습니다.

이 문제에 대해서는 하나의 정답이 없습니다. 각자 처한 상황에 따라 무엇이 최선인지가 달라질 수 있습니다.

미국의 경우 고등학생들의 70%가 어떤 형태로든 자기 용돈을 버는데 때로 돈 벌기에 바빠서 지각하거나 결석도 하고, 학교에 와서는 피곤해 잠을 자는 경우도 많아 학습 능력을 떨어뜨리는 큰 원인이 되고 있습니다. 그래서 독일 등 유럽에서는 고등학생은 일주일에 몇 시간 이상은 일할 수 없다는 법을 만들기도 했습니다.

자녀가 돈을 버는 것은 양날의 칼입니다. 자립심은 좋지만 돈에 대한 가치관이 정립되지 않은 상태에서 푼돈 벌려다 인생을 망치는 경우가 있기 때문입니다.

청소년 자녀가 용돈을 벌 때는 자유 시간이 몇 시간인지, 어떤 활동에 우선 순위를 둘 것인지, 번 돈은 어떻게 사용할 것인지를 미리 자녀와 의논하는 것이 필요합니다.

| 닫는 글 |

우리 아이들의 희망 만들기, 부모님의 몫입니다

이제 이 책을 다 읽으셨습니다. 많은 정보를 얻으시고 많이 느끼기도 하셨을 것입니다. 하지만 아는 것으로 끝나면 소용없습니다. 느낌으로 끝나도 소용없습니다. 이제 행동이 따라주어야 합니다.

이 책을 덮기 전에 자녀의 얼굴을 보십시오. 조용한 시간에 잠자는 자녀의 얼굴이면 더욱 좋습니다. 천진난만하게 잠자는 자녀가 얼마나 소중하게 느껴집니까. 이 책을 덮기 전에 자녀를 마음 한가운데 놓고 다음 다섯 항목을 점검해 보시기 바랍니다.

학부모 임무: 자녀의 성공과 행복이 무엇인가 생각해 보세요

첫째, 우리가 부모로써 무엇을 어떻게 해야 할까 생각해 보십시오. 한국 부모님들만큼 자녀를 위해 모든 것을 다 희생하시는 부모가 세상에 또 어디 있겠습니까만 그래도 한번 더 생각해 보십시오. 혹시 자녀의 성공과 부모님의 성공을 혼동하고 있지는 않으신가요?

자녀는 우리 거실에 자랑스럽게 진열된 명품이 아닙니다.

자녀는 우리 가슴에 달고 다닐 훈장도 아닙니다.

자녀는 난쟁이나무(분재)가 아닙니다.

우리 자녀는 부모님께서 원하는 대로 뒤틀려지고 '깎이고 다듬어지는 조각품이 아닙니다.

우리는 언젠가 자녀의 곁을 떠나갈 것입니다. 우리의 역할은 그들에게 점점 필요 없는 존재가 되어주는 것입니다. 자녀의 성공과 행복은 부모님의 성공과 행복과 다릅니다. 하지만 부모님과 자녀는 무한한 기쁨을 서로 나눌 수 있는 관계입니다. 기쁨은 서로의 존재를 있는 그대로 인정하고 축복해 줄 때 솟아납니다. 기쁨은 이벤트가 아니라 능력입니다. 같은 것이라도 새로운 눈으로 볼 수 있는 능력입니다.

내일 아침, 지금 자고 있는 자녀가 일어날 때, 새로운 마음으로 새로워진 자녀를 기쁘게 맞이해 주십시오. 자녀의 성공과 행복을 위한 첫 걸음입니다.

학부모 비전: 새시대 인재의 모습을 그려보세요

둘째, 이제는 자녀가 성인이 되었을 때를 상상해 보십시오. 10년 후, 20년 후의 자녀 모습을 상상해 보십시오. 자녀의 키는 지금보다 훨씬 크고 몸이 더 육중하고 얼굴에 주름이 조금 져 보일 것입니다.

육체적 모습과 동시에 생활하는 모습도 떠올려보십시오. 과연 어른이 된 자녀의 얼굴에 자신감이 있어 보입니까? 자녀가 자신의 특성을 최대한 발휘하고 있습니까? 일을 놀이만큼 즐기고 있습니까? 자신도 행복하고 남에게도 유익한 삶을 살고 있습니까?

이 책에 언급된 21세기 인재의 모습이 그려지길 바랍니다.

학부모 전략: 자녀의 학습 유형을 고려하세요

셋째, 이제는 비전을 성취하기 위한 전략을 세우실 차례입니다. 한 가지 전략만 고집하면 실패합니다. 전략은 시대와 상황에 따라 달리 세워야 합니다. 자녀 교육 전략 역시 자녀의 특성에 따라 달라야 성공합니다.

부모님 세상은 H형이 단연 우월했고 항상 우위를 고수했습니다. 하지만 우리 자녀들이 어른이 되었을 때에는 다양화와 특성화가 성공 모티브인 글로벌 정보시대입니다. 따라서 H·O·P·E 중 어떤 유형의 자녀도 나름대로 장점을 키워주면 다 인재가 될 수 있습니다.

아, 그러나 이 부분이 가장 어렵다고들 합니다. 세상이 달라지고 있다는 사실은 머리로는 충분히 이해가 되지만 '공부를 잘해서 명문대 들어가는 것'이 정답인 현실을 무시할 수가 없답니다. 그래서 다들 답답해 합니다.

저희도 답답합니다. '현실'이란 지금 이 책을 읽는 부모님들의 세상일 뿐, 우리 자녀들에게는 그저 구닥다리 쇠사슬에 불과합니다. 그들의 세상은 달라질 것이며, 이미 달라지고 있습니다. 혹시 여러분의 자녀가 지금은 '현실'과 맞지 않아 이리 차이고 저리 치여도, 그들의 세상에서는 훨훨 날아다닐 인재일 수 있다는 사실을 잊지 마셔야 합니다.

H·O·P·E 전략은 어떤 학습 유형의 자녀도 모두 인재가 될 수 있다는 방대한 연구 결과와 임상자료를 토대로 만들어졌습니다. 희망을 가지십시오.

장기전: 새시대 학부모 10계명을 이행하세요

넷째, 드디어 행동으로 옮길 시점입니다. 행동의 시발점은 우리 자녀가 아니고 바로 우리 자신입니다. 새시대 학부모는 자신을 알아야 하고, 자신을 다스릴 수 있어야 합니다. 학부모 10계명을 가끔씩 참고해 보시기 바랍니다.

10계명 이행하기는 담배를 끊는 것과 같습니다. 어렵다면 한없이 어렵지만 하루 아침에 성취할 수도 있습니다. 시작하기가 어려울 뿐, 시작하면 왜 진작 시작하지 않았을까 어처구니 없어할 문제인 것입니다.

이 책을 덮기 전에 지금 당장 실행해 보실 것을 하나 정하십시오. 우리 자녀가 쌔근쌔근 잠자는 동안 부모님 자신의 장점과 우리 자녀의 장점을 각각 두세 개씩 적어보실 것을 적극 권합니다.

응급법: 실전 자녀교육법을 참고하세요

다섯째, 마지막 단계입니다. 새시대 학부모 10계명에 공감하고, 새시대 인재의 특성을 이해하고, 자녀의 학습 유형을 파악하셨으면 그 내용을 종합하여 응용할 단계입니다. 시간이 좀 걸릴 것입니다. 옆에서 누군가 상담해 주면 더 빨리 효과를 보실 수 있을 것입니다. 이 책 후반부에 쓴 실전 자녀교육법은 실제로 학부모님들에게 질문 받았던 내용과 답을 상담 형식으로 적었습니다. 도움이 되기를 바랍니다.

이제 책을 덮으실 때입니다. 저희는 한국 학부모님을 믿습니다. 세계 유래 없는 초고속 산업화로 한강의 기적을 일구어낸 한국 부모님들은 이미 세계를 놀라게 했습니다. 물적 자원보다 인적 자원이 단연 중요해질 세상에, 한국의 두 번째 기적은 물이 흐르는 한강에서 일어나지 않고 창의력이 샘솟는 두뇌에서 일어날 것입니다. 이것은 우리 자녀들의 몫입니다. 산업 발전이 정부 주도로 이루어졌다면 21세기 교육은 학부모들이 주도해야 합니다. 한국에서 우리 자녀들을 모두 인재로 키워내어 다시 한번 세계의 모범 사례를 창조해 보시지 않겠습니까?

부록

21세기 유망 직업 99가지
H·O·P·E 유형별 유망 직업
부모가 반드시 자녀에게 줘야 할 소중한 선물
자녀에게 문제가 생겼다는 신호
자녀에게 성공을 가르쳐주는 방법
자녀를 책과 친한 아이로 키우는 방법
자녀에게 부모의 사랑을 전하는 방법
아빠가 자녀에게 엄마를 특별한 존재로 느끼게 하는 방법
엄마가 자녀에게 아빠를 존경하게 하는 방법

21세기 유망 직업 99가지

미국 최고의 교육 재단인 톰슨 학습 재단에서 선정한 21세기의 가장 유망한 직업 99가지는 다음과 같습니다. 새로 생긴 낯선 업종도 많을 뿐 아니라 이미 익숙한 업종들도 21세기에는 일의 성격이나 활동 내용이 이전과 많이 다릅니다. 따라서 좀더 구체적인 업무 내용, 적성, 수입, 자격 기준들을 알고 싶으면 www.petersons.com을 참조하시기 바랍니다. (쉽게 참조하실 수 있도록 생소한 직업에는 영어를 병기하겠습니다.)

의학과 의료기술 업종
의사
발의학 전문가(podiatrist)
지압 전문가(chiropractor)
청각 전문가(Audiologist)
간호사
간호보조원
가정건강 도우미
  (Home Health Aide)
치아위생 관리자
  (Dental Hygienist)
치과 보조원
약물중독 카운슬러
다이어트 전문가
의료기술 전문가
  (EEG Technologist/Technician)
심장진단 기계 전문가
  (Cardio vascular Technologist)
응급의료 기술자
  (Emergency Medical Technician)
의료기록 전문가
  (Medical Records Technician)
외과수술 기술자
  (Surgical Technologist)
의료보조원(Physician Assistant)
임상연구 기술자
  (Clinical Laboratory Technologist)
호흡 치료자
  (Respiratory Therapist)
보건행정가
  (Health Services Administrator)
시력 관리자
(Dispensing Optician)
약사
방사선 기술자
(Radiologic Technologist)
물리치료사(Physical Therapist)
물리치료 보조원
직업치료사
  (Occupational Therapist)
음악치료사(Music Therapist)
무용치료사(Dance Therapist)
수의사
수의기술자
  (Veterinary Technician)

실버산업 업종

노인 전문 사회사업가
 (Geriatric Social Worker)
노인생활관리 코디네이터
 (Geriatric Assessment Coordinator)
양로원 활동 책임자
 (Nursing Home Activities Director)
놀이 치료자
 (Recreational Therapist)
양로원 관리자
 (Geriatric Care Manager)
은퇴 후 생활 기획자
 (Retirement Planner)

컴퓨터 업종

워드프로세서 담당자
시스템 분석가
컴퓨터 기술/해설 전문가
 (Technical Documentation Specialist)
컴퓨터 프로그래머
CAD(Computer-Aided Drafting) 전문가
컴퓨터 판매원
컴퓨터 수리 기술자
컴퓨터 강사
 (Computer and Software Trainer)

환경보존 업종

환경공학자
 (Environmental Engineer)
환경보호 전문가(Environmentalist)
상하수자원 기술자
 (Environmental TechnitianWater and Wastewater)
유독성쓰레기 처리관리 기술자
 (Hazardous Waste Management Technician)

홍보, 광고, 로비 전문 업종

상업광고 담당자
 (Advertising Art Director)
그래픽 아티스트
카피라이터
라디오·TV 광고 대행자
스크립터, 방송작가
전문 편집인
광고지면 판매자
 (Print Advertising Salesperson)
연설문 작성자 및 컨설턴트
마케팅 매니저

판매와 서비스 업종

회계사
위기 전문가(Actuary)
보험 판매원
부동산 전문가
변호사
사법서사
판매 담당자
검사, 형사, 경찰
교도관
쇼핑 대행업자(Personal Shopper)
상품 소개업자
 (Manufacturer's Representatives)
보육자, 유아원 보모
비서, 사무보조원
사설탐정
재산 관리자(Property Manager)

건강과 다이어트 업종
에어로빅 · 체조 강사
개인 체력 조련사
　(Personal Fitness Trainer)

교육 분야
교사
카운슬러
평생교육원 강사
　(Adult-Education Teacher)

관광 업종
호텔 매니저
레스토랑 매니저
여행사 직원
비행기 승무원

과학 기술 업종
생화학자
토목공학자
기계공학자

재택근무 업종
맞춤 음식업자
가정 숙박업자
　(Bed-and-Breakfast Inn Owner)
프리랜서 작가
선물 포장 서비스업자
이미지 관리 컨설턴트
아이 돌봐주는 사람
　(Child-Care Service)
유명인 매니저
가정교사
청소대행업자
이벤트업
회계, 장부 정리사
노인 보호자, 간병인
정보 브로커 서비스업자
애완동물 돌봐주는 사람
심부름 대행업자, 도우미
　(Concierge Service)

H·O·P·E 유형별 유망 직업

그렇다면 H·O·P·E 유형에 맞는 직업들은 어떤 게 있을까요? 21세기에 가장 유망한 직업들을 H형(성취형), O형(체제거부형), P형(착실형), E형(내맘대로형)에 적합한 직업별로 분류해 보았습니다. 어떤 직업은 동시에 여러 유형에 해당되는 것도 있습니다.

H형(성취형)에 적합한 21세기 유망 직업

의사	컴퓨터 수리 기술자
발의학 전문가	지압 전문가
가정교사	청각 전문가
기계공학자	치아위생 관리자
생화학자	약사
평생교육원 강사	의료기술 전문가
교사, 교수	심장진단 기계 전문가
재산 관리자	응급의료 기술자
검사, 경찰	외과수술 기술자
변호사	임상연구 기술자
회계사	호흡 치료자
환경공학자	보건행정가
환경보호 전문가	시력 관리자
시스템 분석가	방사선 기술자
상하수자원 기술자	수의사
유독성쓰레기 처리관리 기술자	수의기술자
컴퓨터 기술 해설 전문가	

O형(체제거부형)에 적합한 21세기 유망 직업

발의학 전문가	프리랜서 작가
정보 브로커 서비스업자	기계공학자
이벤트업자	토목공학자

생화학자
레스토랑 매니저
호텔 매니저
사설탐정
상품 소개업자
검사, 형사, 경찰
교도관
변호사
부동산 전문가
위기 전문가
전문 편집인
광고지면 판매자
연설문 작성자 및 컨설턴트
카피라이터
마케팅 매니저
상업광고 담당자
라디오·TV 광고 대행자

환경공학자
환경보호 전문가
상하수자원 기술자
유독성쓰레기 처리관리 기술자
워드프로세서 담당자
시스템 분석가
컴퓨터 기술 해설 전문가
컴퓨터 프로그래머
CAD 전문가
컴퓨터 판매원
컴퓨터 수리 기술자
보육자, 유아원 보모
의료기술 전문가
심장 진단 기계 전문가
응급의료 기술자
외과수술 기술자
수의기술자

P형(착실형)에 적합한 21세기 유망 직업

노인 보호자, 간병인
회계, 장부 정리사
심부름 대행업자, 도우미
애완동물 돌봐주는 사람
가정교사
유명인 매니저
아이 돌봐주는 사람
이미지 관리 컨설턴트
선물 포장 서비스업자
가정 숙박업자
맞춤 음식업자
여행사 직원
비행기 승무원
평생교육원 강사
교사
카운슬러

재산 관리자
비서, 사무보조원
보육자, 유아원 보모
쇼핑 대행업자
사법서사
보험 판매원
회계사
워드프로세서 담당자
컴퓨터 강사
노인 전문 사회사업가
노인생활관리 코디네이터
양로원 활동 책임자
양로원 관리자
은퇴 후 생활 기획자
간호사
간호보조원

가정건강 도우미
치과 보조원
약물 중독 카운슬러
다이어트 전문가
의료기록 전문가
의료보조원

시력 관리자
물리치료사
물리치료 보조원
직업치료사
음악치료사
수의사

E형(내맘대로형)에 적합한 21세기 유망 직업

이벤트업자
애완동물 돌봐주는 사람
이미지 관리 컨설턴트
프리랜서 작가
개인 체력 조련사
에어로빅·체조 강사
상업광고 담당자
그래픽 아티스트
카피라이터
스크립터, 방송작가

컴퓨터 프로그래머
CAD 전문가
컴퓨터 수리 기술자
놀이 치료자
물리치료사
물리치료 보조원
직업치료사
음악치료사
무용치료사

부모가 반드시 자녀에게 줘야 할 소중한 선물

1. 시간
2. 희망
3. 이해심
4. 인격 존중
5. 자녀의 친구를 아껴주는 것
6. 한계를 명확히 해주는 것
7. 유연성
8. 선한 어른들을 소개해 주는 것
9. 배우자를 사랑하는 것
10. 훌륭한 모범을 보여주는 것

자녀에게 문제가 생겼다는 신호

1. 외톨이가 되어 친구가 없다.
2. 우울해 한다.
3. 자신감이 없다.
4. 잠을 깊이 못 잔다.
5. 매사에 부정적이다.
6. 화를 잘 낸다.
7. 식사량이 갑자기 줄거나 늘었다.
8. 거짓말을 한다.
9. 학교나 집에서 폭력을 휘두른다.
10. 성적이 갑자기 떨어졌다.
11. 이유 없이 집에 늦게 들어온다.
12. 도둑질을 한다.
13. 평소 좋아하던 행동을 갑자기 중단한다.
14. 술, 담배, 마약 등을 한다.
15. 한없이 게으름을 피운다.
16. 나쁜 친구들과 어울린다.
17. 성을 전제로 하는 교제를 한다.
18. 외모에 갑작스러운 변화가 생겼다.
19. 어른들을 피한다.

자녀에게 성공을 가르쳐주는 방법

1. 자녀가 스스로 목표를 정하도록 도와준다.
2. 자녀가 스스의 목표를 이루었을 때를 상상해 보도록 도와주고, 또한 스스로의 목표를 이루지 못했을 때를 상상해 보도록 도와준다.
3. 칭찬의 효과를 기억한다.
4. 자녀가 다양한 활동을 할 수 있는 기회를 준다.
5. 일을 시켰을 때는 제대로 하도록 도와준다.
6. 당신의 자녀가 훌륭한 일을 할 수 있다는 믿음을 가진다.
7. 자녀가 긍정적인 자아상을 갖도록 도와준다.
8. 잘한 일은 상을 준다.
9. '너는 할 수 있다'는 신념을 심어준다.
10. 인내심으로 대한다.

자녀를 책과 친한 아이로 키우는 방법

1. 부모부터 책 읽는 습관을 갖는다.
2. 아이가 유아일 때부터 책을 읽어준다.
3. 유아기의 책은 밝고 재미있으며 연령 수준에 맞는 것으로 고른다.
4. 책을 깨끗하고 소중하게 다루는 모습을 보여준다.
5. 입체적인 그림이 있거나 저자 사인을 받은 책 등 특별한 책을 사준다.
6. 동화 테이프를 사주거나 할머니, 할아버지께 동화를 읽어 테이프에 녹음해 주시기를 부탁한다.
7. 자녀가 좋아할 만한 잡지를 정기 구독한다.
8. 자녀가 책을 선정할 권리를 주되 좋은 책도 가끔 소개해 준다.
9. 서점과 도서관에 정기적으로 간다.
10. 차 안에 늘 책이나 잡지를 준비해 놓아 아이가 '비는 시간'에 책을 보게 한다.
11. 용돈 중 도서 구입 비용을 정해서 쓰게 한다.
12. 아동작가의 홈페이지나 웹사이트를 방문하게 한다.
13. 텔레비전의 코드를 빼놓는다.

자녀에게 부모의 사랑을 전하는 방법

1. 자녀에게 사랑의 약속을 다짐한다.
2. 자녀의 기본 욕구를 충족시켜 준다.
3. 긍정적이고 사랑스러운 애칭으로 부른다.
4. 자녀에게 동화책을 읽어준다.
5. 함께 뭔가를 만들어본다.
6. 자녀의 비밀을 지켜준다.
7. 자녀와 추억을 남길 특별한 장소를 갖는다.
8. 자녀의 눈높이로 맞춰준다.
9. 서로 즐거울 만한 일을 찾아본다.
10. 사랑한다는 말을 해준다.
11. 안아주고 뽀뽀해 준다.
12. 때론 자녀가 혼자 해볼 기회를 준다.
13. 도시락 같은 데에 뜻밖의 사랑의 메시지를 남겨둔다.
14. 집안에 내려오는 작은 유품을 간직하게 한다.
15. 자녀의 말을 귀담아 들어준다.
16. 카드를 보낸다.
17. 잘못했을 땐 사과한다.
18. 자녀와 놀 시간을 남겨둔다.
19. 어디 갈 때 자녀와 함께 간다.
20. 자녀와 '데이트' 하는 기회를 가진다.
21. 자녀의 사진을 냉장고 문에 붙여둔다.
22. 자녀가 취미로 수집하는 것이 있다면 수집에 보탬을 준다.
23. 규칙을 정한다.
24. 자녀를 위해 기도한다.
25. 항상 자녀를 보호한다.

아빠가 자녀에게 엄마를 특별한 존재로 느끼게 하는 방법

1. 엄마를 위한 노래를 만들거나 지정하게 한다.
2. 엄마에게 감사의 쪽지를 남기게 한다.
3. 엄마 어릴 땐 어땠었느냐고 묻게 한다.
4. 엄마를 꼭 껴안아주고 사랑한다고 말하게 한다.
5. 엄마가 바쁠 때 "돕고 싶어요"라고 말하게 한다.
6. 엄마를 위해 자주 기도하게 한다.
7. 책꽂이를 만들어서 엄마가 즐겨 보는 책을 꽂아 놓게 한다.
8. 매일 엄마에게 사랑한다는 말을 하게 한다.
9. 엄마가 좋아하는 활동에 관한 잡지나 기사를 스크랩해 준다.
10. 엄마가 특별히 잘 하는 것을 아이에게 자랑한다.
11. 카드에 엄마의 장점을 셋 이상 적어 아이에게 건넨다.
12. 기쁜 일이 있을 때 엄마에게 먼저 알리게 한다.

엄마가 자녀에게 아빠를 존경하게 하는 방법

1. 아빠가 어느 때 지혜롭게 행동하는지 살펴보게 한다.
2. 이제껏 아빠가 살아온 이야기를 들려주고 존중하게 한다.
3. 아빠의 가족사에 대해 알려준다.
4. 아빠에게 존경심을 표시하게 한다.
5. 아빠에게 사랑을 표현하게 한다.
6. 어버이날에 아빠를 기억하게 한다.
7. 아빠의 생신을 기억하게 한다.
8. 엄마를 존경하게 한다.
9. 아빠를 위해 매일 기도하게 한다.
10. 아빠를 위한 앨범을 만들어보게 한다.
11. 엄마가 먼저 아빠가 좋아하는 일에 관심을 보인다.
12. 아이가 기대하지 않은 선물로 아빠를 놀라게 하도록 유도한다.

**이민 가지 않고도
우리 자녀 인재로 키울 수 있다**

초판 1쇄 2002년 11월 20일
초판 2쇄 2003년 1월 20일
2판 1쇄 2004년 12월 6일
2판 9쇄 2014년 11월 30일

지은이 | 최성애, 조벽
펴낸이 | 송영석

펴낸곳 | (株)해냄출판사
등록번호 | 제10-229호
등록일자 | 1988년 5월 11일

서울시 마포구 잔다리로 30(서교동 368-4) 해냄빌딩 5·6층
대표전화 | 326-1600 **팩스** | 326-1624
홈페이지 | www.hainaim.com

ISBN 978-89-7337-639-1

파본은 본사나 구입하신 서점에서 교환하여 드립니다.